세밀화로 그린 보리 어린이

딱정벌레 도감

세밀화로 그린 보리 어린이
딱정벌레 도감

그림 / 옥영관
감수 / 김진일, 강태화
글 / 강태화, 김종현

편집 / 김종현
자료 정리 / 정진이
기획실 / 김용란, 김소영, 김수연
디자인 / 이안디자인
제작 / 심준엽
영업 / 나길훈, 안명선, 양병희, 원숙영, 조현정
독자 사업(잡지) / 정영지
새사업팀 / 조서연
경영 지원 / 신종호, 임혜정, 한선희
분해와 출력 / (주)로얄프로세스
인쇄 제본 / (주)상지사 P&B

1판 1쇄 펴낸 날 / 2020년 4월 15일
1판 2쇄 펴낸 날 / 2021년 7월 7일
펴낸이 / 유문숙
펴낸 곳 / (주)도서출판 보리
출판등록 / 1991년 8월 6일 제9-279호
주소 / 경기도 파주시 직지길 492 우편번호 10881
전화 / (031) 955-3535 전송 / (031) 950-9501
누리집 / www.boribook.com 전자우편 / bori@boribook.com

ⓒ 보리 2020
이 책의 내용을 쓰고자 할 때는 저작권자와 출판사의 허락을 받아야 합니다.
잘못된 책은 바꾸어 드립니다.
값 35,000원
보리는 나무 한 그루를 베어 낼 가치가 있는지 생각하며 책을 만듭니다.

ISBN 979-11-6314-114-3 76400 978-89-8428-544-6 (세트)
이 책의 국립중앙도서관 출판예정도서목록(CIP)은 서지정보유통지원시스템 홈페이지(http://seoji.nl.go.kr)와
국가자료종합목록 구축시스템(http://kolis-net.nl.go.kr)에서 이용하실 수 있습니다.
(CIP제어번호: CIP2020013310)

제품명: 도서 제조자명: (주)도서출판 보리 주소: (10881) 경기도 파주시 직지길 492 전화번호: (031) 955-3535
제조년월일: 2021년 7월 제조국: 대한민국 사용연령: 8세 이상 주의사항: 책의 모서리가 날카로우니 다치지 않게 주의하세요.
KC 마크는 이 제품이 공통안전기준에 적합하였음을 의미합니다.

세밀화로 그린 보리 어린이
딱정벌레 도감

우리나라에 사는 딱정벌레 328종

그림 옥영관 | 감수 김진일, 강태화 | 글 강태화, 김종현

보리

일러두기

1. 이 책에는 우리나라에 사는 딱정벌레 49과 328종이 실려 있습니다. 그림은 성신여자대학교 자연사 박물관 소장 표본, 저자와 감수자 소장 표본, 구입한 표본과 사진을 참고해 그렸습니다. 딱정벌레 가운데 암컷과 수컷 생김새가 다르거나 색깔 변이가 있는 종은 가능한 모두 그렸습니다.

2. 딱정벌레는 분류 차례대로 실었습니다. 딱정벌레 이름과 학명, 분류는 저자 의견과 《한국 곤충 총 목록》(자연과 생태, 2010)을 따랐습니다.

3. 1부에는 딱정벌레에 대해 알아야 할 내용을 따로 정리해 놓았습니다. 2부에는 세밀화로 그린 딱정벌레 종마다 생태와 생김새를 설명해 놓았습니다.

4. 맞춤법과 띄어쓰기는 국립국어원 누리집에 있는 《표준국어대사전》을 따랐습니다. 하지만 과 이름에는 사이시옷을 적용하지 않았고, 전문 용어는 띄어쓰기를 하지 않았습니다.
   예. 번데기방, 멸종위기종, 마디동물

5. 몸길이는 머리부터 꽁무니까지 잰 길이입니다.

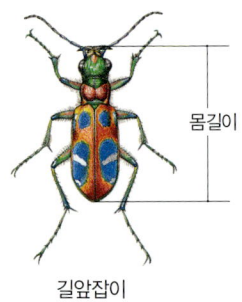

길앞잡이

6. 본문 보기

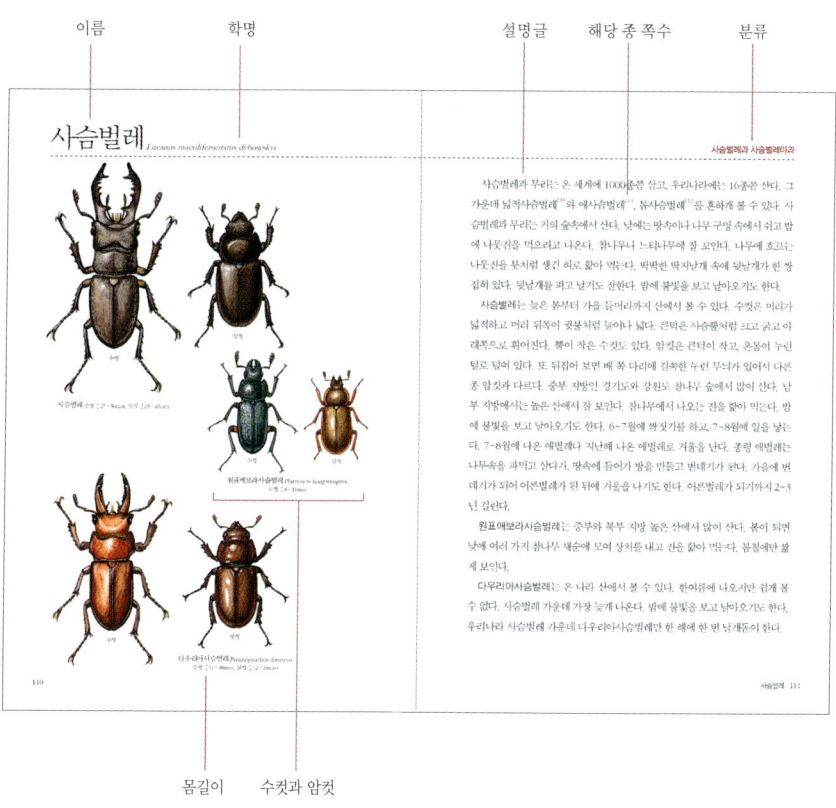

차례

일러두기 4
그림으로 찾아보기 12

1부 딱정벌레란 무엇인가?

딱정벌레란 무엇인가? 34
생김새
  몸 36
  머리 38
  가슴 40
  배 42
한살이 44
짝짓기 46
생태
  먹이 48
  공격과 방어 50
사는 곳 52
사람과 딱정벌레 54

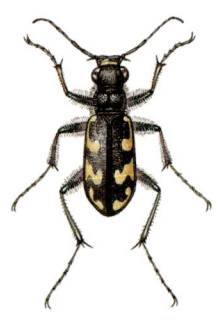

2부 우리나라에 사는 딱정벌레

딱정벌레과
아이누길앞잡이 58
산길앞잡이 58
큰무늬길앞잡이 58
길앞잡이 60
참뜰길앞잡이 62
큰조롱박먼지벌레 64
조롱박먼지벌레 64
애조롱박먼지벌레 64
가는조롱박먼지벌레 64
딱정벌레붙이 66
등빨간먼지벌레 68
붉은칠납작먼지벌레 68
날개끝가시먼지벌레 68
한국길쭉먼지벌레 68
먼지벌레 70
점박이먼지벌레 70
머리먼지벌레 70
가는청동머리먼지벌레 70
수염머리먼지벌레 70
폭탄먼지벌레 72
남방폭탄먼지벌레 72
목가는먼지벌레 72
꼬마목가는먼지벌레 72
풀색명주딱정벌레 74
검정명주딱정벌레 74
멋쟁이딱정벌레 74

홍단딱정벌레 76
우리딱정벌레 76
애딱정벌레 76

물진드기과
중국물진드기 78
물진드기 78
극동물진드기 78

자색물방개과
자색물방개 80
노랑띠물방개 80

물방개과
애기물방개 82
꼬마줄물방개 84
줄무늬물방개 84
애등줄물방개 84
물방개 86
아담스물방개 86
검정물방개 88
동쪽애물방개 88
잿빛물방개 88

물맴이과
물맴이 90
참물맴이 90
왕물맴이 90

물땡땡이과
물땡땡이 92
잔물땡땡이 94
북방물땡땡이 94
애물땡땡이 94

풍뎅이붙이과
풍뎅이붙이 96
아무르납작풍뎅이붙이 96

송장벌레과
네눈박이송장벌레 98
송장벌레 98
곰보송장벌레 98
큰넓적송장벌레 100
넓적송장벌레 100
큰수중다리송장벌레 100
수중다리송장벌레 100
검정송장벌레 102
대모송장벌레 102
꼬마검정송장벌레 102

반날개과
청딱지개미반날개 104
곳체개미반날개 104
극동입치레반날개 106
투구반날개 106
해변반날개 106
개미사돈 106

알꽃벼룩과
알꽃벼룩 108

사슴벌레과
사슴벌레 110
원표애보라사슴벌레 110
다우리아사슴벌레 110
톱사슴벌레 112
두점박이사슴벌레 112
애사슴벌레 114
홍다리사슴벌레 114
왕사슴벌레 116
넓적사슴벌레 118
참넓적사슴벌레 118
꼬마넓적사슴벌레 118

금풍뎅이과
보라금풍뎅이 120
무늬금풍뎅이 120
참금풍뎅이 120

소똥구리과
뿔소똥구리 122
왕소똥구리 124
소똥구리 124
긴다리소똥구리 124
애기뿔소똥구리 126
창뿔소똥구리 126
외뿔애기꼬마소똥구리 126
렌지소똥풍뎅이 128

소요산소똥풍뎅이 128
황소뿔소똥풍뎅이 128
모가슴소똥풍뎅이 128

똥풍뎅이과
똥풍뎅이 130
큰점박이똥풍뎅이 130

검정풍뎅이과
주황긴다리풍뎅이 132
점박이긴다리풍뎅이 132
감자풍뎅이 134
황갈색줄풍뎅이 134
긴다색풍뎅이 134
참검정풍뎅이 134
쌍색풍뎅이 134
왕풍뎅이 136
수염풍뎅이 136
줄우단풍뎅이 138
빨간색우단풍뎅이 138
알모양우단풍뎅이 138

장수풍뎅이과
장수풍뎅이 140
외뿔장수풍뎅이 140

풍뎅이과
주둥무늬차색풍뎅이 142
쇠털차색풍뎅이 142

차례 7

차례

콩풍뎅이 144
참콩풍뎅이 144
녹색콩풍뎅이 144
풍뎅이 146
별줄풍뎅이 146
등얼룩풍뎅이 146
연노랑풍뎅이 146
카메레온줄풍뎅이 148
대마도줄풍뎅이 148

꽃무지과
호랑꽃무지 150
꽃무지 150
풍이 150
검정풍이 150
사슴풍뎅이 152
점박이꽃무지 154
아무르점박이꽃무지 154
흰점박이꽃무지 154
풀색꽃무지 156
검정꽃무지 156

비단벌레과
비단벌레 158
소나무비단벌레 160
금테비단벌레 160
황녹색호리비단벌레 160

방아벌레과
왕빗살방아벌레 162

꼬마방아벌레 162
대유동방아벌레 164
루이스방아벌레 164
맵시방아벌레 164
녹슬은방아벌레 164
크라아츠방아벌레 166
얼룩방아벌레 166
검정테방아벌레 166
진홍색방아벌레 166
빗살방아벌레 166

홍반디과
큰홍반디 168
수염홍반디 168
고려홍반디 168
굵은뿔홍반디 168
거무티티홍반디 168

반딧불이과
애반딧불이 170
운문산반딧불이 170
늦반딧불이 172
꽃반딧불이 172

병대벌레과
등점목가는병대벌레 174
노랑줄어리병대벌레 174
회황색병대벌레 176
서울병대벌레 176
붉은가슴병대벌레 176

수시렁이과
홍띠수시렁이 178
애알락수시렁이 178
사마귀수시렁이 178

개미붙이과
개미붙이 180
불개미붙이 180
긴개미붙이 180

의병벌레과
노랑무늬의병벌레 182

밑빠진벌레과
네눈박이밑빠진벌레 184
네무늬밑빠진벌레 184
큰납작밑빠진벌레 184

방아벌레붙이과
끝검은방아벌레붙이 186
석점박이방아벌레붙이 186
붉은가슴방아벌레붙이 186
대마도방아벌레붙이 186

버섯벌레과
털보왕버섯벌레 188
톱니무늬버섯벌레 188
모라윗왕버섯벌레 190
고오람왕버섯벌레 190
노랑줄왕버섯벌레 190

무당벌레붙이과
무당벌레붙이 192

무당벌레과
남생이무당벌레 194
꼬마남생이무당벌레 194
큰꼬마남생이무당벌레 194
달무리무당벌레 196
긴점무당벌레 196
네점가슴무당벌레 196
십이흰점무당벌레 196
노랑무당벌레 196
홍점박이무당벌레 196
칠성무당벌레 198
십일점박이무당벌레 198
노랑육점박이무당벌레 198
무당벌레 200
큰이십팔점박이무당벌레 202

하늘소붙이과
녹색하늘소붙이 204
노랑하늘소붙이 204
아무르하늘소붙이 204
잿빛하늘소붙이 204

홍날개과
애홍날개 206
홍날개 206
홍다리붙이홍날개 206

뿔벌레과
무늬뿔벌레 208
뿔벌레 208

가뢰과
남가뢰 210
먹가뢰 210
청가뢰 210
애남가뢰 210

잎벌레붙이과
큰남색잎벌레붙이 212

거저리과
모래거저리 214
강변거저리 214
바닷가거저리 214
작은모래거저리 214
구슬무당거저리 216
우묵거저리 216
갈색거저리 216
산맴돌이거저리 218
맴돌이거저리 218
별거저리 218
홍날개썩덩벌레 220
노랑썩덩벌레 220

하늘소과
버들하늘소 222
톱하늘소 224

차례

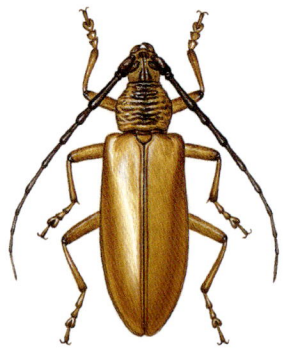

검정하늘소 226
소나무하늘소 228
노랑각시하늘소 228
넉점각시하늘소 228
긴알락꽃하늘소 230
꽃하늘소 230
붉은산꽃하늘소 230
하늘소 232
장수하늘소 232
벚나무사향하늘소 234
소범하늘소 234
벌호랑하늘소 234
호랑하늘소 234
육점박이범하늘소 236
가시수염범하늘소 236
측범하늘소 236
깨다시하늘소 238
흰깨다시하늘소 238
남색초원하늘소 240
초원하늘소 240
울도하늘소 240
우리목하늘소 242
알락하늘소 242
털두꺼비하늘소 244
삼하늘소 244
뽕나무하늘소 246
노랑줄점하늘소 248
사과하늘소 248
홀쭉사과하늘소 248
원통하늘소 248

국화하늘소 250
점박이수염하늘소 250
긴수염하늘소 250

잎벌레과
적갈색긴가슴잎벌레 252
배노랑긴가슴잎벌레 252
주홍배큰벼잎벌레 252
넉점박이큰가슴잎벌레 254
민가슴잎벌레 254
청줄보라잎벌레 254
팔점박이잎벌레 256
콜체잎벌레 256
고구마잎벌레 258
금록색잎벌레 258
중국청람색잎벌레 258
좀남색잎벌레 260
쑥잎벌레 260
사시나무잎벌레 262
버들잎벌레 262
열점박이별잎벌레 264
노랑가슴녹색잎벌레 264
상아잎벌레 264
오리나무잎벌레 266
뽕나무잎벌레 266
오이잎벌레 268
검정오이잎벌레 268
큰남생이잎벌레 270
남생이잎벌레 270
애남생이잎벌레 270

콩바구미과
팥바구미 272
알락콩바구미 272

주둥이거위벌레과
도토리거위벌레 274
뿔거위벌레 274
포도거위벌레 274
복숭아거위벌레 274

거위벌레과
거위벌레 276
북방거위벌레 278
노랑배거위벌레 278
왕거위벌레 280
느릅나무혹거위벌레 280
등빨간거위벌레 280
황철거위벌레 280

창주둥이바구미과
목창주둥이바구미 282

왕바구미과
왕바구미 284
흰줄왕바구미 284
쌀바구미 284

소바구미과
소바구미 286
우리흰별소바구미 286

줄무늬소바구미 286
회떡소바구미 286

벼바구미과
벼물바구미 288

바구미과
도토리밤바구미 290
검정밤바구미 290
닮은밤바구미 290
알락밤바구미 290
밤바구미 292
극동버들바구미 294
흰가슴바구미 294
배자바구미 296
솔곰보바구미 296
사과곰보바구미 296
주둥이바구미 298
혹바구미 298
뭉뚝바구미 298
긴더듬이주둥이바구미 298
털보바구미 300
가시털바구미 300
천궁표주박바구미 300
땅딸보가시털바구미 300
흰띠길쭉바구미 302
길쭉바구미 302
흰점박이꽃바구미 302

긴나무좀과
광릉긴나무좀 304

나무좀과
소나무좀 306
왕녹나무좀 306
암브로시아나무좀 306
팥배나무좀 306

찾아보기

우리 이름 찾아보기 310
학명 찾아보기 313
참고한 책 318
저자 소개 320

그림으로 찾아보기

딱정벌레과

아이누길앞잡이 58   산길앞잡이 58   큰무늬길앞잡이 58

길앞잡이 60   참뜰길앞잡이 62

큰조롱박먼지벌레 64   조롱박먼지벌레 64   애조롱박먼지벌레 64   가는조롱박먼지벌레 64

딱정벌레붙이 66   등빨간먼지벌레 68   붉은칠납작먼지벌레 68   날개끝가시먼지벌레 68

한국길쭉먼지벌레 68

먼지벌레 70

점박이먼지벌레 70

머리먼지벌레 70

가는청동머리먼지벌레 70

수염머리먼지벌레 70

폭탄먼지벌레 72

남방폭탄먼지벌레 72

목가는먼지벌레 72

꼬마목가는먼지벌레 72

풀색명주딱정벌레 74

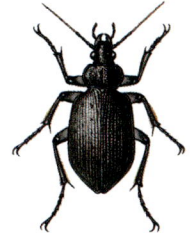
검정명주딱정벌레 74

멋쟁이딱정벌레 74

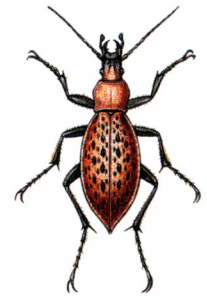
홍단딱정벌레 76

우리딱정벌레 76

애딱정벌레 76

물진드기과

중국물진드기 78

물진드기 78

극동물진드기 78

자색물방개과

자색물방개 80

노랑띠물방개 80

물방개과

애기물방개 82

꼬마줄물방개 84

줄무늬물방개 84

애등줄물방개 84

물방개 86

아담스물방개 86

검정물방개 88

동쪽애물방개 88

잿빛물방개 88

물맴이과

물맴이 90

참물맴이 90

왕물맴이 90

물땡땡이과

물땡땡이 92

잔물땡땡이 94

북방물땡땡이 94

애물땡땡이 94

풍뎅이붙이과

풍뎅이붙이 96

아무르납작풍뎅이붙이 96

송장벌레과

네눈박이송장벌레 98

송장벌레 98

곰보송장벌레 98

큰넓적송장벌레 100

넓적송장벌레 100

큰수중다리송장벌레 100

수중다리송장벌레 100

검정송장벌레 102

대모송장벌레 102

꼬마검정송장벌레 102

반날개과

청딱지개미반날개 104

곳체개미반날개 104

극동입치레반날개 106

그림으로 찾아보기 15

 투구반날개 106
 해변반날개 106
 개미사돈 106

알꽃벼룩과

 알꽃벼룩 108

사슴벌레과

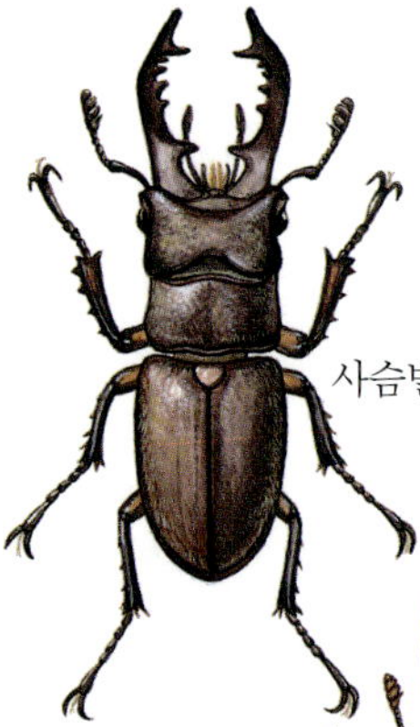

사슴벌레 110

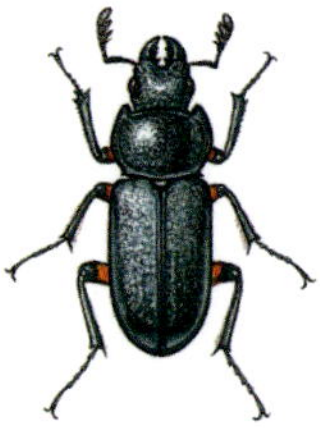

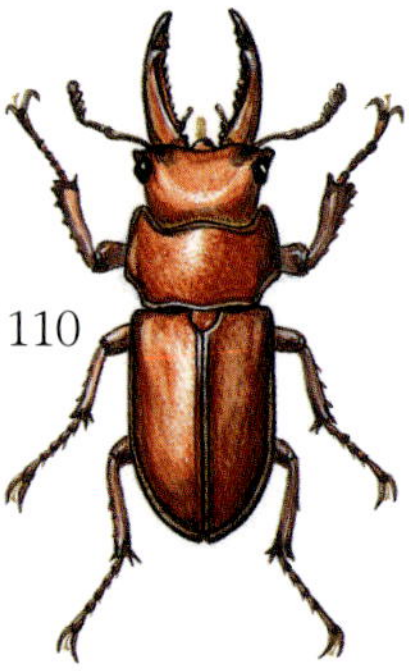

다우리아사슴벌레 110

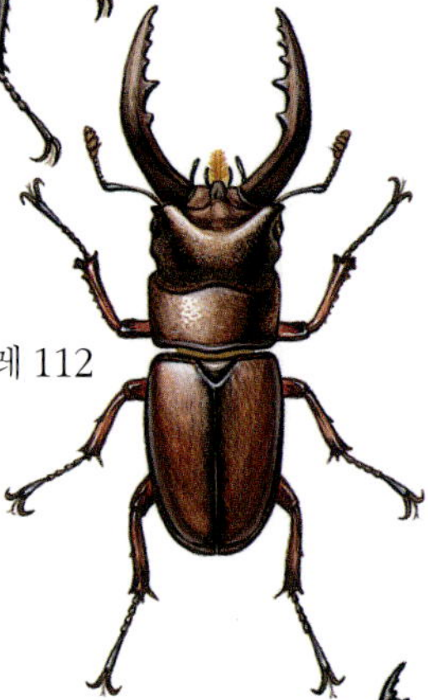

원표애보라사슴벌레 110

톱사슴벌레 112

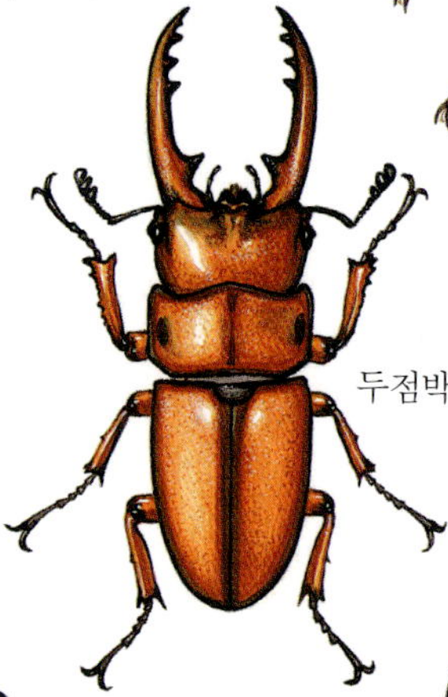

두점박이사슴벌레 112

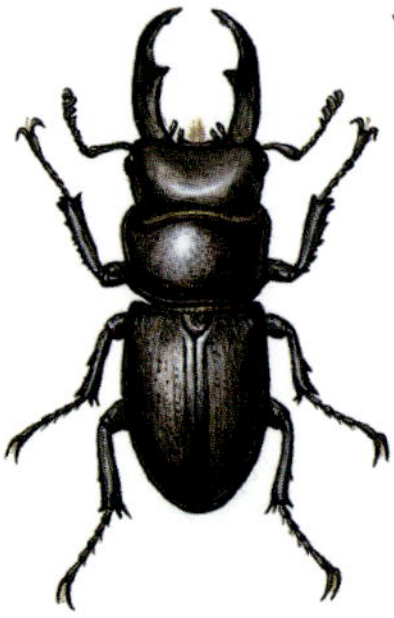

애사슴벌레 114

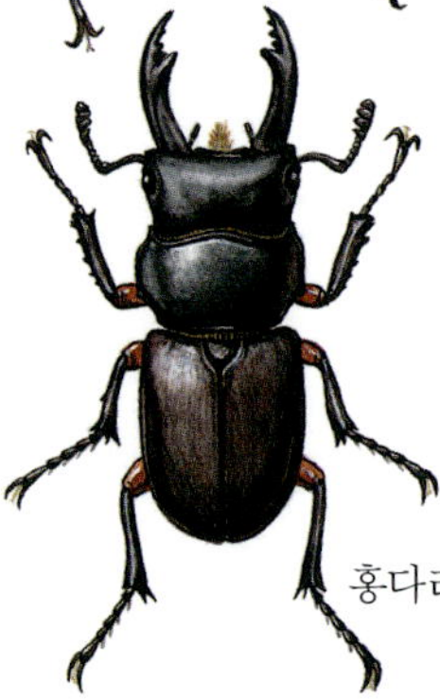

홍다리사슴벌레 114

왕사슴벌레 116

넓적사슴벌레 118

참넓적사슴벌레 118

꼬마넓적사슴벌레 118

금풍뎅이과

보라금풍뎅이 120

무늬금풍뎅이 120

참금풍뎅이 120

소똥구리과

뿔소똥구리 122

왕소똥구리 124

소똥구리 124

긴다리소똥구리 124

애기뿔소똥구리 126

창뿔소똥구리 126

외뿔애기꼬마소똥구리 126

렌지소똥풍뎅이 128

소요산소똥풍뎅이 128

황소뿔소똥풍뎅이 128

모가슴소똥풍뎅이 128

똥풍뎅이과

똥풍뎅이 130

큰점박이똥풍뎅이 130

검정풍뎅이과

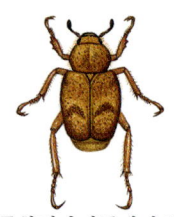
주황긴다리풍뎅이 132

점박이긴다리풍뎅이 132

감자풍뎅이 134

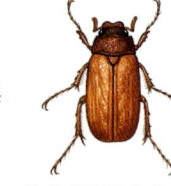
긴다색풍뎅이 134

황갈색줄풍뎅이 134

참검정풍뎅이 134

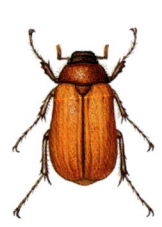
쌍색풍뎅이 134

왕풍뎅이 136

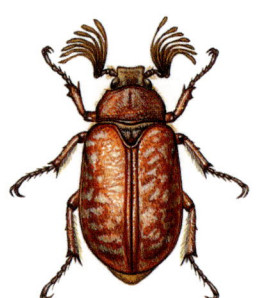
수염풍뎅이 136

줄우단풍뎅이 138

빨간색우단풍뎅이 138

알모양우단풍뎅이 138

장수풍뎅이과

장수풍뎅이 140

외뿔장수풍뎅이 140

풍뎅이과

주둥무늬차색풍뎅이 142

쇠털차색풍뎅이 142

콩풍뎅이 144

참콩풍뎅이 144

녹색콩풍뎅이 144

풍뎅이 146

별줄풍뎅이 146

등얼룩풍뎅이 146

연노랑풍뎅이 146

카메레온줄풍뎅이 148

대마도줄풍뎅이 148

꽃무지과

호랑꽃무지 150

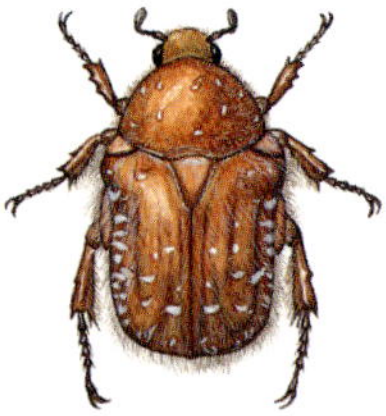

꽃무지 150

풍이 150

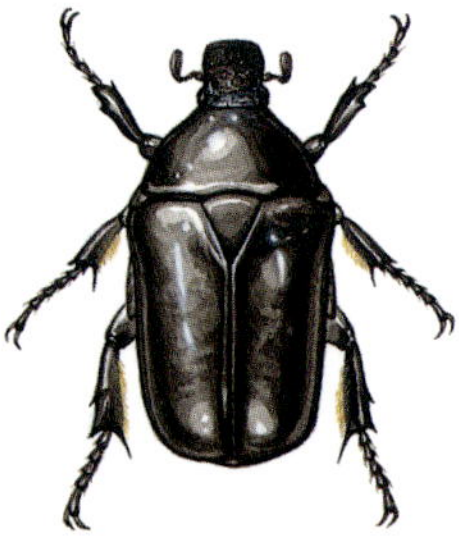

검정풍이 150

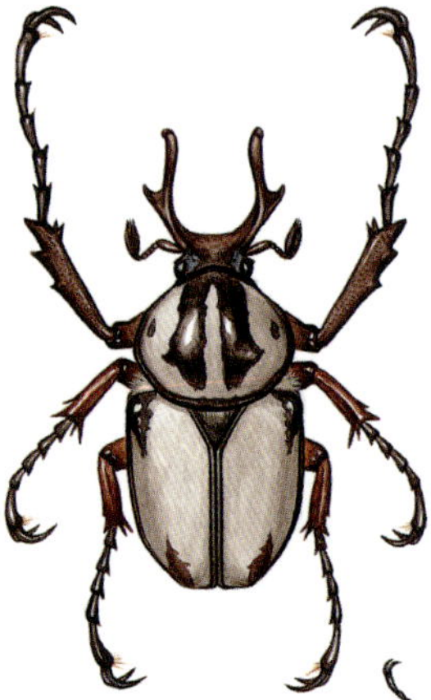

사슴풍뎅이 152

점박이꽃무지 154

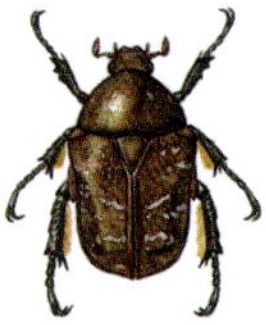

아무르점박이꽃무지 154

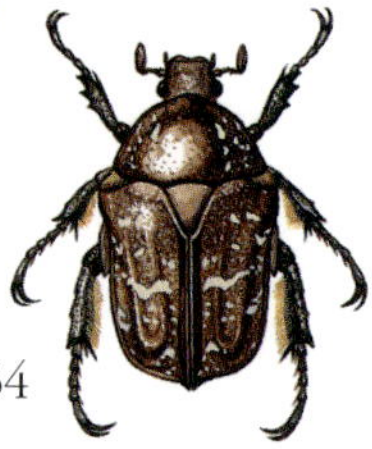

흰점박이꽃무지 154

풀색꽃무지 156

검정꽃무지 156

비단벌레과

비단벌레 158

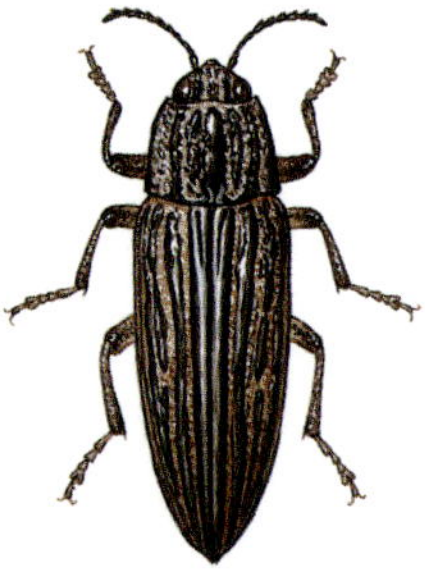

소나무비단벌레 160

금테비단벌레 160

황녹색호리비단벌레 160

방아벌레과

왕빗살방아벌레 162
꼬마방아벌레 162 
대유동방아벌레 164 
루이스방아벌레 164 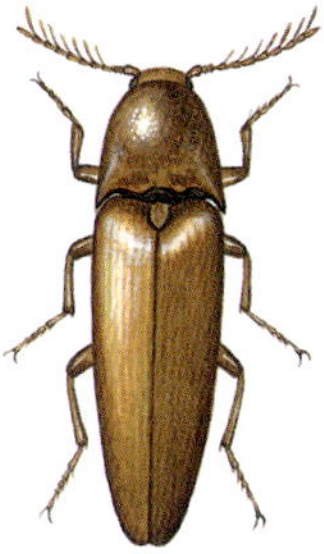
녹슬은방아벌레 164
크라아츠방아벌레 166 
얼룩방아벌레 166  
맵시방아벌레 164
검정테방아벌레 166
진홍색방아벌레 166 
빗살방아벌레 166 

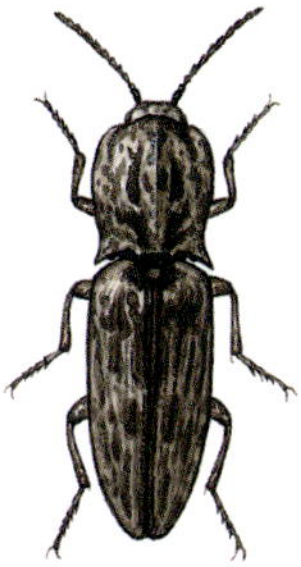

홍반디과

큰홍반디 168
굵은뿔홍반디 168 
수염홍반디 168 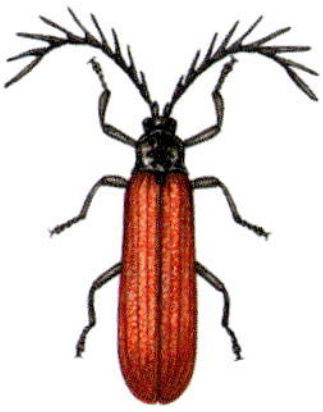
거무티티홍반디 168
고려홍반디 168

반딧불이과

 애반딧불이 170
 운문산반딧불이 170
 늦반딧불이 172
 꽃반딧불이 172

병대벌레과

 등점목가는병대벌레 174
 노랑줄이리병대벌레 174
 회황색병대벌레 176
 서울병대벌레 176
 붉은가슴병대벌레 176

수시렁이과

 홍띠수시렁이 178
 애알락수시렁이 178
 사마귀수시렁이 178

개미붙이과

 개미붙이 180
 불개미붙이 180
 긴개미붙이 180

의병벌레과

노랑무늬의병벌레 182

밑빠진벌레과

네눈박이밑빠진벌레 184

네무늬밑빠진벌레 184

큰납작밑빠진벌레 184

방아벌레붙이과

석점박이방아벌레붙이 186

대마도방아벌레붙이 186

끝검은방아벌레붙이 186
붉은가슴방아벌레붙이 186

버섯벌레과

털보왕버섯벌레 188

톱니무늬버섯벌레 188

모라윗왕버섯벌레 190

고오람왕버섯벌레 190

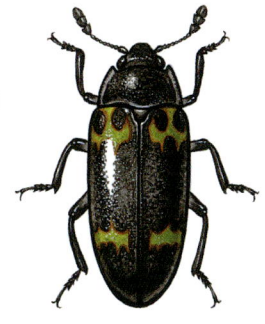
노랑줄왕버섯벌레 190

무당벌레붙이과

 무당벌레붙이 192

무당벌레과

 남생이무당벌레 194

꼬마남생이무당벌레 194

 큰꼬마남생이무당벌레 194

 달무리무당벌레 196

 긴점무당벌레 196

 네점가슴무당벌레 196

 십이흰점무당벌레 196

 노랑무당벌레 196

 홍점박이무당벌레 196

 칠성무당벌레 198

 십일점박이무당벌레 198

 노랑육점박이무당벌레 198

 무당벌레 200

 큰이십팔점박이무당벌레 202

하늘소붙이과

 녹색하늘소붙이 204

 노랑하늘소붙이 204

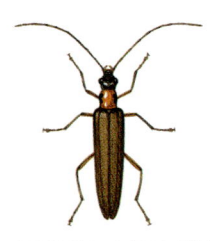 아무르하늘소붙이 204

 잿빛하늘소붙이 204

홍날개과

애홍날개 206

홍날개 206

홍다리붙이홍날개 206

뿔벌레과

무늬뿔벌레 208

뿔벌레 208

가뢰과

남가뢰 210

먹가뢰 210

청가뢰 210

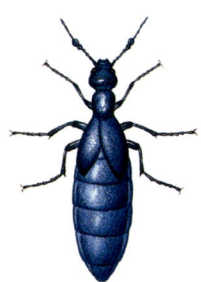
애남가뢰 210

잎벌레붙이과

큰남색잎벌레붙이 212

거저리과

모래거저리 214    강변거저리 214    바닷가거저리 214    작은모래거저리 214    구슬무당거저리 216

우묵거저리 216    갈색거저리 216 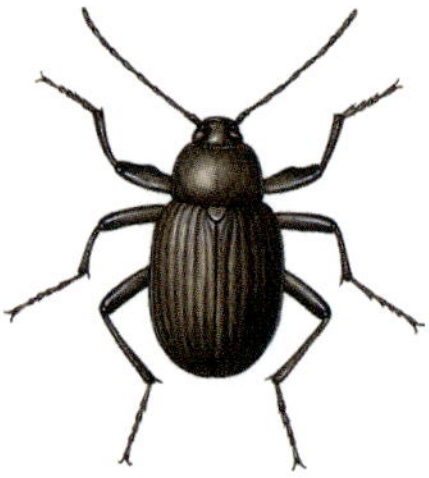   산맴돌이거저리 218

맴돌이거저리 218 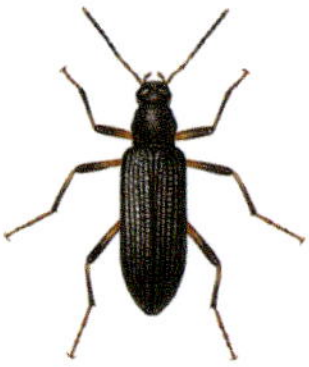   별거저리 218    홍날개썩덩벌레 220 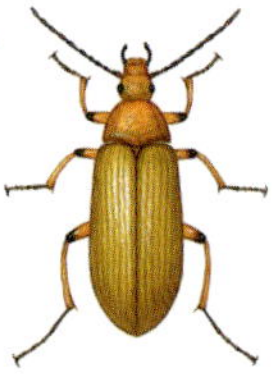   노랑썩덩벌레 220

하늘소과

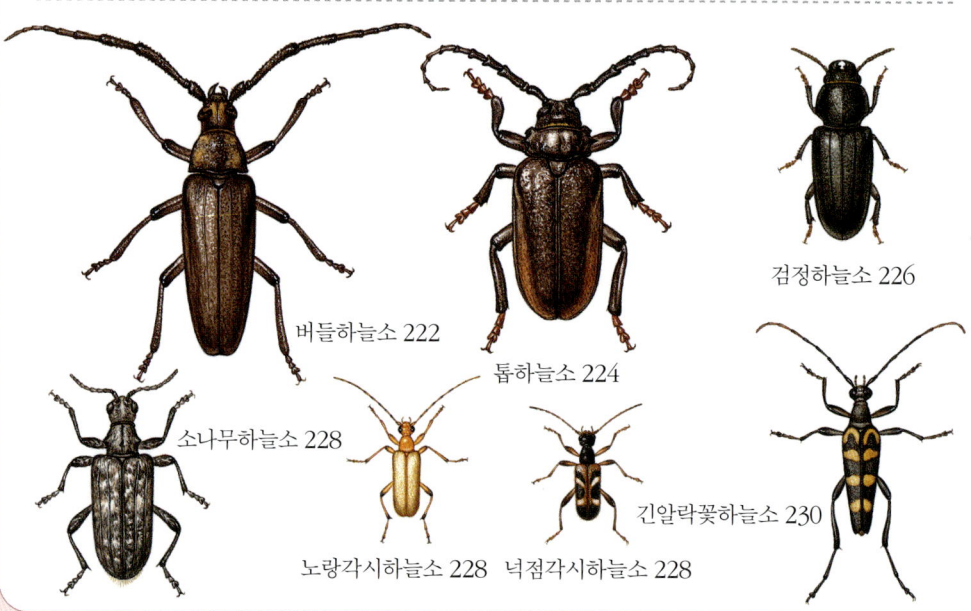

버들하늘소 222   톱하늘소 224   검정하늘소 226

소나무하늘소 228   노랑각시하늘소 228   넉점각시하늘소 228   긴알락꽃하늘소 230

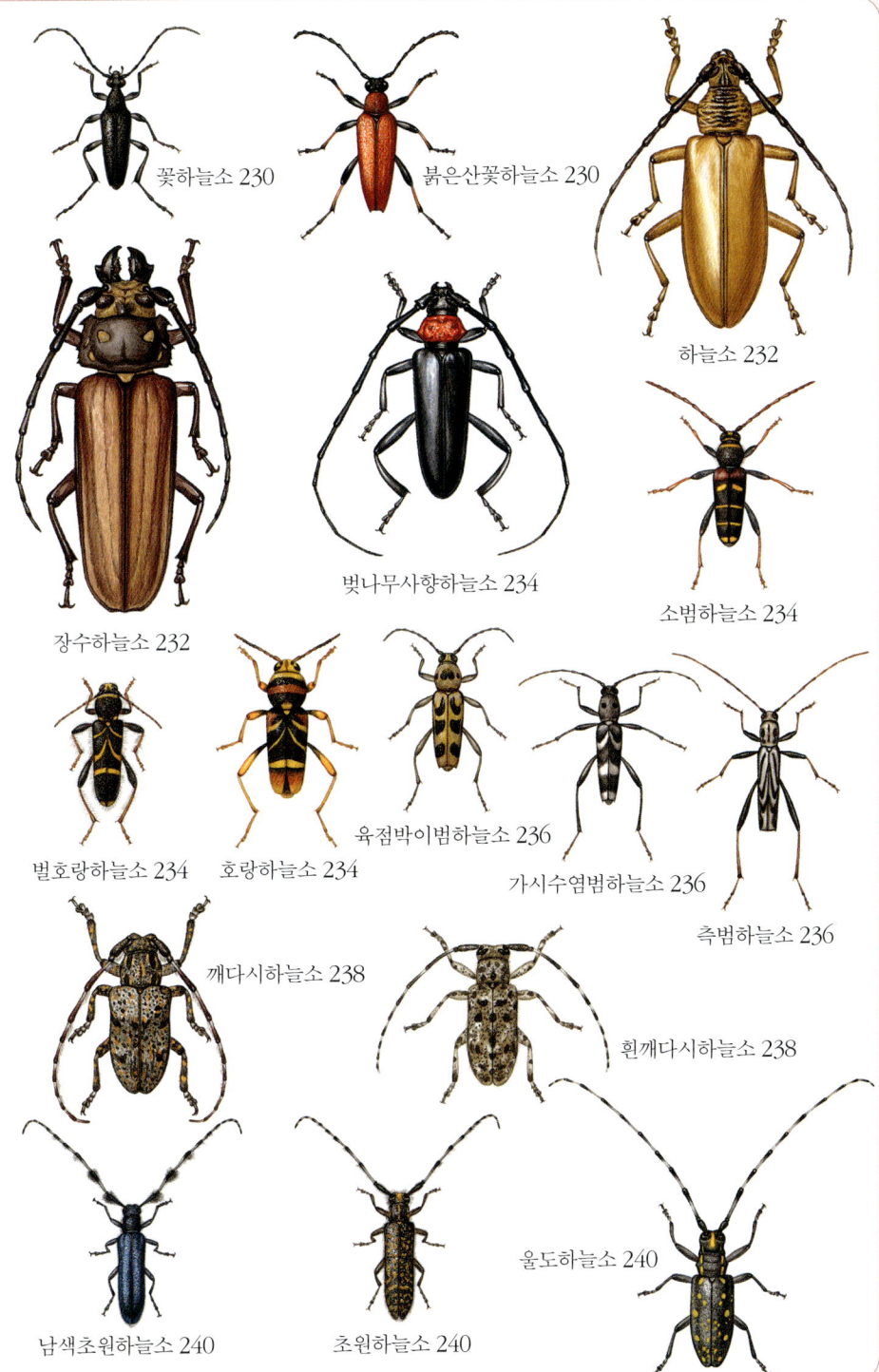

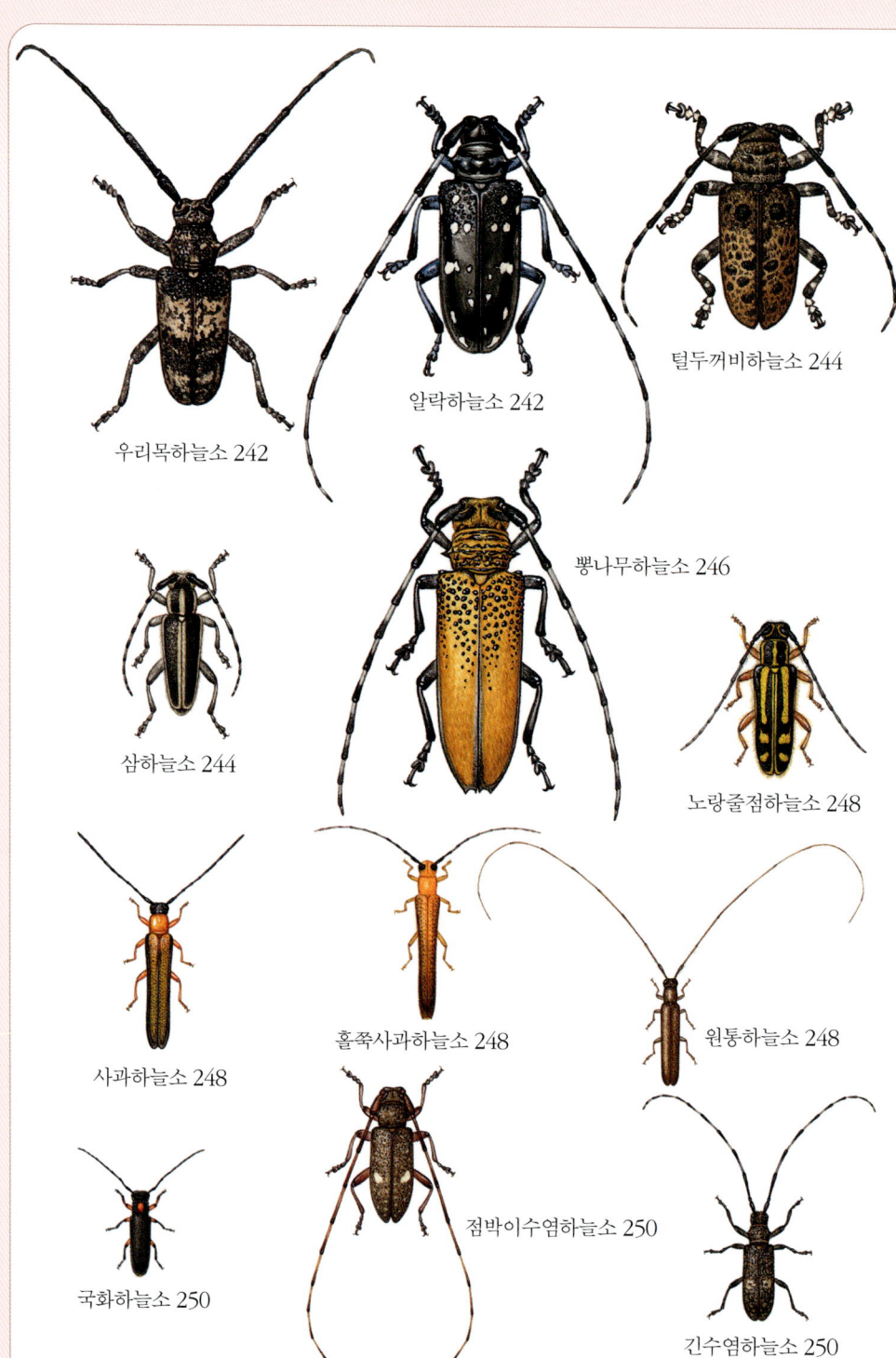

잎벌레과

적갈색긴가슴잎벌레 252

배노랑긴가슴잎벌레 252

주홍배큰벼잎벌레 252

넉점박이큰가슴잎벌레 254

민가슴잎벌레 254

청줄보라잎벌레 254

팔점박이잎벌레 256

콜체잎벌레 256

고구마잎벌레 258

금록색잎벌레 258

중국청람색잎벌레 258

좀남색잎벌레 260

쑥잎벌레 260

사시나무잎벌레 262

버들잎벌레 262

열점박이별잎벌레 264

노랑가슴녹색잎벌레 264

상아잎벌레 264

오리나무잎벌레 266

뽕나무잎벌레 266

오이잎벌레 268

검정오이잎벌레 268

큰남생이잎벌레 270

남생이잎벌레 270

애남생이잎벌레 270

콩바구미과

 팥바구미 272
 알락콩바구미 272

주둥이거위벌레과

 도토리거위벌레 274
 뿔거위벌레 274
 포도거위벌레 274
 복숭아거위벌레 274

거위벌레과

 거위벌레 276
 북방거위벌레 278
 노랑배거위벌레 278
 왕거위벌레 280
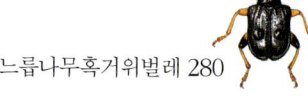 느릅나무혹거위벌레 280
 등빨간거위벌레 280
황철거위벌레 280

창주둥이바구미과

 목창주둥이바구미 282

왕바구미과

 왕바구미 284
흰줄왕바구미 284
쌀바구미 284

소바구미과

 소바구미 286
 우리흰별소바구미 286
줄무늬소바구미 286
회떡소바구미 286

벼바구미과

 벼물바구미 288

바구미과

도토리밤바구미 290 검정밤바구미 290 닮은밤바구미 290 알락밤바구미 290 밤바구미 292

극동버들바구미 294 흰가슴바구미 294 배자바구미 296 솔곰보바구미 296 사과곰보바구미 296

주둥이바구미 298 혹바구미 298 뭉뚝바구미 298 긴더듬이주둥이바구미 298 털보바구미 300

가시털바구미 300 천궁표주박바구미 300 땅딸보가시털바구미 300 흰띠길쭉바구미 302 길쭉바구미 302

흰점박이꽃바구미 302

긴나무좀과   # 나무좀과

   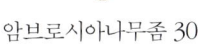

광릉긴나무좀 304 소나무좀 306 왕녹나무좀 306 암브로시아나무좀 306 팥배나무좀 306

| 딱정벌레란 무엇인가? |

딱정벌레란 무엇인가?

우리가 사는 지구에는 수많은 생명들이 산다. 호모 사피엔스라고 하는 인간은 단 1종뿐이지만, 적게는 천만 종에서 많게는 1억 종 가까운 생물들이 살 것으로 여기고 있다. 이 가운데 식물과 동물이 있고, 동물 가운데 곤충 수가 가장 많다. 곤충은 동물의 1/4이고, 모든 생물 가운데 1/5을 차지한다고 한다. 종 수로는 새가 9000종쯤 되고, 포유류가 4000종쯤 된다. 곤충은 100만에서 200만 종쯤 되는데, 그 가운데 딱정벌레가 1/4을 차지한다. 아직까지도 새로운 딱정벌레를 찾아내고 있다. 딱정벌레는 동물계-절지동물문-곤충강-딱정벌레목에 속하는 무리다. 딱정벌레는 온 세계에 30만 종이 넘게 사는 것으로 보인다. 지금까지 알려진 딱정벌레 가운데 2/3는 8개 과가 차지한다. 딱정벌레과, 풍뎅이과, 비단벌레과, 하늘소과, 잎벌레과, 바구미과, 반날개과, 거저리과다. 이 가운데 바구미과가 가장 종이 많다. 온 세계에 5만 종이 넘게 있는 것으로 보인다.

딱정벌레는 노래기, 새우나 게처럼 딱딱한 껍질로 된 몸이 마디를 이루고 있는 마디동물이다. 한자로 '절지동물'이라고 한다. 몸은 크게 머리, 가슴, 배 세 부분으로 나뉘고, 다리가 여섯 개 있다. 몸은 왼쪽과 오른쪽이 대칭이다. 거의 모든 딱정벌레는 앞날개인 딱딱한 딱지날개와 씹는 입을 가지고 있다. 하지만 더듬이 생김새나 다리 마디 수, 딱지날개 생김새 따위는 과마다 다양하다.

딱정벌레는 아리스토텔레스가 날개 덮개를 가진 곤충이라고 하면서 이를 바탕으로 '칼집, 덮개'라는 뜻인 그리스 말 'koleon'과 날개라는 뜻인 'pteron'이 합쳐져 딱정벌레목(Coleoptera)이 되었다. 우리말인 딱정벌레는 '닥쟝벌레'라는 옛말에서 왔다.

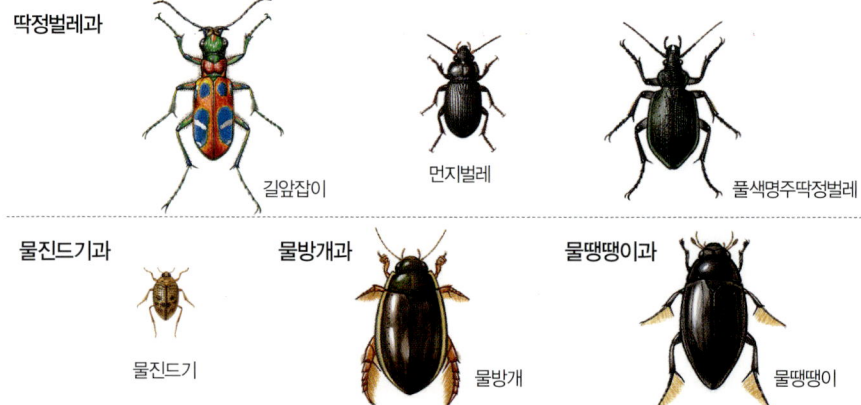

송장벌레과

송장벌레

반날개과

청딱지개미반날개

사슴벌레과
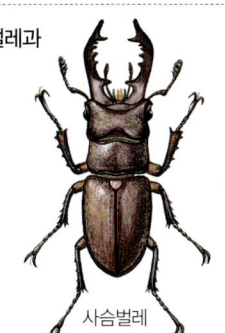
사슴벌레

금풍뎅이과

보라금풍뎅이

소똥구리과

왕소똥구리

풍뎅이과

풍뎅이

꽃무지과

꽃무지

비단벌레과

비단벌레

방아벌레과

왕빗살방아벌레

반딧불이과

늦반딧불이

무당벌레과

무당벌레

거저리과

모래거저리

하늘소과

하늘소

잎벌레과

사시나무잎벌레

거위벌레과

거위벌레

바구미과

왕바구미

나무좀과

소나무좀

딱정벌레란 무엇인가? 35

생김새

몸

　딱정벌레 몸은 크게 머리와 가슴, 배로 나눈다. 머리에는 겹눈과 더듬이, 입틀이 있다. 가슴은 앞가슴과 가운데가슴, 뒷가슴으로 이루어졌다. 하지만 위에서 보면 딱지날개 때문에 가운데가슴과 뒷가슴은 보이지 않는다. 배도 딱지날개에 가려 거의 보이지 않는다. 배는 보통 10마디로 이루어졌지만, 앞쪽 배마디와 뒤쪽 배마디는 여러 마디가 합쳐 적게는 3마디에서 많게는 10마디까지 종이나 무리에 따라 다양하다. 배마디 옆마다 숨을 쉴 수 있는 구멍이 있다. 배 속에는 소화 기관과 배설 기관, 생식 기관이 들어 있다. 날개는 앞날개와 뒷날개가 있는데 앞날개는 딱딱한 딱지날개다. 딱지날개 속에 얇은 뒷날개가 부채처럼 접혀 들어가 있다. 앞가슴, 가운데가슴, 뒷가슴마다 다리가 한 쌍씩 모두 세 쌍 붙어 있다.

　딱정벌레는 모두 이런 몸을 가지고 있지만, 생김새는 무리나 종마다 조금씩 다르다. 무당벌레처럼 동그랗기도 하고, 하늘소처럼 길쭉하기도 하고, 밑빠진벌레처럼 납작하기도 하다. 몸 크기도 눈으로 겨우 보일락 말락 한 것부터 사람 손바닥만 하게 큰 것도 있다.

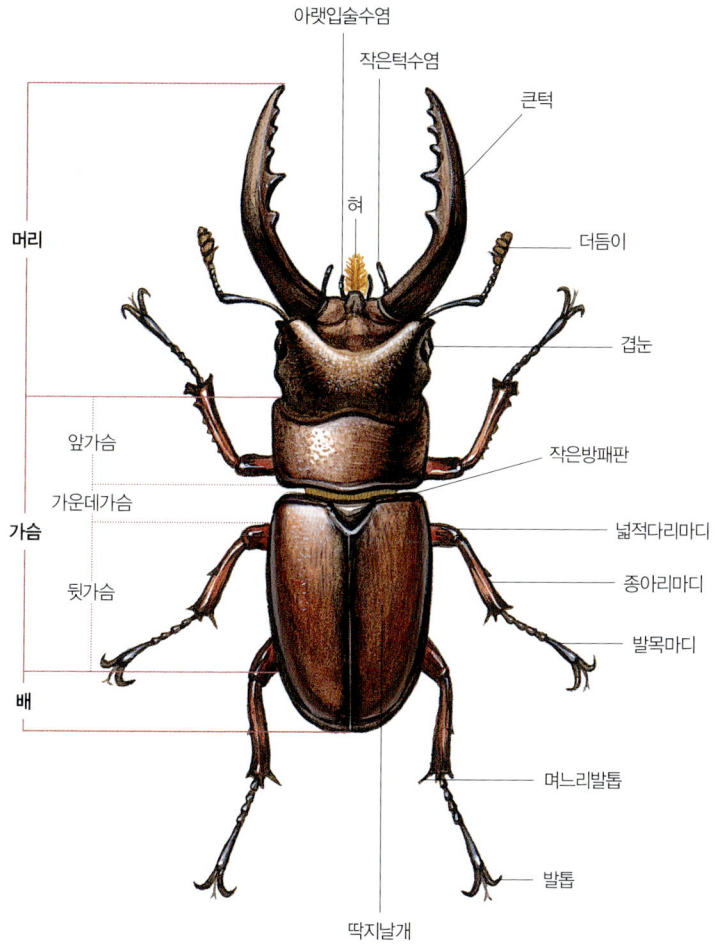

톱사슴벌레 생김새

머리

딱정벌레 머리에는 겹눈과 입과 더듬이가 있다. 머리 생김새는 종마다 무리마다 다르다. 뿔이 솟아 있기도 하고, 큰턱이 아주 크기도 하다. 바구미 무리는 주둥이가 길쭉하게 늘어났다. 또 소똥구리과 무리처럼 머리 앞쪽이 넓은 판자처럼 펼쳐지기도 한다. 이렇게 펼쳐진 앞 머리를 '머리방패'라고 한다.

입은 큰턱과 작은턱, 윗입술과 아랫입술로 이루어졌다. 거기에 아랫입술수염과 작은턱수염이 나 있다. 딱정벌레 입은 거의 씹는 입이다. 먹이를 잡아 물어뜯거나 씹는다. 길앞잡이처럼 다른 벌레를 잡아먹는 딱정벌레는 큰턱이 아주 날카롭다. 사슴벌레 무리는 큰턱이 뿔처럼 아주 크다. 바구미는 긴 주둥이 끝에 입이 있다. 잎벌레와 바구미 입은 아래쪽으로 튀어나왔다.

딱정벌레 더듬이는 큰턱 밑쪽과 겹눈 사이에 붙어 있다. 보통 11마디로 되어 있지만 3~12마디까지 무리에 따라 다양하다. 더듬이 생김새도 무리마다 다르다. 실처럼 길쭉하거나, 염주처럼 이어지거나, 톱니처럼 뾰족하게 이어진다. 또 부채처럼 활짝 펼쳐지기도 하고, 끄트머리가 곤봉처럼 불룩하기도 하다. 하늘소 더듬이는 거의 자기 몸보다 길고, 바구미는 더듬이가 기다란 주둥이 가운데쯤에 나 있다. 곤충은 더듬이로 알 낳을 곳을 찾고, 떨림을 느끼고, 온도와 습도를 알아챈다.

딱정벌레 눈은 한 쌍 있다. 수시렁이와 몇몇 반날개는 머리 가운데에 홑눈이 한 개 있고, 알버섯벌레와 반날개 몇몇 종은 홑눈이 두 개 있다. 겹눈에는 작은 홑눈이 수백 개 모여 있다. 작은 홑눈 하나하나가 눈 노릇을 한다. 딱정벌레는 사람과 달리 이 겹눈으로 자외선과 적외선까지 볼 수 있다. 물맴이는 겹눈이 위아래로 나뉘어서 눈이 네 개처럼 보인다. 위쪽 눈으로 물 위를 보고, 아래쪽 눈으로 물속을 본다.

여러 가지 머리 생김새

길앞잡이 홍단딱정벌레
큰턱이 아주 날카롭다.

톱사슴벌레 큰턱이 뿔처럼 길게 뻗는다.

뿔소똥구리 장수풍뎅이
머리에 커다란 뿔이 솟았다.

왕거위벌레 머리가 기린처럼 길다.

여러 가지 더듬이 생김새

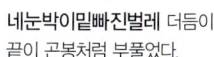

수염홍반디 더듬이가 빗살처럼 갈라졌다.

왕풍뎅이 더듬이가 부챗살처럼 갈라진다.

남색초원하늘소 더듬이가 몸길이보다 길다.

네눈박이밑빠진벌레 더듬이 끝이 곤봉처럼 부풀었다.

도토리밤바구미 더듬이가 ㄴ자처럼 꺾인다.

가슴

 딱정벌레 가슴은 앞가슴, 가운데가슴, 뒷가슴으로 나뉘었다. 가슴에는 날개와 다리를 움직이는 근육이 있다. 가슴마다 다리가 한 쌍씩 달려 있고, 가운데가슴과 뒷가슴에는 앞날개와 뒷날개가 달려 있다. 앞날개는 딱딱한 딱지날개이고, 뒷날개는 얇은 날개다. 뒷날개를 딱지날개에 부채처럼 접어서 숨긴다. 날아갈 때는 딱지날개를 위로 들어 올린 뒤 속날개를 펴고 날아간다. 하지만 꽃무지 무리는 딱지날개를 위로 들어 올리지 않는다. 옆구리에 난 홈으로 뒷날개를 내밀어 날아간다. 또 홍단딱정벌레 같은 딱정벌레아과 곤충은 뒷날개가 퇴화되어서 날지를 못한다. 곤충은 모든 동물 가운데 가장 먼저 하늘을 날아다닌 동물이다. 딱지날개에는 여러 가지 무늬가 나 있기도 하고, 홈이 파여 있기도 하고, 울퉁불퉁 고랑이 나 있기도 하다. 방아벌레는 가슴 배 쪽에 돌기가 하나 있다. 방아벌레 몸이 거꾸로 뒤집히면 이 돌기를 지렛대 삼아서 '딱' 소리를 내며 튀어 올라 몸을 똑바로 뒤집는다.
 다리는 가슴마다 한 쌍씩 달린다. 다리 하나는 밑마디, 도래마디, 넓적다리마디, 종아리마디, 발목마디로 나뉘고, 발목마디 끝에 발톱이 있다. 달리기를 잘하는 길앞잡이는 다리가 아주 길쭉하고, 똥을 먹는 소똥구리는 앞다리 종아리마디가 삽처럼 넓적하다. 물에 사는 물방개는 뒷다리가 헤엄치기 알맞게 배를 젓는 노처럼 바뀌었고 억센 털이 잔뜩 나 있다. 또 앞다리 발목마디가 빨판처럼 되어 있어서 짝짓기를 할 때 짜글짜글한 암컷 딱지날개를 붙잡을 수 있다. 사슴풍뎅이 수컷은 앞다리가 아주 길다.

여러 가지 딱지날개 생김새

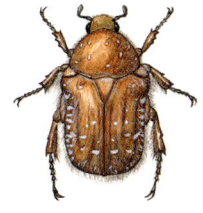

꽃무지 딱지날개를 위로 들어 올리지 않고 뒷날개를 내밀어 난다.

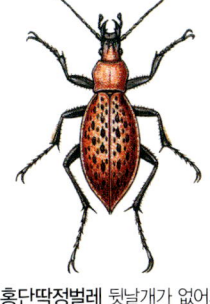

홍단딱정벌레 뒷날개가 없어져서 날지를 못한다. 등에는 작은 홈이 옴폭옴폭 파였다.

극동입치레반날개 딱지날개가 짧아서 배를 다 덮지 못한다.

별줄풍뎅이 딱지날개에 굵은 세로줄이 나 있다.

극동버들바구미 딱지날개가 움푹움푹 파였다.

무당벌레 딱지날개에 여러 무늬가 나 있다.

여러 가지 다리 생김새

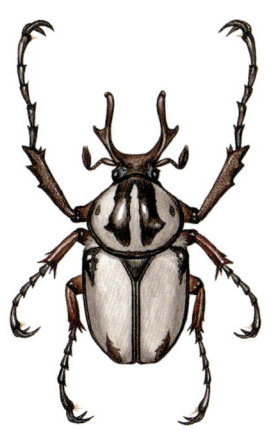

사슴풍뎅이 앞다리가 아주 길다. 위험할 때 앞다리를 치켜 든다.

왕소똥구리 앞다리가 삽처럼 넓적하다. 앞다리로 굴을 판다.

물방개 뒷다리에 억센 털이 나 있다. 이 뒷다리를 노처럼 저어 헤엄친다.

산맴돌이거저리 다리가 길어서 땅 위를 잘 돌아다닌다.

배

딱정벌레 배는 보통 10마디로 되어 있다. 배에는 숨을 쉬고, 소화를 시키고, 똥을 싸고, 새끼를 낳는 기관이 모여 있다. 거의 모든 딱정벌레는 딱지날개에 가려 배가 드러나지 않지만 반날개나 밑빠진벌레 무리는 딱지날개가 짧아서 배가 드러난다. 가뢰 암컷은 배가 아주 커다랗고, 반딧불이는 배에서 빛이 나기도 한다.

딱정벌레 암컷과 수컷은 생식기가 서로 다르다. 암컷에게는 알을 낳는 대롱이 있다. 한자로 '산란관'이라고 한다. 나무속에서 사는 딱정벌레는 거의 알 낳는 산란관이 기다랗고, 땅에 알을 낳는 딱정벌레는 산란관이 짧고 튼튼하다. 생식기 생김새는 종마다 달라서 종을 가르는데 쓰인다.

배마디에는 숨을 쉬는 구멍이 뚫려 있다. 이 숨구멍으로 숨을 쉰다. 사람과 달리 배를 움직여 숨을 쉬는 것이 아니고, 숨구멍으로 들어온 공기가 확산 원리에 따라 압력이 높은 곳에서 낮은 곳으로 퍼지며 숨을 쉰다. 물방개나 물땡땡이 같은 물속에 들어가는 딱정벌레는 딱지날개 밑과 배 사이, 털이 많이 난 몸 아랫면에 공기 방울을 만들어 숨을 쉬기도 한다.

딱정벌레는 딱딱한 나무부터 나뭇진 같은 액체까지 온갖 것을 다 먹는다. 몸속에 들어간 먹이는 앞 창자, 가운데 창자, 뒤 창자를 거쳐 똥이 되어 나온다. 나뭇진을 먹는 딱정벌레는 마치 오줌을 싸는 것처럼 보이지만, 액체인 나뭇진을 먹기 때문에 물로 된 똥을 싼다.

딱정벌레는 사람과는 달리 배 등 쪽에 심장이 있고, 배 쪽에 신경이 있다. 심장은 하나만 있는 것이 아니고 여러 개가 있다. 딱정벌레 몸에 흐르는 피는 산소를 나르지 않고, 단지 영양물질과 호르몬을 나른다.

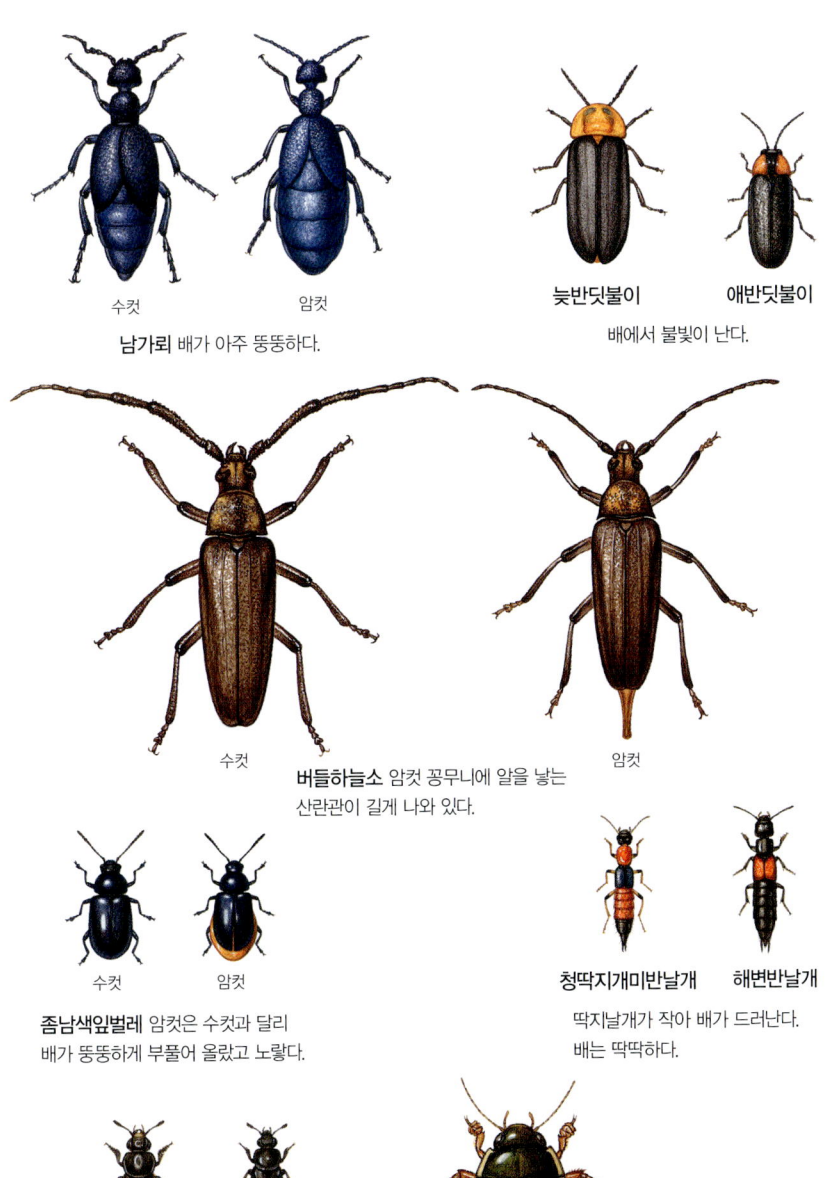

한살이

딱정벌레 무리는 알, 애벌레, 번데기, 어른벌레를 거치는 갖춘탈바꿈을 한다. 이렇게 알에서 어른벌레가 되는 한살이 주기는 딱정벌레마다 다르다. 큰홍반디처럼 한 해에 한 번 어른벌레로 날개돋이 하기도 하고, 톱사슴벌레처럼 두 해가 지나야 어른벌레로 날개돋이 하기도 하고, 칠성무당벌레처럼 한 해에 여러 번 어른벌레로 날개돋이 하기도 한다. 어른벌레가 되면 사실 모든 목적이 짝짓기를 하고, 알을 낳는 것이다. 짝짓기를 마친 딱정벌레는 알을 한 번에 한 개씩 낳기도 하고, 수백 개씩 낳기도 한다. 주로 애벌레 먹이가 있는 곳 둘레에 알을 낳는다. 거위벌레는 나뭇잎을 말아서 그 속에 알을 낳고, 도토리거위벌레는 도토리를 뚫고 그 속에 알을 낳는다. 잎벌레는 저마다 애벌레가 먹을 잎에 알을 낳는다. 쌀바구미는 쌀알에 알을 낳는다. 알은 거의 동그랗다. 때때로 달걀처럼 생기거나 양끝이 뾰족하기도 하다. 알 빛깔은 우윳빛이거나 노란색, 주황색을 띤다.

딱정벌레 애벌레는 저마다 생김새가 다르다. 알에서 깨어난 애벌레는 오직 먹는 일에만 정신을 쏟는다. 똥을 먹기도 하고, 나무속을 갉아 먹기도 하고, 잎을 먹기도 하고, 다른 벌레를 잡아먹는 것처럼 저마다 먹는 먹이가 다르다. 딱정벌레 애벌레는 나비 애벌레와 달리 배다리가 없다. 나비나 나방 애벌레는 배다리가 5쌍 밑으로 있다. 애벌레는 적어도 세 번 넘게 허물을 벗고 번데기가 된다. 번데기는 나무속, 풀 줄기 속, 땅속, 썩은 지푸라기 속처럼 여러 곳에 둥지를 튼다. 번데기가 되면 어른 몸을 갖추기 시작한다. 저마다 알맞은 시간이 지나면 번데기에서 어른벌레가 날개돋이 해서 나온다. 암컷과 수컷은 생식기가 서로 다르다. 하지만 톱사슴벌레처럼 생김새가 아주 다른 딱정벌레도 많다.

톱사슴벌레 애벌레는 허물을 세 번 벗고 어른벌레가 된다. 어른벌레가 되기까지 2~3년 걸린다.

비단벌레 어른벌레가 되는 데 2~3년 걸린다.

뿔소똥구리 알에서 나온 애벌레는 한두 달쯤 똥 경단을 먹고 큰다. 어른벌레가 되는 데 두 달쯤 걸린다.

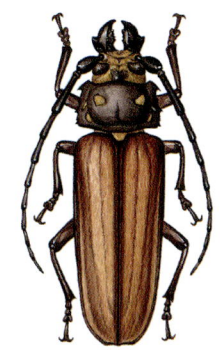

장수하늘소 알에서 어른벌레가 되는 데 3~5년쯤 걸린다.

호랑꽃무지 애벌레는 썩은 나무속을 파먹고 산다. 어른벌레가 되는 데 한두 해 걸린다.

홍띠수시렁이 애벌레는 5~10번쯤 허물을 벗고 자란다. 두 달쯤 지나면 어른벌레가 된다.

큰홍반디 한 해에 한 번 어른벌레가 된다.

칠성무당벌레 한 해에 너덧 번쯤 날개돋이 한다.

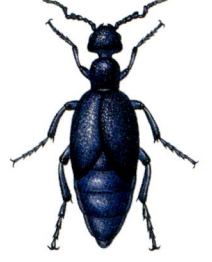

남가뢰 애벌레가 허물을 7번 벗고 어른벌레가 된다. 애벌레는 허물을 벗을 때마다 생김새가 아주 달라진다.

팥바구미 애벌레는 보름쯤 지나면 어른벌레로 날개돋이 한다.

딱정벌레란 무엇인가? 45

짝짓기

　여느 곤충과 마찬가지로 딱정벌레도 어른벌레가 되면 짝짓기를 하고 알을 낳는 일이 가장 중요하다. 많은 어른벌레가 짝짓기를 하고 알을 낳으면 죽는다. 짝을 찾는 방법은 종마다 다르다. 암컷이 페로몬을 풍겨 수컷을 부르기도 하고, 소리를 내서 부르기도 하고, 반딧불이처럼 배 꽁무니에서 불빛을 반짝거려 짝을 찾기도 하지만, 가장 흔한 방법은 먹이에 모여서 짝짓기를 하는 것이다.

　톱사슴벌레와 왕사슴벌레, 장수풍뎅이 같은 딱정벌레는 수컷끼리 큰턱이나 뿔로 암컷을 차지하려고 싸움을 한다. 애홍날개 수컷은 짝짓기 할 때 암컷에게 주려고 가뢰 몸에 붙어 독물을 얻는다. 소똥구리는 암컷과 수컷이 함께 애벌레를 먹일 똥을 굴려온 뒤, 짝짓기를 하고 알을 낳는다. 송장벌레도 암컷과 수컷이 동물 주검을 땅속에 파묻은 뒤 짝짓기를 하고 알을 낳는다.

　짝짓기 할 때는 수컷이 암컷 등 위로 올라탄다. 길앞잡이는 날카로운 큰턱으로 암컷을 꽉 붙잡고 짝짓기를 한다. 딱지날개가 미끄러운 물방개는 수컷 앞다리가 빨판처럼 넓적하다. 짜글짜글한 암컷 딱지날개를 앞다리로 딱 붙이고 짝짓기를 한다.

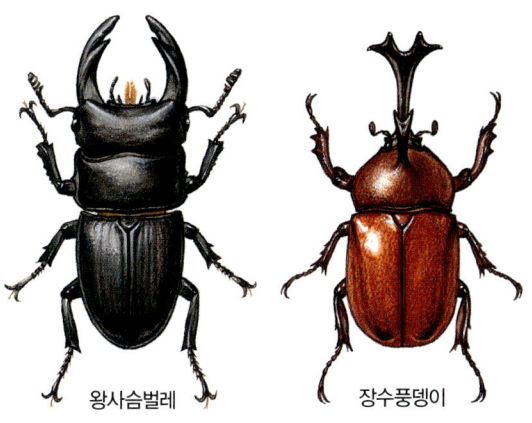

| 왕사슴벌레 | 장수풍뎅이 |

큰턱이나 뿔로 수컷끼리 암컷을 차지하려고 싸운다.

애반딧불이   늦반딧불이

수컷과 암컷이 배 꽁무니에서 불빛을 반짝이며 짝을 찾는다.

긴다리소똥구리   소똥구리

암컷과 수컷이 함께 소똥을 굴려온 뒤 짝짓기를 하고 알을 낳는다.

수컷   암컷

물방개 수컷 앞다리는 넓적한 빨판으로 되어 있다. 이 빨판으로 암컷 딱지날개를 붙잡고 짝짓기를 한다.

애홍날개 수컷이 가뢰한테서 독물을 얻어야 암컷과 짝짓기를 할 수 있다.

꼬마검정송장벌레 동물 주검을 땅속에 파묻은 뒤 짝짓기를 하고 알을 낳는다.

생태

먹이

딱정벌레 어른벌레는 여러 가지를 먹는다. 크게 다른 동물을 잡아먹는 딱정벌레, 이것저것 먹는 딱정벌레, 버섯 같은 균을 먹는 딱정벌레가 있다.

많은 딱정벌레들이 다른 동물을 잡아먹는다. 길앞잡이 무리와 물방개 무리, 딱정벌레 무리는 다른 벌레를 잡아먹는다. 길앞잡이 무리는 다리가 아주 길어서 재빠르게 돌아다니며 벌레를 잡는다. 큰턱도 매우 날카롭다. 무당벌레는 진딧물을 많이 잡아먹는다. 홍단딱정벌레는 땅바닥을 돌아다니며 달팽이를 많이 잡아먹는다.

이것저것 먹는 딱정벌레 가운데 많은 딱정벌레는 식물을 주로 먹는다. 꽃무지나 풍뎅이, 잎벌레, 하늘소, 바구미 무리는 식물 잎이나 꽃, 꽃가루, 열매 따위를 먹는다. 잎벌레 무리는 저마다 좋아하는 식물이 따로 있는 종들이 많다. 사슴벌레 무리는 솔처럼 생긴 입으로 나뭇진을 핥아 먹는다. 쌀바구미는 갈무리해 둔 쌀을 갉아 먹는다. 소똥구리나 똥풍뎅이 무리는 소나 말 같은 짐승들이 싼 똥을 먹고 산다. 송장벌레 무리는 동물 주검을 먹고 산다. 개미사돈은 개미집에 더불어 살면서 개미가 가져오는 먹이를 먹는다. 수시렁이 무리는 동물 주검이나 말린 생선, 옷, 동물 표본 같은 것을 갉아 먹는다.

균을 먹는 딱정벌레는 주로 버섯을 잘 먹는다. 거저리 몇몇 종이나 버섯벌레 무리는 버섯을 먹고 살고, 나무좀 무리는 나무속에 균을 키워 먹고 산다.

다른 동물을 잡아먹는 딱정벌레

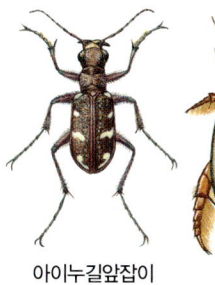

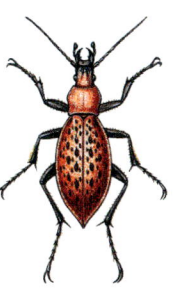

아이누길앞잡이 물방개 먼지벌레

작은 동물을 잡아먹는다.

칠성무당벌레 진딧물을 많이 잡아 먹는다.

홍단딱정벌레 땅바닥에 사는 작은 벌레나 지렁이, 달팽이 따위를 잡아먹는다.

이것저것 먹는 딱정벌레

송장벌레 동물 주검을 먹어 치워서 청소부 노릇을 한다.

풀색꽃무지 꽃에 모여 꿀도 먹고 꽃잎과 꽃술도 먹는다.

왕사슴벌레 나뭇진을 핥아 먹는다.

버들잎벌레 버드나무 잎을 갉아 먹는다.

애기뿔소똥구리 소똥이나 말똥을 먹어 치운다.

홍띠수시렁이 마른 동물 가죽이나 박물관 표본, 바닥 깔개 따위를 갉아 먹는다.

밤바구미 애벌레가 밤을 갉아 먹는다.

균을 먹는 딱정벌레

털보왕버섯벌레 나무에 돋은 버섯을 파먹는다.

소나무좀 나무속을 파먹는다.

공격과 방어

딱정벌레 무리 몸은 앞날개가 딱딱하게 굳은 딱지날개로 덮여 있다. 그래서 날아다닐 때 쓰는 뒷날개와 내부 장기가 들어 있는 배를 보호한다. 몸집이 작은 딱정벌레는 눈에 잘 띄지 않는다. 더구나 둘레 환경에 어울리는 몸빛을 가지고 있어서 더욱 눈에 잘 띄지 않는다. 길앞잡이는 몸빛이 화려해 보여도 가만히 앉아 있으면 잘 보이지 않는다. 몸이 납작한 딱정벌레는 작은 돌 틈이나 나무 틈에 들어가 숨는다.

위험을 느끼면 적극적으로 자기 몸을 지키는 딱정벌레도 있다. 폭탄먼지벌레는 꽁무니에서 강한 산성 가스를 내뿜는다. 무당벌레나 가뢰는 위험하면 몸에서 독물이 나온다. 청딱지개미반날개나 개미붙이는 생김새가 꼭 개미를 닮았다. 몸에 독이 있어서 사람이 맨손으로 잡으면 살갗에 물집이 잡힐 수 있다. 홍반디 무리도 몸에서 고약한 냄새가 나고 쓴맛이 나는 물을 낸다. 그래서 오히려 몸빛이 눈에 잘 띄는 '경고색'을 가진다. 홍날개는 이런 홍반디와 생김새가 비슷하다. 홍날개는 자기 몸을 지킬 무기가 없지만 이렇게 홍반디를 흉내 내서 몸을 지킨다. 개미붙이는 개미를 흉내 내고 몇몇 하늘소는 벌을 흉내 내서 몸을 지킨다. 또 많은 딱정벌레는 위험을 느끼면 땅에 뚝 떨어져 죽은 척한다. 방아벌레 무리는 그렇게 죽은 척하고 있다가 갑자기 '딱' 소리를 내며 하늘로 튀어 올라 도망간다.

  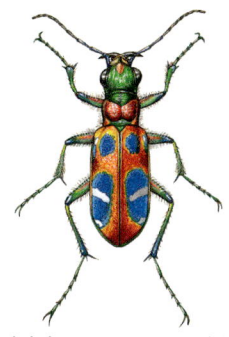

폭탄먼지벌레   **남방폭탄먼지벌레**

꽁무니에서 아주 독한 폭탄 방귀를 터뜨린다.

길앞잡이 몸빛이 화려해 보이지만 길바닥 위에 있으면 눈에 잘 띄지 않는다.

남가뢰 몸에 아주 센 독이 있다. 다른 동물이 함부로 못 잡아먹는다.

청딱지개미반날개   **개미붙이**

몸에서 독이 나온다. 사람 손에 물집이 잡히기도 한다.

남생이무당벌레 위험할 때 몸에서 독물이 나온다. 맛이 아주 쓰고 역겹다.

벌호랑하늘소 생김새가 말벌을 닮았다.

호랑꽃무지 생김새가 벌을 닮아 자기 몸을 지킨다.

배자바구미 생김새가 꼭 새똥을 닮았다.

왕빗살방아벌레 위험할 때 땅에 떨어져 죽은 척한다. 그러다 하늘로 높이 튀어 오른다.

사는 곳

딱정벌레 무리는 다른 어떤 곤충 무리보다 사는 곳이 넓다. 산과 들, 물, 집, 논밭 어디에서도 산다. 산길을 걷다 보면 풀쩍 달아나는 길앞잡이를 볼 수 있다. 땅을 들여다보면 여러 가지 딱정벌레와 먼지벌레를 볼 수 있다. 동물 주검에는 송장벌레나 반날개가 꼬이고, 동물 똥에는 여러 가지 똥풍뎅이가 모인다. 참나무에 흐르는 나뭇진에는 톱사슴벌레와 밑빠진벌레, 하늘소 따위를 볼 수 있다. 참나무에서는 도토리거위벌레도 보인다. 다른 여러 가지 나무에는 방아벌레와 비단벌레, 잎벌레, 하늘소 따위를 볼 수 있다. 썩은 나무속에서는 나무좀이 속을 파먹는다. 여러 가지 꽃에는 꽃무지와 하늘소를 볼 수 있다. 버섯에서는 여러 가지 버섯벌레가 산다.

들판 여기저기에서는 무당벌레가 보이고, 버드나무에서는 잎을 갉아 먹는 버드나무잎벌레를 볼 수 있다. 물이 맑은 골짜기에서는 반딧불이가 날아다닌다. 물웅덩이에서는 물방개나 물맴이, 물땡땡이를 볼 수 있다. 강가나 바닷가 모래밭에서는 모래거저리나 바닷가거저리 같은 거저리 무리가 살고 있다.

집에 갈무리한 곡식에는 쌀바구미나 콩바구미, 팥바구미 같은 딱정벌레가 꼬인다. 수시렁이는 말린 생선이나 동물 표본, 가죽 따위를 갉아 먹는다. 논에는 벼물바구미가 날아오고 밭에는 진딧물을 잡아먹으러 무당벌레 무리가 날아온다. 큰이십팔점무당벌레는 밭에 날아와 채소 잎을 갉아 먹는다.

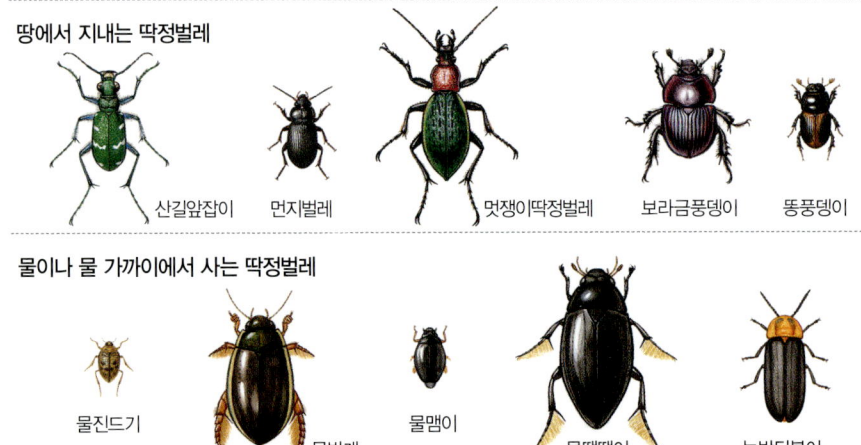

땅에서 지내는 딱정벌레

산길앞잡이　　먼지벌레　　멋쟁이딱정벌레　　보라금풍뎅이　　똥풍뎅이

물이나 물 가까이에서 사는 딱정벌레

물진드기　　물방개　　물맴이　　물땡땡이　　늦반딧불이

나무나 나뭇진에 꼬이는 딱정벌레

사슴벌레, 장수풍뎅이, 사슴풍뎅이, 하늘소
비단벌레, 네눈박이밑빠진벌레, 도토리거위벌레

썩은 나무에 사는 딱정벌레

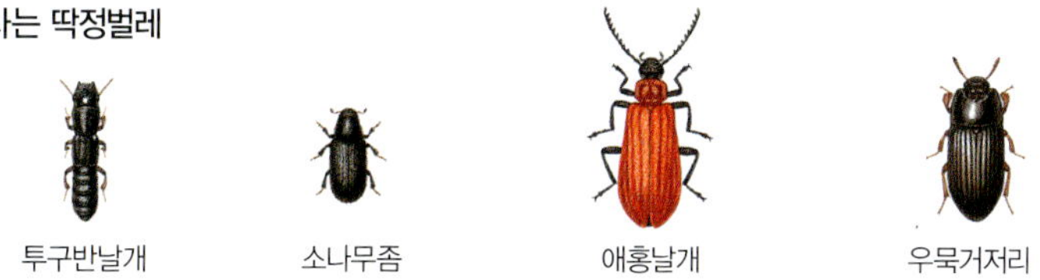

투구반날개, 소나무좀, 애홍날개, 우묵거저리

버섯을 찾는 딱정벌레

털보왕버섯벌레, 대모송장벌레, 무당벌레붙이

모래밭에서 지내는 딱정벌레

해변반날개, 큰조롱박먼지벌레, 모래거저리

집이나 집 둘레, 논밭에서 보이는 딱정벌레

쌀바구미, 팥바구미, 무당벌레, 홍띠수시렁이, 벼물바구미

딱정벌레란 무엇인가? 53

사람과 딱정벌레

  수많은 딱정벌레는 청소부 노릇을 한다. 딱정벌레가 먹어 없애지 않는다면 우리가 사는 산과 들은 수많은 동물 주검으로 넘쳐 날 것이다. 또 썩은 나무를 자잘하게 분해해서 자연으로 되돌려 준다.
  딱정벌레는 사람에게 도움을 주기도 하지만, 피해를 주기도 한다. 많은 무당벌레는 진딧물을 많이 잡아먹어서 농사에 도움을 주지만, 큰이십팔점박이무당벌레는 채소 잎을 갉아 먹어서 피해를 준다. 오이잎벌레 같은 많은 잎벌레도 여러 가지 채소나 농작물 잎을 갉아 먹고, 버섯벌레 무리는 사람이 기르는 버섯을 갉아 먹는다. 또 많은 하늘소는 나무속을 갉아 먹어 나무에 피해를 준다. 밤바구미나 쌀바구미는 곡식과 열매를 갉아 먹는다. 또 가뢰나 청딱지개미반날개처럼 독이 있는 딱정벌레는 조심해서 만져야 한다.
  옛날 사람들은 비단벌레를 잡아 장신구를 만들었다. 가뢰 몸에서 나오는 독물로는 약을 만들기도 한다. 또 앞으로 딱정벌레와 애벌레는 사람들에게 중요한 먹을거리가 될 수도 있다. 반딧불이가 꽁무니에서 내는 빛은 뜨거운 열이 나지 않고, 에너지 효율이 거의 100%에 가깝다고 한다. 우리가 쓰는 전구는 10%쯤만 빛을 내고 나머지는 열로 나간다고 한다. 반딧불이가 내는 불빛을 연구해서 더 좋은 전구를 만들 수도 있다.
  사람들은 아직까지 딱정벌레에 대해 모르는 것이 많다. 딱정벌레는 수많은 세월을 살아온 곤충이다. 딱정벌레가 어떻게 지금까지 살아남았는지 더 많이 밝힌다면 사람에게도 틀림없이 큰 도움이 될 것이다.

오이잎벌레

큰이십팔점무당벌레

채소 잎을 뜯어 먹는다.

칠성무당벌레 곡식과 채소에 꼬이는 진딧물을 잡아먹는다.

비단벌레 딱지날개 빛깔이 예뻐서 옛날 사람들은 장신구를 만들었다.

왕소똥구리 짐승 똥을 땅에 묻어 땅을 기름지게 하고, 똥을 치워 청소부 노릇을 한다.

청딱지개미반날개 사람이 맨손으로 잡으면 물집이 잡힐 수도 있다.

남가뢰 남가뢰 독으로 새로운 약을 연구하고 있다.

송장벌레 동물 주검을 깨끗이 먹어 치워 청소부 노릇을 한다.

모라윗왕버섯벌레 사람이 기르는 버섯을 갉아 먹는다.

쌀바구미 쌀을 갉아 먹는다.

밤바구미 밤 속을 갉아 먹는다.

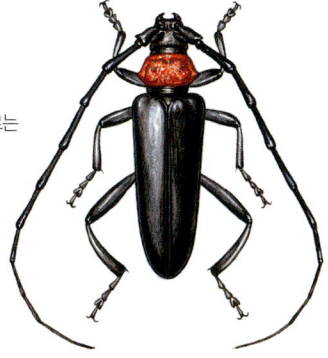
벚나무사향하늘소 애벌레가 복숭아나 자두나무 속을 파먹는다.

| 우리나라에 사는 딱정벌레 |

아이누길앞잡이 *Cicindela gemmata*

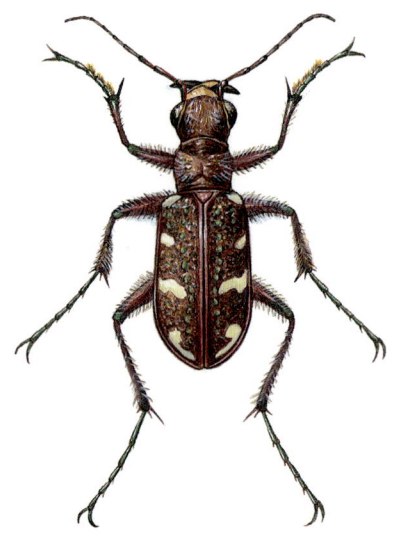

아이누길앞잡이 ↕16~17mm

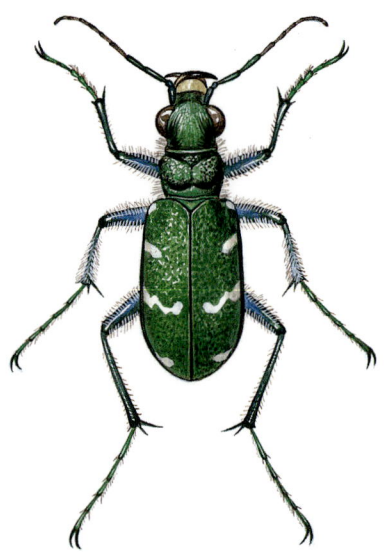

산길앞잡이 *Cicindela sachalinensis raddei* ↕15~20mm

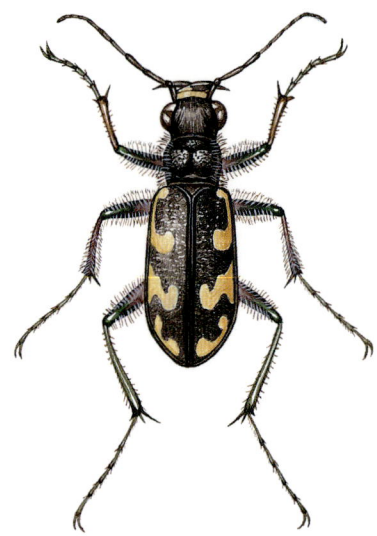

큰무늬길앞잡이 *Cicindela lewisi* ↕15~18mm

딱정벌레과 길앞잡이아과

　길앞잡이아과 무리는 온 세계에 1300종쯤 산다. 햇볕이 잘 드는 길 위에 앉았다가 사람이 다가가면 푸르륵 날아서 다시 앞쪽 길 위에 앉는다. 몇 발자국 다시 다가가면 저만큼 다시 날아가서 앞에 앉아 다가오는 사람을 쳐다본다. 이 모습이 꼭 길을 알려 주는 길잡이처럼 앞서서 날아간다고 '길앞잡이'라는 이름이 붙었다. 사람이 보기에는 길을 앞서서 이끄는 것처럼 보이지만 사실 사람을 피해 달아나는 것이다. 우리나라에는 16종이 산다. '아이누길앞잡이'는 딱지날개 가운데에 있는 띠무늬가 여러 가지 모양을 띠지만, '산길앞잡이'나 '큰무늬길앞잡이'처럼 딱지날개 가장자리까지 닿지 않는다. 큰무늬길앞잡이는 강가나 바닷가 모래밭에서 살고, 산길앞잡이는 아주 높은 산에서 산다.

　아이누길앞잡이는 5~9월에 산골짜기 물가 둘레에 있는 풀밭이나 산 길가, 밭에서 산다. 아주 흔하게 볼 수 있는데, 5월에 가장 많이 볼 수 있다. 산길에 가만히 앉아 있으면 몸 빛깔 때문에 눈에 잘 띄지 않는다. 어른벌레는 사는 곳 둘레를 이리저리 돌아다니며 개미처럼 땅 위를 기어 다니는 작은 곤충을 잡아먹는다. 입에는 집게처럼 생긴 큰턱이 있고 날카롭다. 사람이 가까이 오면 5m쯤 폴쩍 날아 앞에 앉는다. 짝짓기를 마친 암컷은 땅에 알을 낳는다. 알에서 나온 애벌레들은 땅속으로 곧게 굴을 파고 들어가 그 안에서 산다. 머리를 굴 뚜껑 삼아 숨어 있다. 개미 같은 작은 벌레가 굴 위로 지나가면 튀어 올라서 재빨리 물어 굴속으로 끌어들인 뒤 잡아먹는다. 개미를 많이 잡아먹는다고 '개미귀신'이라고도 한다. 애벌레나 어른벌레로 겨울을 난다.

길앞잡이 비단길앞잡이 *Cicindela chinensis*

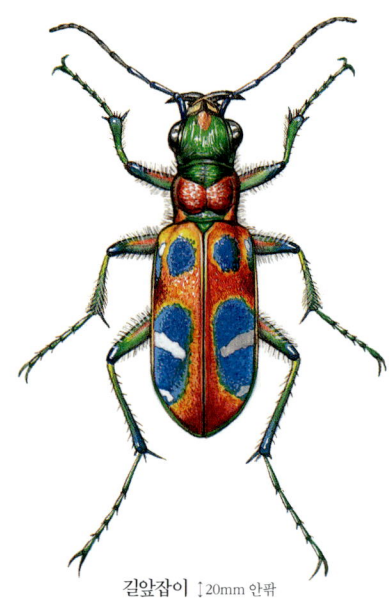

길앞잡이 ↕20mm 안팎

길앞잡이 색변이

길앞잡이 색변이

딱정벌레과 길앞잡이아과

　길앞잡이는 산길과 산속 밭 둘레에서 흔히 볼 수 있다. 때때로 아이누길앞잡이[58]와 함께 보이기도 한다. 길앞잡이 무리 가운데 몸집이 가장 크고, 몸 빛깔이 아주 알록달록해서 '비단길앞잡이'라고도 했다. 어른벌레는 봄부터 가을까지 나오는데 5월에 가장 많이 볼 수 있다. 땅 위를 여기저기 돌아다니면서 개미나 나방, 나방 애벌레 같은 작은 벌레를 잡아먹는다. 긴 다리로 땅 위에서 아주 재빠르게 돌아다니는데, 먹이를 보고 재빠르게 달려가다 자주 멈춰 선다. 너무 빨리 달려서 먹이를 눈에서 놓치기 때문이라고 한다. 잠시 멈춰 먹이를 다시 찾은 뒤에 또 달려간다.

　길앞잡이는 사람이 가까이 오면 날개를 펴고 풀쩍 숲 쪽으로 날아가다가 15~20m쯤 둥그렇게 돌아 다시 산길로 돌아와 앉기 때문에 잡기가 쉽지 않다. 하지만 늘 다니는 길이 있어서 처음 본 곳에서 기다리면 다시 날아온다.

　5월에 짝짓기를 마친 암컷은 부드러운 흙 속에 알을 하나씩 따로 낳는다. 5월 중순쯤에 알에서 나온 애벌레는 땅속에 수직으로 굴을 파고 그 속에 들어가 꼿꼿이 서서 하늘을 바라보고 산다. 구멍 둘레를 지나가는 작은 벌레를 잡아먹는데, 먹이 체액만 빨아 먹고 껍데기는 굴 밖으로 내다 버린다. 애벌레는 자기 집 구멍에 이물질이 들어오면 큰턱으로 물어서 구멍 밖으로 밀어낸다. 그래서 사람들은 애벌레 굴속에 강아지풀 대를 넣어 애벌레를 잡기도 한다. 가을에 땅속 굴에서 번데기를 거쳐 어른벌레가 되는데, 그대로 번데기방에서 겨울을 나고 이듬해 봄에 나온다.

참뜰길앞잡이 *Cicindela transbaicalica*

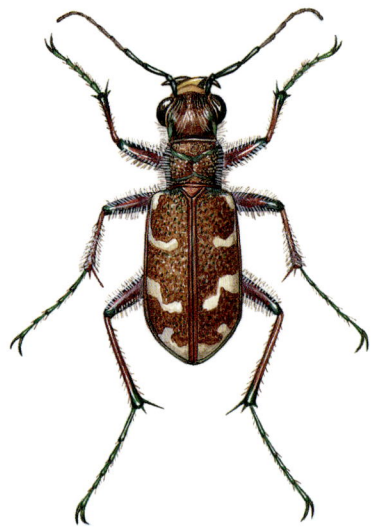

참뜰길앞잡이 ↕10~14mm

딱정벌레과 길앞잡이아과

참뜰길앞잡이는 온 나라 강가, 냇가 자갈밭이나 모래밭, 바닷가 모래밭에서 산다. 늦가을까지 볼 수 있는데, 봄에 수가 많기 때문에 더 쉽게 볼 수 있다. 따뜻한 곳에서는 3월부터 볼 수 있다. 어른벌레는 모래밭을 이리저리 돌아다니면서 깔따구나 개미, 나방 애벌레 같은 작은 곤충을 잡아먹는다. 낫처럼 뾰족한 큰턱으로 먹이를 잡고, 큰턱 안쪽에 파인 홈에서 나오는 소화 효소를 먹이 몸속에 넣어 죽처럼 만든 뒤 빨아먹는다. 밤에는 모래에 구멍을 얕게 파고 들어가 있다.

짝짓기를 마친 암컷은 모래밭 속에 배 끝을 집어넣고 알을 낳는다. 알에서 나온 애벌레는 모래밭에 굴을 파고 들어가 산다. 굴 깊이는 30~60cm쯤 된다. 애벌레는 굴에 몸을 숨기고 있다가 둘레를 지나가는 작은 벌레를 잡아먹는다. 어른벌레처럼 낫처럼 뾰족한 큰턱으로 먹이를 잡고, 먹이 몸속에 소화액을 넣어서 죽처럼 만들어 먹는다. 애벌레는 다리 세 쌍과 다섯 번째 배마디에 있는 혹으로 굴 벽에 딱 달라붙기 때문에 쉽게 빼내지 못한다. 모래밭 굴속에서 번데기가 되고 가을에 어른벌레가 된다. 어른벌레로 겨울을 난다.

우리나라에는 뜰길앞잡이 아종이 2종 살고 있다. 딱지날개 양쪽 어깨를 둘러싼 무늬가 위아래로 이어지면 '참뜰길앞잡이'고, 중간이 끊겨 무늬가 두 개처럼 보이면 '뜰길앞잡이'다. 참뜰길앞잡이는 언뜻 보면 아이누길앞잡이와 닮았다. 하지만 참뜰길앞잡이가 훨씬 작고, 딱지날개에 있는 누르스름한 무늬도 아이누길앞잡이보다 더 뚜렷하다.

큰조롱박먼지벌레 *Scarites sulcatus*

큰조롱박먼지벌레 ↕28~38mm

조롱박먼지벌레 *Scarites aterrimus* ↕15~20mm

애조롱박먼지벌레 *Clivina castanea* ↕8mm 안팎

가는조롱박먼지벌레 *Scarites acutidens* ↕17~22mm

딱정벌레과 조롱박먼지벌레아과

여러 가지 먼지벌레아과 무리는 우리나라에서 400종쯤 알려졌지만 아직 이름도 밝혀지지 않은 종이 더 많다. 저마다 종 특징이 엇비슷해서 눈으로 구별하기가 꽤 어렵다. 정확한 종 구별은 전문가의 세밀한 검토가 필요하다.

큰조롱박먼지벌레는 바닷가 모래 언덕에서 산다. 5~10월까지 보이는데, 7~8월에 많이 볼 수 있다. 모래밭에 사는 딱정벌레 가운데 몸집이 가장 크다. 앞가슴등판과 가운데가슴등판 사이는 개미허리처럼 잘록하다. 낮에는 모래 속이나 널빤지, 돌 밑에 구멍을 파고 숨어 지낸다. 앞다리가 땅강아지처럼 넓적해서 땅을 아주 잘 판다. 밤이 되면 나와 돌아다니며 먹이를 찾는다. 사슴벌레처럼 크고 낫처럼 휜 큰턱으로 작은 벌레를 잡아먹는다. 때로는 사람들이 버린 음식물 쓰레기나 죽은 동물도 먹는 잡식성 곤충이다. 사람이 손으로 잡으면 다리를 오므리고 꼼짝 않고 죽은 척한다. 그러다 눈치 빠르게 모래를 파고 숨는다. 애벌레는 모래 속에서 살다가 번데기가 된다. 애벌레도 어른벌레처럼 큰턱이 낫처럼 휘었다. 큰턱으로 모래 속을 헤집고 다니며 작은 벌레 따위를 잡아먹는다.

조롱박먼지벌레는 중부와 남부, 제주도 바닷가 모래밭에서 산다. 6~10월까지 볼 수 있다. 큰조롱박먼지벌레와 같은 곳에서 볼 수 있는데 수가 훨씬 더 많다. 큰조롱박먼지벌레와 닮았지만, 앞가슴등판 앞쪽 모서리가 심하게 튀어나오고, 배가 더 짧다.

애조롱박먼지벌레는 낮은 산이나 들판에서 산다. 밤이 되면 나와서 땅 위를 돌아다니며 먹이를 찾는다.

가는조롱박먼지벌레는 서해와 남해 바닷가 모래밭에서 산다. 고운 모래가 있는 강가나 골짜기에서도 볼 수 있다. 밤에 나와 돌아다니면서 작은 벌레를 잡아먹는다. 가슴과 배가 이어지는 곳이 잘록하다. 또 앞가슴등판 앞쪽 모서리가 앞으로 툭 튀어나왔다. 앞다리 종아리마디에는 가시돌기가 5개 있다.

딱정벌레붙이 *Craspedonotus tibialis*

딱정벌레붙이 ↕ 20~24mm

딱정벌레붙이는 앞가슴이 옆으로 볼록해서 다른 딱정벌레와 구별할 수 있다. 몸은 까만데, 종아리마디는 옅은 밤색을 띤다. 바닷가 모래밭에서 많이 살고, 강가 모래밭에서도 볼 수 있다. 4~9월까지 보인다. 낮에는 모래 속에 굴을 파고 들어가 있다. 밤에 나와 돌아다니며 작은 벌레를 잡아먹거나 죽은 곤충을 먹는다. 날씨가 추워지면 모래 속에서 애벌레로 겨울을 난다. 이른 봄이 되면 모래 속에 있던 애벌레가 입에서 실을 뽑아 둥그런 고치를 만든 뒤 그 속에서 번데기가 된다. 6월 초에 어른벌레가 된다.

등빨간먼지벌레 *Dolichus halensis halensis*

등빨간먼지벌레 ↕19mm 안팎

붉은칠납작먼지벌레 *Synuchus cycloderus* ↕13~17mm

날개끝가시먼지벌레 *Colpodes buchanani* ↕10~13mm

한국길쭉먼지벌레 *Trigonognatha coreana* ↕20mm 안팎

딱정벌레과 길쭉먼지벌레아과

　길쭉먼지벌레아과 무리에는 등빨간먼지벌레, 한국길쭉먼지벌레, 큰먼지벌레, 수도길쭉먼지벌레, 잔머리먼지벌레, 남색납작먼지벌레, 동양납작먼지벌레, 줄납작먼지벌레, 날개끝가시먼지벌레, 붉은칠납작먼지벌레처럼 여러 가지 종이 있다.

　등빨간먼지벌레는 들판이나 낮은 산에서 산다. 이름처럼 딱지날개에 빨간 무늬가 있다. 하지만 빨간 무늬가 없기도 하고, 가슴이 빨갛기도 하다. 낮에는 돌이나 가랑잎 밑에 숨어 있다가 밤에 밖으로 나와 돌아다니며 작은 벌레를 잡아먹는다. 불빛에 모이기도 한다. 봄부터 늦가을까지 볼 수 있지만, 한여름부터 가을 들머리에 가장 활발히 돌아다닌다. 가을에 알에서 나온 애벌레는 흙 속에서 겨울을 나고 이듬해 봄에 번데기방을 따로 만들어 번데기가 되고 어른벌레가 된다.

　붉은칠납작먼지벌레는 산에서 산다. 축축한 곳이나 썩은 가랑잎 밑에서 사는데, 들판에서도 제법 볼 수 있다. 애벌레와 어른벌레 때 무리를 지어 살면서 작은 벌레 따위를 잡아먹고 산다. 어른벌레로 겨울을 난다. 한 해에 한 번 어른벌레가 된다.

　날개끝가시먼지벌레는 들판이나 낮은 산 축축한 곳이나 물가에서 산다. 이른 봄부터 가을까지 볼 수 있다. 어른벌레는 나무 위나 꽃에서도 쉽게 볼 수 있다. 위험할 때는 꽁무니에서 고약한 냄새를 풍겨 적을 쫓는다. 밤에 불빛을 보고 잘 날아온다. 땅속에서 어른벌레로 겨울을 난다.

　한국길쭉먼지벌레는 낮은 산 축축한 가랑잎 밑이나 이끼가 많은 곳에서 산다. 먼지벌레 무리 가운데 몸집이 크다. 중부 지방에서 6~8월에 볼 수 있다. 밤에 나와 돌아다니며 벌레나 지렁이 따위를 잡아먹는다. 뒷날개로 잘 난다. 날씨가 추워지면 어른벌레로 겨울을 난다.

먼지벌레 *Anisodactylus signatus*

먼지벌레 9~10mm

점박이먼지벌레 *Anisodactylus punctatipennis* 11~12mm

머리먼지벌레 *Harpalus capito* 20~24mm

가는청동머리먼지벌레 *Harpalus chalcentus* 11~14mm

수염머리먼지벌레 *Harpalus jureceki* 10~12mm

딱정벌레과 먼지벌레아과

먼지벌레는 들판에 있는 돌이나 가랑잎 밑에서 산다. 봄에는 밭이나 논 둘레에 있는 풀밭을 잘 날아다닌다. 밤에 나와 돌아다니며 다른 작은 벌레 따위를 잡아먹는다. 불빛에도 날아온다. 어른벌레로 겨울을 나고 봄에 나온다. 4월 말부터 땅속에 알을 낳는다. 위험을 느끼면 흙먼지가 날릴 만큼 빠르게 달려서 도망친다고 먼지벌레라는 이름이 붙었다고 한다. 점박이먼지벌레와 아주 닮았다. 점박이먼지벌레는 머리 정수리에 있는 빨간 반점 한 쌍이 서로 이어지지만, 먼지벌레는 반점이 없고 머리가 온통 까맣다.

점박이먼지벌레는 들판이나 낮은 산에서 제법 쉽게 볼 수 있다. 풀밭이나 돌 밑에 숨어 있지만 풀 줄기에도 곧잘 올라간다. 밤에는 불빛에 잘 날아온다. 어른벌레로 겨울을 나고, 늦봄에 알을 낳는다. 애벌레는 식물 뿌리를 먹고 산다. 한 해에 한 번 날개돋이 한다.

머리먼지벌레는 다른 먼지벌레보다 머리가 크다. 머리는 번쩍거리지만, 가슴과 딱지날개는 번쩍거리지 않는다. 개울가나 논 둘레에 있는 돌 밑에서 산다. 6~8월 밤에 나와 돌아다니면서 하루살이 같은 작은 벌레를 잡아먹는다. 등불에도 날아온다. 정수리에 빨간 얼룩무늬가 있지만 변이가 있어서 뚜렷하지 않은 종도 있다.

가는청동머리먼지벌레는 우리나라에서 가장 흔히 볼 수 있는 먼지벌레다. 집 둘레 돌 밑이나 썩은 나무 밑에서 볼 수 있다. 밤에 돌아다니면서 여러 가지 나비 번데기를 먹고 산다. 불빛을 보고 집으로도 날아오고, 낮에도 잘 날아다닌다. 어른벌레로 겨울을 난다.

수염머리먼지벌레는 낮에는 흙 속에 숨어 있다가 밤에 나와 돌아다닌다. 지렁이나 다른 곤충 알이나 애벌레 따위를 잡아먹는다.

폭탄먼지벌레 방귀벌레 *Pheropsophus jessoensis*

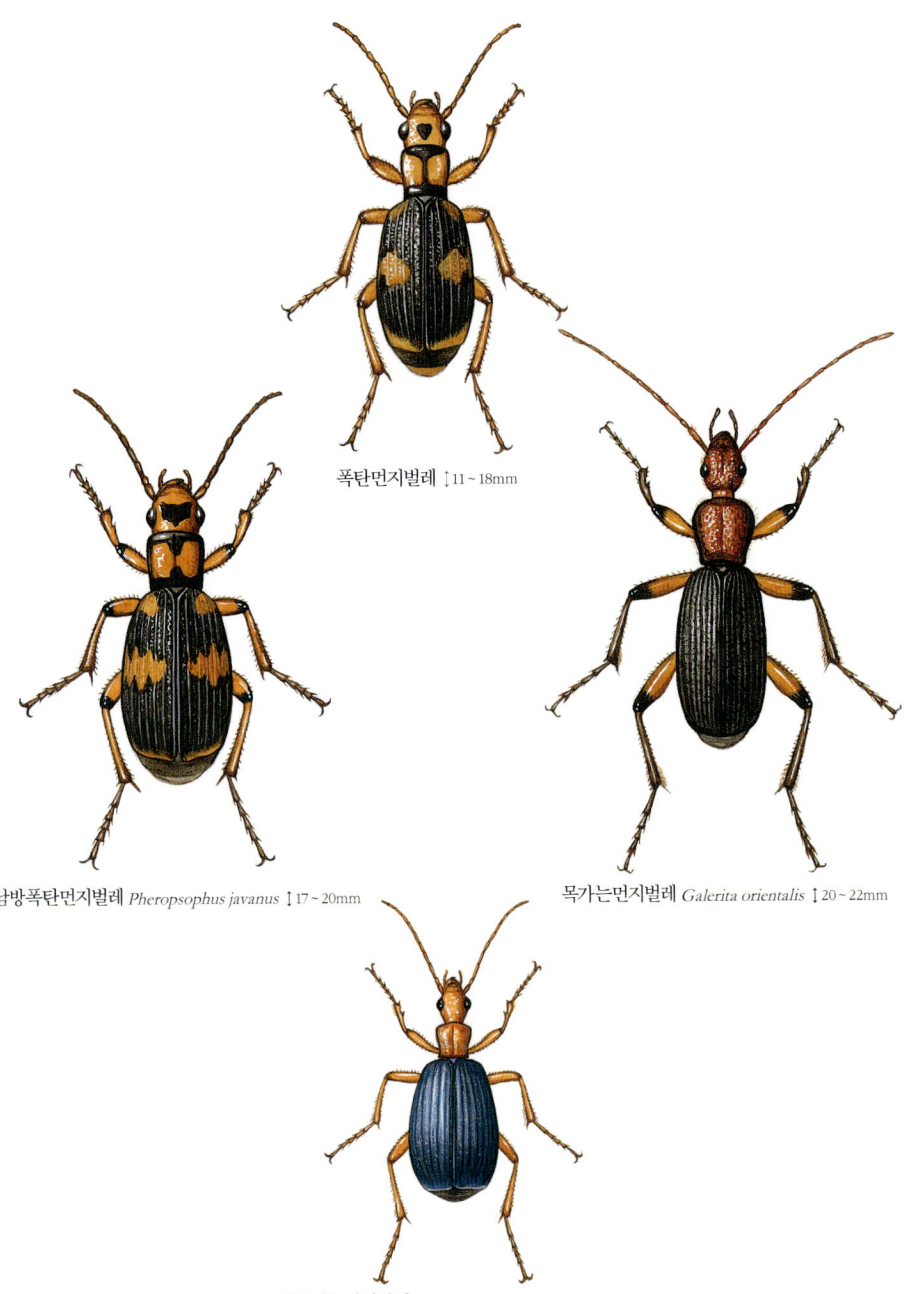

폭탄먼지벌레 ↕11~18mm

남방폭탄먼지벌레 *Pheropsophus javanus* ↕17~20mm

목가는먼지벌레 *Galerita orientalis* ↕20~22mm

꼬마목가는먼지벌레 *Brachinus scotomedes* ↕11~15mm

딱정벌레과 폭탄먼지벌레아과

　폭탄먼지벌레아과 무리는 이름처럼 위험할 때 꽁무니에서 독한 냄새와 맛이 나는 방귀를 쏜다. 폭탄먼지벌레와 남방폭탄먼지벌레, 목가는먼지벌레, 꼬마목가는먼지벌레 따위가 있다.

　폭탄먼지벌레는 위험을 느낄 때 아주 짧은 시간 동안 열 번 넘게 꽁무니에서 방귀처럼 독한 산성 가스를 내뿜는다. 그래서 '방귀벌레'라고도 한다. 폭탄먼지벌레를 잡아먹으려던 오소리나 너구리, 고슴도치 같은 동물이 이 냄새를 맡으면 깜짝 놀라 도로 내뱉는다. 사람 살갗에 닿으면 살이 부어오르고 몹시 아프다.

　폭탄먼지벌레는 들판이나 낮은 산 축축한 땅에서 산다. 4~9월에 보이는데 8월에 가장 기운차게 돌아다닌다. 낮에는 돌 밑이나 가랑잎 밑, 흙 속에 숨어 있다. 밤에 나와 돌아다니면서 다른 벌레를 잡아먹거나 썩은 고기도 가리지 않고 먹는 잡식성이다. 날씨가 추워지면 어른벌레로 겨울을 난다.

　남방폭탄먼지벌레는 산골짜기 둘레에 가랑잎이 많이 쌓인 곳에서 볼 수 있다. 때때로 산과 잇닿은 논밭 둘레에서 보이기도 한다. 무리를 지어 살면서 다른 작은 벌레를 잡아먹는다. 위험할 때는 폭탄먼지벌레처럼 꽁무니에서 고약한 냄새를 내뿜는다. 어른벌레로 겨울을 난다.

　목가는먼지벌레는 낮은 산이나 들에서 산다. 이름처럼 목이 좁고 가늘어서 '목가는먼지벌레'라는 이름이 붙었다. 밤에 나와 돌아다니며 지렁이 같은 작은 동물을 잡아먹고 산다. 밤에 불빛을 보고 모여들기도 한다. 어른벌레로 겨울을 난다.

　꼬마목가는먼지벌레는 텃밭이나 낮은 산뿐만 아니라 깊은 산속에서도 볼 수 있다. 가랑잎 밑이나 개울가 돌 밑처럼 썩어서 쌓인 물질이 많은 곳에 산다. 썩은 고기 따위를 먹고 산다. 위험을 느끼면 배 끝에서 강한 산성 가스를 뿜어서 몸을 지킨다. 날개가 퇴화해서 날지 못한다. 애벌레나 어른벌레로 겨울을 난다.

풀색명주딱정벌레 *Calosoma inquisitor cyanescens*

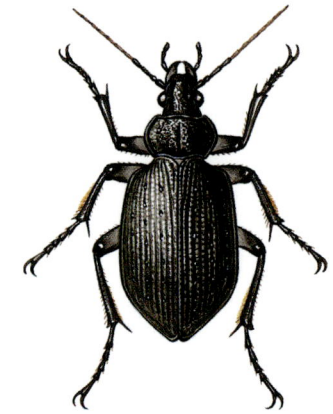

풀색명주딱정벌레 ↕18~25mm

검정명주딱정벌레 *Calosoma maximowiczi* ↕22~31mm

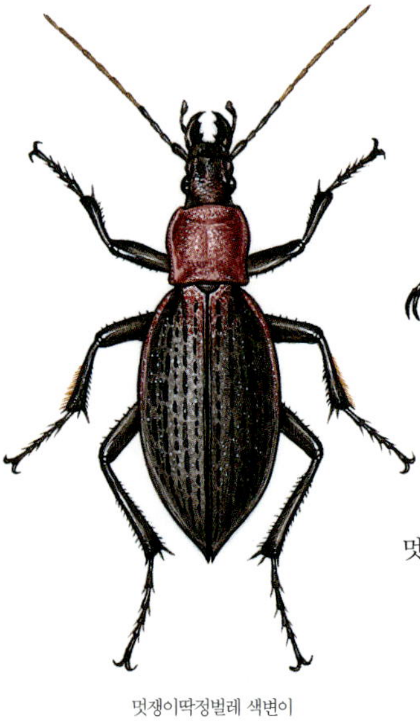

멋쟁이딱정벌레 *Damaster jankowskii jankowskii*
↕25~40mm

멋쟁이딱정벌레 색변이

멋쟁이딱정벌레 색변이

풀색명주딱정벌레는 숲이 우거진 산골짜기에서 산다. 낮밤을 가리지 않고 골짜기 둘레에 자란 나무 위를 돌아다니면서 나비나 나방 애벌레를 많이 잡아먹는다. 때때로 밤에 불빛을 보고 날아오기도 한다. 4월부터 보이는데 5월에 가장 많고 10월까지 볼 수 있다. 어른벌레로 겨울을 난다. 딱정벌레아과 무리는 속날개가 없어서 날지 못하지만 풀색명주딱정벌레, 검정명주딱정벌레, 큰명주딱정벌레는 속날개가 있어서 잘 난다.

검정명주딱정벌레는 낮은 산이나 그 가까이에 있는 공원이나 마을 둘레에서도 많이 볼 수 있다. 풀색명주딱정벌레와 닮았지만, 검정명주딱정벌레는 몸집이 더 크고, 등에 구릿빛이 거의 없고, 배는 남색을 띠지 않는다. 또 앞가슴등판이 더 매끄럽다. 어른벌레는 3~7월까지 보인다. 나무 위에서 잎 사이를 돌아다니며 나비나 나방 애벌레를 잡아먹는다. 때로 불빛에 모인 벌레를 잡아먹으려 날아오기도 한다. 뒷날개가 있어서 잘 난다. 위협을 느끼면 꽁무니에서 지독한 냄새를 풍겨 쫓는다. 어른벌레로 흙 속에서 겨울을 난다.

멋쟁이딱정벌레는 산에서 제법 흔하게 볼 수 있다. 홍단딱정벌레[76]와 함께 몸집이 큰 딱정벌레다. 홍단딱정벌레와 닮았지만, 멋쟁이딱정벌레는 딱지날개에 난 돌기가 더 가늘고 길다. 딱지날개는 풀빛이지만 검거나 파란 종도 있다. 봄부터 가을까지 볼 수 있지만 여름에 산 숲에서 많이 볼 수 있다. 낮에는 숨어 있다가 밤에 나와 이리저리 재빠르게 돌아다니면서 벌레나 거미, 달팽이, 지렁이 따위를 잡아먹는다. 뒷날개가 퇴화해서 잘 날지 못한다. 어른벌레로 산속 비탈에 있는 돌 밑이나 썩은 나무속에서 겨울을 난다. 이른 봄에 나와 짝짓기를 하고 알을 낳는다. 러시아 곤충학자인 앙코스키가 처음 찾았다고 '앙코스키딱정벌레'라고도 한다.

홍단딱정벌레 청단딱정벌레 *Coptolabrus smaragdinus*

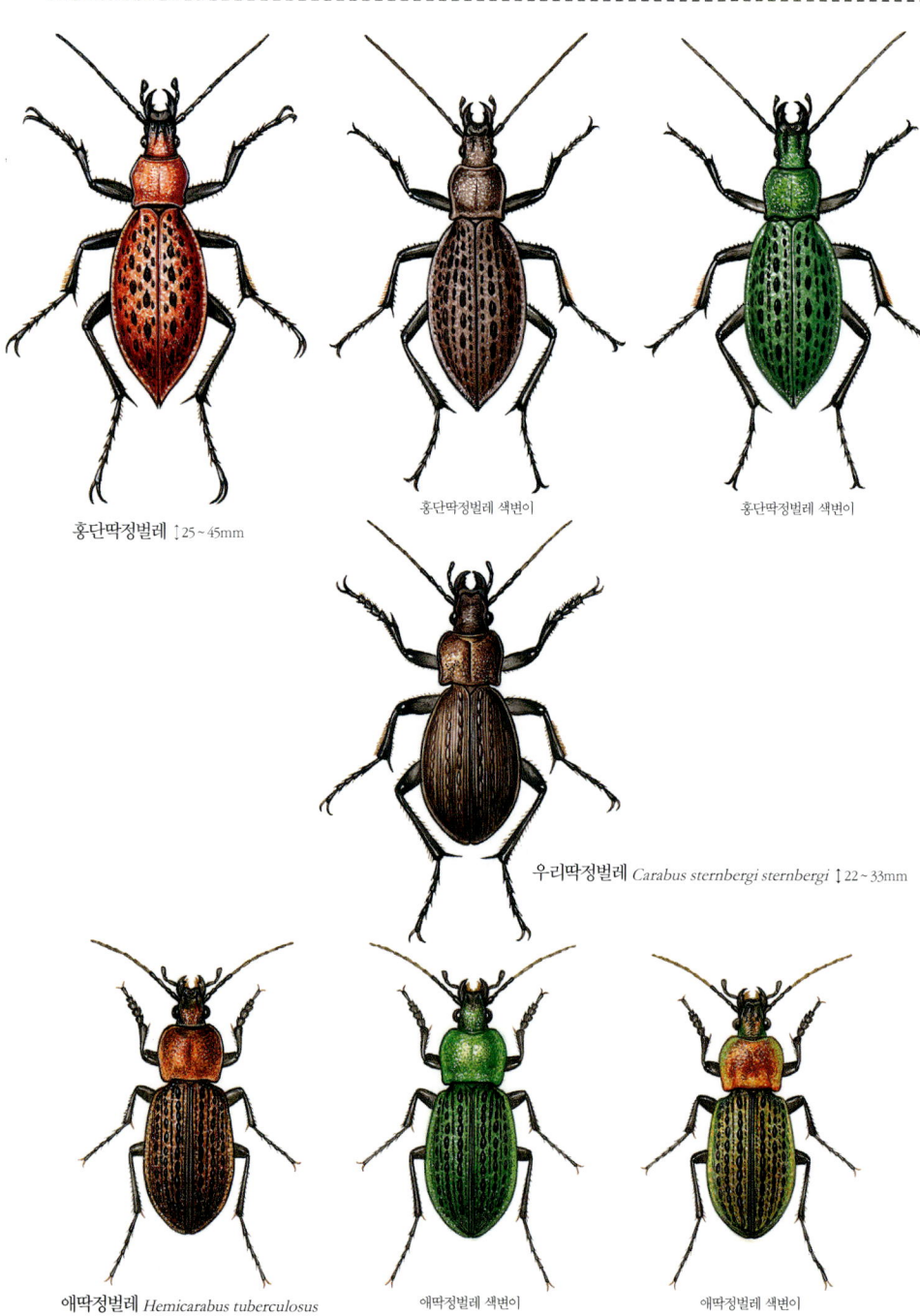

홍단딱정벌레 ↕25~45mm
홍단딱정벌레 색변이
홍단딱정벌레 색변이
우리딱정벌레 *Carabus sternbergi sternbergi* ↕22~33mm
애딱정벌레 *Hemicarabus tuberculosus* ↕17~23mm
애딱정벌레 색변이
애딱정벌레 색변이

딱정벌레과 딱정벌레아과

　홍단딱정벌레는 낮은 산이나 낮은 산 둘레에 있는 들판에서 산다. 이른 봄부터 늦가을까지 볼 수 있지만, 한여름에 많이 볼 수 있다. 우리나라 딱정벌레 가운데 가장 크다. 몸빛이 빨개서 홍단딱정벌레라는 이름이 붙었지만, 등이 풀빛이거나 파란 종도 있는데 이것은 '청단딱정벌레'라고 달리 말하기도 한다. 낮에는 돌이나 가랑잎 밑에 숨어 있다가 밤에 나온다. 뒷날개가 퇴화해서 날지 못하고, 축축한 땅 위를 느릿느릿 돌아다니면서 땅바닥에 사는 작은 벌레나 지렁이, 민달팽이 따위를 잡아먹는다. 달팽이를 잡으면 껍데기 속으로 머리를 틀어박은 채 속살을 파먹는다. 때로는 나무 위에 올라가 큰 나방을 잡아먹기도 한다. 사람이 손으로 잡으면 고약한 냄새를 풍긴다. 짝짓기를 마친 암컷은 땅속에 알을 낳는다. 알에서 나온 애벌레는 땅속에서 벌레를 잡아먹고 살다가 이듬해 여름에 번데기가 되고 어른벌레가 된다. 날씨가 추워지면 어른벌레는 돌 틈이나 흙 속에 굴을 파고 들어가 겨울을 난다.

　우리딱정벌레는 산에서 흔하게 볼 수 있다. 산속 축축한 풀밭이나 나무 밑에서 산다. 어른벌레와 애벌레 모두 작은 벌레나 달팽이, 지렁이 따위를 잡아먹는다. 다른 딱정벌레보다 추위에 강해서 3월 이른 봄이나 11월 늦가을에도 보인다. 날씨가 추워지면 어른벌레로 겨울을 난다.

　애딱정벌레는 낮은 산이나 밭 둘레에서 흔하게 볼 수 있다. 5월부터 9월까지 보인다. 낮에는 숨어 있다가 밤에 나와 돌아다니며 작은 벌레나 지렁이, 달팽이 따위를 잡아먹는다.

중국물진드기 *Peltodytes sinensis*

중국물진드기 ↕3~4mm 안팎

물진드기 *Peltodytes intermedius* ↕3mm 안팎

극동물진드기 *Haliplus basinotatus* ↕3~4mm

물진드기과

물진드기과 무리는 물에서 산다. 이름은 진드기지만 딱정벌레 무리에 든다. 논이나 웅덩이, 연못, 호수처럼 물이 고여 있고 잔잔한 곳에서 산다. 물 가장자리 물풀에서 지낸다. 몸이 아주 작아서 2~5mm쯤 되기 때문에 꼼꼼히 살피지 않으면 잘 안 보인다. 진드기만큼 크기가 작다고 붙은 이름이다. 물속에 사는 실지렁이나 새우, 깔따구 같은 작은 벌레를 잡아먹고 물풀이나 이끼도 먹는다. 온 세계에 200종쯤 살고 있는데 우리나라에는 물진드기, 중국물진드기, 극동물진드기, 알락물진드기, 샤아프물진드기 같은 물진드기 무리가 10종쯤 산다.

중국물진드기는 논이나 연못, 호수, 물웅덩이에서 흔하게 볼 수 있다. 눈 사이와 앞가슴등판에 까만 점무늬가 1쌍씩 있다. 딱지날개에 있는 얼룩무늬는 개체에 따라 변이가 많다. 물속 물풀에 붙어 있다가 물속에 사는 작은 벌레를 잡아먹는다.

물진드기는 논이나 웅덩이, 연못, 시내, 강에서 산다. 앞가슴등판에는 점무늬가 1쌍 있다. 뒷머리 눈 사이에는 까만 점무늬가 없다. 물살이 느리거나 고여 있고 물풀이 수북이 자란 곳에서 지낸다. 깔따구나 실지렁이 같은 작은 물속 벌레를 잡아먹는다.

극동물진드기는 온 나라에서 보인다. 애벌레는 물속 물풀을 갉아 먹고, 어른벌레는 물속에 사는 작은 벌레를 잡아먹는다.

자색물방개 *Noterus japonicus*

자색물방개 ↕4mm 안팎

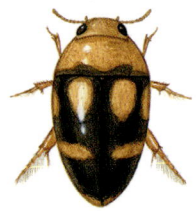

노랑띠물방개 *Canthydrus politus* ↕3mm 안팎

자색물방개과 자색물방개아과

　자색물방개과 무리는 물이 고여 있는 논이나 연못, 호수에서 산다. 우리나라에는 3종이 산다. 물방개보다 크기가 훨씬 작다. 물방개처럼 물속에 들어가 작은 물속 벌레를 잡아먹고 죽은 물고기나 개구리 따위를 뜯어 먹기도 한다.

　자색물방개는 논이나 웅덩이, 연못에서 산다. 물풀이 수북이 자란 곳에서 지낸다. 깨알물방개와 생김새가 닮았는데, 자색물방개는 딱지날개 아래쪽 가장자리에 깊게 파인 홈이 옆으로 나 있어서 다르다.

　노랑띠물방개는 남부 지방과 제주도에서 주로 볼 수 있다. 자색물방개와 사는 모습이 비슷하다.

애기물방개 *Rhantus pulverosus*

암컷

애기물방개 ↕10~15mm

물방개과 애기물방개아과

　물방개과 무리는 딱정벌레 가운데 물속에서 지내는 무리로 잘 알려졌다. 온 세계에 4000종쯤 살고, 우리나라에는 51종쯤 산다. 물방개 무리는 물속에서 살지만 아가미가 없어서 물고기처럼 숨을 쉴 수가 없다. 그 대신 딱지날개 밑에 공기를 채워 물속에 들어가 숨을 쉰다. 공기 방울로 숨을 다 쉬면 물낯으로 올라와 다시 공기를 채우고 들어간다. 어른벌레는 노처럼 생긴 뒷다리가 크고 센털이 잔뜩 나 있어서 물갈퀴 노릇을 한다. 웬만한 물고기만큼 헤엄을 잘 친다. 물방개 무리는 수컷과 암컷 앞다리 생김새가 다르기 때문에 쉽게 알아볼 수 있다. 수컷은 앞다리 발목마디가 빨판처럼 되어 있다. 물속을 헤엄쳐 다니면서 작은 물고기나 물속 벌레, 개구리, 도롱뇽 따위를 잡아먹는다. 한 마리가 먹이를 잡으면 여러 마리가 몰려들어 함께 뜯어 먹는다. 짝짓기를 한 암컷은 물풀 줄기 속에 알 낳는 산란관을 찔러 넣고 알을 낳는다. 알에서 나온 애벌레는 물속에서 살면서 올챙이나 잠자리 애벌레, 작은 물고기 따위를 잡아먹는다. 큰턱으로 먹이를 잡으면 큰턱을 먹이 몸속에 찔러 넣은 뒤 소화액을 넣어 먹이 몸을 죽처럼 녹인다. 그러고 나서 체액을 빨아 먹는다. 애벌레도 아가미가 없기 때문에 어른벌레처럼 물낯으로 올라와 배 꽁무니를 물 밖으로 내밀어 공기를 빨아들인다. 애벌레는 허물을 두 번 벗으면 땅 위로 올라온 뒤 땅속에 들어가 번데기가 된다. 열흘쯤 지나면 어른벌레가 나온다. 어른벌레는 날개가 있어서 훌쩍 멀리 날아 사는 곳을 바꾸기도 한다. 밤에 불빛에도 날아온다.

　애기물방개는 웅덩이나 연못, 버려진 논, 가끔 빗물이 고인 웅덩이에서도 흔히 보인다. 짝짓기를 마친 암컷은 봄부터 여름 사이에 알을 낳는다. 애벌레도 물속에서 살면서 물속 벌레를 잡아먹는다. 어른벌레로 겨울을 난다.

꼬마줄물방개 *Hydaticus grammicus*

수컷

꼬마줄물방개 10mm 안팎

수컷

줄무늬물방개 *Hydaticus bowringi* 10~15mm

암컷

애등줄물방개 *Copelatus weymarni* 5mm 안팎

꼬마줄물방개는 다른 물방개와 사는 모습이 닮았다. 연못이나 늪, 웅덩이, 느릿느릿 흐르는 시내에서 산다. 3~11월까지 보인다. 어른벌레나 애벌레나 모두 물속에 사는 작은 벌레나 물고기 따위를 잡아먹고, 죽은 동물을 뜯어 먹기도 한다. 어른벌레는 딱지날개와 배 사이, 다리와 몸통 사이에 공기를 채워 물속에 들어간다. 날기도 잘해서 여름에는 불빛을 보고 날아오기도 한다. 어른벌레는 축축한 땅속에서 겨울을 난다. 봄부터 여름 사이에 알을 낳는다.

줄무늬물방개는 이름처럼 딱지날개에 줄무늬가 나 있다. 다른 물방개처럼 웅덩이나 연못, 논, 저수지에서 사는데 높은 산에서도 보인다. 물속에 사는 작은 벌레나 물고기, 개구리 따위를 잡아먹고 죽은 동물도 뜯어 먹는다.

애등줄물방개는 주로 물이 얕은 작은 저수지에 산다. 또 논에 모내기하려고 가둔 물이나 써레질한 논 귀퉁이에 몰려 있기도 한다. 어른벌레는 4월부터 7월까지 보인다. 온몸은 짙은 밤색이고, 배는 까맣다. 가슴 바깥쪽 테두리만 밝은 밤색을 띤다.

물방개 기름도치, 쌀방개 *Cybister japonicus*

수컷

암컷

물방개 ↕ 35~40mm

암컷

아담스물방개 *Graphoderus adamsii* ↕ 12~15mm

물방개과 물방개아과

　물방개는 우리나라에 사는 물방개 가운데 몸집이 가장 크다. 온 나라 연못이나 웅덩이, 논, 도랑에서 산다. 물이 얕고 물풀이 수북하게 자란 곳에서 지낸다. 어른벌레와 애벌레 모두 물속에서 산다. 어른벌레는 딱지날개 밑이나 다리와 몸통 사이에 공기를 채워 물속에 들어간다. 물에 사는 벌레나 물고기, 달팽이 따위를 잡아먹고, 죽은 물고기나 개구리도 뜯어 먹는다. 그래서 '물속 청소부'라는 별명이 붙었다. 뒷다리가 배를 젓는 노처럼 생기고 가는 털이 잔뜩 나 있어서 빠르게 헤엄을 칠 수 있다. 밤에 불빛을 보고 날아오기도 한다. 지금은 논과 농수로를 시멘트로 정비하면서 수가 가파르게 줄었다. 사람이 잡으면 손을 깨물기도 한다.

　물방개는 봄에 짝짓기를 하고 물풀이나 돌 틈에 알을 낳는다. 한 달쯤 지나면 알에서 애벌레가 나온다. 애벌레는 물속에 살면서 날카로운 큰턱으로 하루살이나 실지렁이 같은 작은 물벌레나 물고기 따위를 잡아먹는다. 애벌레도 어른벌레처럼 물낯으로 수시로 올라와 공기를 들이마신다. 허물을 세 번 벗고 다 자란 애벌레는 물 밖으로 기어 나와서 땅속에 구멍을 파고 들어가 그 속에서 번데기가 된다. 어른벌레가 되면 다시 물속으로 들어간다. 날씨가 추워지면 어른벌레로 겨울을 난다. 한 해에 한 번 날개돋이 한다. 물방개 암컷은 딱지날개에 아주 가는 주름이 있어서 윤기가 없지만, 수컷은 딱지날개가 기름을 칠한 듯이 반들거린다. 그래서 물방개를 '기름도치'라고도 한다. 또 수컷 앞다리 발목마디가 아주 넓적해서 암컷과 다르다. 옛날에는 잡아서 구워 먹기도 했다. 먹을 수 있어서 물방개를 '쌀방개'라고도 했다.

　아담스물방개는 논이나 연못, 물웅덩이에서 산다. 봄에 모내기하려고 물을 대면 논에 들어와 알을 낳는다. 머리는 밤색이고, 두 눈 사이에 V자처럼 생긴 까만 무늬가 있다.

검정물방개 *Cybister brevis*

수컷

검정물방개 ↕ 21~24mm

수컷

동쪽애물방개 *Cybister lewisianus* ↕ 23~25mm

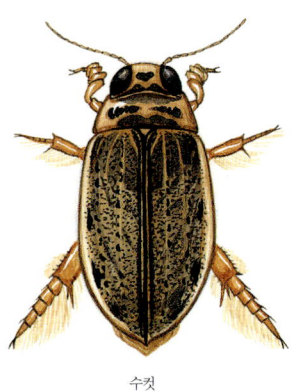

수컷

잿빛물방개 *Eretes sticticus* ↕ 11~16mm

물방개과 물방개아과

　검정물방개는 이름처럼 온몸이 까맣다. 딱지날개 끄트머리에는 흐릿한 빨간 점이 한 쌍 있다. 수컷은 앞다리 발목마디 아래쪽에 넓적한 빨판이 있다. 다른 물방개와 사는 모습이 비슷하다. 논이나 연못같이 물이 고인 곳에서 살면서 물고기나 올챙이, 물자라나 죽은 동물을 먹는다. 봄에서 여름까지 물풀 줄기 속에 알을 한 개씩 낳는다. 알에서 나온 애벌레는 허물을 두 번 벗고 다 자라면 물가로 올라와 흙을 파고 들어가 번데기방을 만든다. 열흘쯤 지나면 어른벌레가 된다. 날씨가 추워지면 어른벌레로 겨울을 난다. 위험을 느끼면 머리와 가슴 사이에서 고약한 냄새가 나는 허연 물이 나온다.

　동쪽애물방개는 생김새가 물방개[86]를 닮았는데, 물방개보다 몸집이 작다. 온 나라에서 살지만 물방개보다 훨씬 드물게 볼 수 있다. 어른벌레와 애벌레 모두 물속에서 작은 벌레나 물고기, 올챙이 따위를 잡아먹는다. 밤에 불빛으로 날아오기도 한다. 어른벌레로 겨울을 난다고 한다.

　잿빛물방개도 다른 물방개와 사는 모습이 닮았다. 웅덩이와 연못처럼 물이 고여 있는 곳에 살지만 몇몇 곳에서만 드물게 볼 수 있다. 밤에 불빛으로 잘 날아온다. 어른벌레로 겨울을 난다고 알려졌다. 딱지날개에는 까만 무늬가 세로로 석 줄이 나 있다.

물맴이 *Gyrinus japonicus francki*

물맴이 ↕5~7mm

참물맴이 *Gyrinus gestroi* ↕4~5mm

왕물맴이 *Dineutus orientalis* ↕8~10mm

물맴이과 물맴이아과

　물맴이과 무리는 우리나라에 6종이 사는데 물맴이, 참물맴이, 왕물맴이 같은 종이 있다. 물맴이를 가장 흔하게 볼 수 있다. '물맴이'라는 이름은 물낯에서 동글동글 맴돈다고 붙었다. 웅덩이나 연못, 논에서 살고 느릿느릿 흐르는 물에서도 가끔씩 보인다. 물낯에서 동그랗게 뱅글뱅글 맴돌거나 재빠르게 헤엄친다. 자기 자리를 맴돌다가 여러 마리가 한데 모여서 함께 빙글빙글 맴돈다. 이렇게 맴돌다가 물에 떨어진 벌레가 있으면 몰려와 뜯어 먹는다. 물맴이 눈은 두 개지만 위아래로 나뉘어서 꼭 4개처럼 보인다. 그래서 물낯도 볼 수 있고, 물속도 함께 볼 수 있다. 위쪽 눈은 하늘을 보고, 아래쪽 눈은 물에 떨어진 먹이나 물속에서 물고기나 물자라 같은 천적이 다가오는지 본다. 앞다리가 다른 다리보다 훨씬 크고 튼튼해서 먹이를 끌어안아 잡는다. 가운뎃다리와 뒷다리는 아주 짧고 작지만 넓적한 노처럼 생겼고 짧은 털이 나 있다. 아주 빠르게 휘저어서 헤엄친다. 위에서 보면 가운뎃다리와 뒷다리는 짧아서 잘 안 보인다. 위험할 때는 물속으로 들어가기도 한다. 물속에서도 헤엄을 잘 친다.

　물맴이과 무리는 봄부터 여름 사이에 물가에서 자라는 물풀이나 물 위에 떠 있는 풀이나 나뭇조각에 알을 낳는다. 애벌레는 물속 밑바닥 흙 속에 숨어 있다가 장구벌레 같은 작은 벌레를 잡아서 체액을 빨아 먹는다. 애벌레 큰턱은 낫처럼 휘어서 날카롭고 뾰족하다. 큰턱을 먹이 몸속에 찔러 넣고 소화액을 내뿜는다. 먹이 몸이 흐물흐물 녹으면 큰턱에 뚫려 있는 관으로 빨아 먹는다. 애벌레는 배 옆구리에 아가미가 있어서 숨을 쉰다. 애벌레가 다 자라면 물가로 나와 흙 속에서 번데기가 된다. 어른벌레는 겨울만 빼고 봄부터 가을까지 아무 때나 돌아다닌다. 어른벌레로 겨울을 난다.

물땡땡이 똥방개, 보리방개 *Hydrophilus accuminatus*

물땡땡이 ↕ 32~40mm

물땡땡이과 물땡땡이아과

　물땡땡이과 무리는 온 세계에 1700종이 살고 우리나라에는 40종쯤 있다. 봄부터 가을까지 아무 때나 볼 수 있다. 물땡땡이과 무리는 물방개과 무리처럼 연못이나 논 같은 고인 물에서 산다. 물속에 사는 종이 많지만 물이 가까운 땅속에 사는 것도 있다. 물땡땡이과 무리는 겹눈이 아주 큰데, 겹눈 사이에 있는 더듬이는 아주 짧고 끝이 곤봉처럼 볼록하다. 물방개과 무리나 물맴이과 무리와 달리 물속에서 썩은 풀을 갉아 먹고, 몇몇 종은 죽은 동물을 뜯어 먹는다. 그래서 '물속 청소부'라고 한다. 물방개과 무리보다 몸이 조금 더 작고 더 느리게 헤엄친다. 물방개과 무리는 뒷다리를 개구리처럼 한꺼번에 움직여 헤엄치지만, 물땡땡이과 무리는 뒷다리를 번갈아 저으면서 헤엄친다. 물속에서는 몸 아랫면에 털이 나 있어 공기를 잡아둘 수 있다. 이 공기 방울로 숨을 다 쉬면 다시 물낯으로 올라와 공기를 채우고 물속으로 들어간다. 밤에 불빛을 보고 날아오기도 한다.

　물땡땡이과 무리는 알이 수십 개 든 알 주머니를 낳는다. 알 주머니는 묵처럼 말랑말랑하고 속이 비친다. 물땡땡이는 알 주머니를 물풀에 붙여 놓고, 잔물땡땡이[94]는 물 위에 띄워 놓는다. 알에서 깬 애벌레는 알 주머니를 빠져나와 물 밑바닥으로 내려가 지낸다. 아가미가 있어서 물속에서 숨을 쉬며 산다. 애벌레 때에는 각다귀나 깔따구 애벌레, 실지렁이 따위를 잡아먹는다. 그러다 땅 위로 올라와 땅속에서 번데기가 되고 어른벌레가 되어 나온다.

　물땡땡이는 우리나라에 사는 물땡땡이과 무리 가운데 몸집이 가장 크다. 물풀이 수북하게 자란 물가나 연못, 논처럼 물이 고인 웅덩이에서 산다. 4~11월까지 보인다. 애벌레나 어른벌레로 겨울을 난다고 알려졌다. 논과 농수로를 정비하면서 1970년 중반 뒤로는 수가 많이 줄었다. 물방개[86]는 구워 먹기도 해서 '쌀방개'라고 하고, 물땡땡이는 구워 먹지 않아서 '똥방개, 보리방개'라고 했다.

잔물땡땡이 *Hydrochara affinis*

잔물땡땡이 ↕15~20mm

북방물땡땡이 *Hydrochara libera* ↕18mm 안팎

애물땡땡이 *Sternolophus rufipes* ↕10mm 안팎

물땡땡이과 물땡땡이아과

　잔물땡땡이는 들판에 있는 웅덩이나 논에서 산다. 어른벌레는 물속에 있는 풀을 갉아 먹고, 애벌레는 물속에 사는 작은 벌레 따위를 잡아먹는다. 어른벌레로 겨울을 나고, 이듬해 봄에 모내기를 하려고 논에 물을 댈 때 논에 와서 알을 낳는다. 짝짓기를 마친 암컷은 알 덩어리를 낳아 물낯 가까이에 있는 물풀에 붙인다. 딱지날개가 짙은 청색이나 검정색이고, 다리와 더듬이는 붉은 밤색을 띠어서 북방물땡땡이와 구별한다. 북방물땡땡이는 딱지날개와 다리, 더듬이가 모두 까맣다.

　북방물땡땡이는 물이 고인 웅덩이나 논에서 볼 수 있다. 어른벌레는 물속에 자라는 물풀을 뜯어 먹고 죽은 동물을 뜯어 먹기도 한다. 밤에 불빛에 날아오기도 한다. 날씨가 추워지면 땅속에 들어가 어른벌레로 겨울을 난다. 이듬해 봄에 나온 어른벌레는 저수지나 물웅덩이에 있다가, 모내기를 하려고 논에 물을 댈 때 날아와서 알을 낳는다.

　애물땡땡이는 저수지나 물웅덩이, 묵은 논에서 산다. 다른 물땡땡이와 사는 모습이 닮았다. 어른벌레는 물풀을 갉아 먹는다. 밤에 불빛으로 잘 날아온다. 날씨가 추워지면 흙 속에 들어가 어른벌레로 겨울을 난다. 잔물땡땡이와 생김새가 닮았다. 애물땡땡이는 딱지날개가 매끈하고, 작은 홈으로 이어진 줄무늬가 4줄 희미하게 나 있다. 앞머리에 八자처럼 생긴 홈 줄무늬가 있다.

풍뎅이붙이 *Merohister jekeli*

풍뎅이붙이 ↕10mm 안팎

아무르납작풍뎅이붙이 *Hololepta amurensis* ↕8~12mm

풍뎅이붙이과 풍뎅이붙이아과

　풍뎅이붙이과 무리는 온 세계에 3000종쯤 살고, 우리나라에는 80종쯤 산다. 풍뎅이와 생김새가 똑 닮았다고 '풍뎅이붙이'라는 이름이 붙었다. 풍뎅이붙이과 무리는 반날개처럼 딱지날개가 짧다. 그래서 딱지날개가 배를 다 덮지 못하고 배 끝 한두 마디가 드러난다. 살아 있는 벌레를 잡아먹고, 때때로 죽은 동물이나 썩은 나무를 갉아 먹기도 한다.

　풍뎅이붙이는 들판 풀밭에서 볼 수 있다. 3~11월까지 보이는데, 6~7월에 가장 많이 보인다. 썩은 나무껍질 밑에서 여러 가지 작은 벌레를 잡아먹고, 죽은 동물이나 동물 똥에 꼬이는 구더기를 잡아먹기도 한다. 어른벌레로 겨울을 난다.

　아무르납작풍뎅이붙이는 러시아 아무르 지방에서 처음 찾았다. 참나무 줄기 껍질 밑에서 많이 산다. 몸이 납작해서 나무껍질 밑을 잘 기어 다닌다. 껍질 속을 돌아다니면서 큰턱으로 다른 벌레를 잡아먹고 나무도 갉아 먹는다. 또 죽은 동물에 꼬이는 구더기도 잡아먹는다. 날씨가 추워지면 어른벌레로 겨울을 난다. 사람이 손으로 건드리면 죽은 척 꼼짝 않고 있다가 잠잠하다 싶으면 나무껍질 밑으로 도망친다.

네눈박이송장벌레 *Dendroxena sexcarinata*

네눈박이송장벌레 ↕10~15mm

송장벌레 *Nicrophorus japonicus* ↕23mm 안팎

곰보송장벌레 *Thanatophilus rugosus* ↕9~12mm

송장벌레과 송장벌레아과

　송장벌레과 무리는 온 세상에 2000종쯤 살고, 우리나라에 26종쯤 산다. 송장벌레라는 이름은 죽은 동물을 먹고 산다고 붙은 이름이다. 반날개 무리처럼 딱지날개가 짧아서 배 끝이 드러나는 종이 많다. 송장벌레과 무리는 봄부터 가을 사이에 돌아다니지만 여름에 더 많다. 동물이 죽어 썩는 냄새가 나면 그 냄새를 맡고 날아와 뜯어 먹는다. 동물 주검에 모인 암컷과 수컷은 짝짓기를 한 뒤 죽은 동물 밑에 들어가 아래쪽 땅을 판 뒤 파낸 흙으로 주검을 묻는다. 그러고는 암컷이 주검에 알을 낳는다. 알에서 나온 애벌레는 동물 주검을 먹으면서 큰다. 어른벌레나 애벌레나 모두 죽은 동물을 깨끗이 먹어 치워서 청소부 노릇을 한다. 밤에 불빛을 보고 날아오기도 한다. 날씨가 추워지면 어른벌레는 나무나 흙 속에서 겨울을 난다. 이른 봄에 나온 암컷과 수컷은 짝짓기를 하고 알을 낳는다. 애벌레는 번데기를 거쳐서 어른벌레가 된다. 한 해에 한 번 나온다.

　네눈박이송장벌레는 딱지날개에 까만 점이 네 개 있다. 앞가슴등판 가운데에도 까만 무늬가 있다. 낮은 산에서 4~10월까지 볼 수 있다. 다른 송장벌레와 달리 낮에 이 나무 저 나무 숲속을 날아다니다가 나뭇잎 위에 있는 나비나 나방 애벌레를 잡아먹는다. 날이 추워지면 나무껍질이나 가랑잎 밑에 들어가 어른벌레로 겨울을 난다.

　송장벌레는 들판에서 산다. 봄부터 가을까지 볼 수 있다. 어른벌레는 밤에 나와 돌아다니며 다른 송장벌레처럼 죽은 동물에 꼬인다.

　곰보송장벌레는 가슴과 딱지날개에 곰보처럼 많은 돌기가 우툴두툴 나 있다. 온몸은 까만데, 보는 각도에 따라 파란빛이 돈다. 중부와 북부 지방에서 볼 수 있다. 봄부터 나와 돌아다니면서 동물 똥이나 주검, 강가에 떠내려온 죽은 물고기 밑에도 꼬인다. 주검 밑에 들어가 땅을 파서 그대로 주검을 묻고 알을 낳는다. 날씨가 추워지면 돌 밑에서 어른벌레로 겨울을 난다.

큰넓적송장벌레 *Eusilpha jakowlewi*

큰넓적송장벌레 ↕ 12~23mm

넓적송장벌레 *Silpha perforata perforata* ↕ 15~20mm

큰수중다리송장벌레 *Necrodes littoralis* ↕ 15~25mm

수컷

암컷

수중다리송장벌레 *Necrodes nigricornis* ↕ 15~20mm

송장벌레과 송장벌레아과

　큰넓적송장벌레는 이름처럼 몸이 넓적하다. 산이나 들판에서 흔하게 볼 수 있다. 5~8월에 보인다. 낮에는 가랑잎 밑에 숨어 있다가 밤에 나와 돌아다닌다. 지렁이나 개구리, 쥐 같은 작은 동물 주검에 많이 꼬인다. 밤에 불빛에도 날아온다. 어두운 숲속에서는 낮에도 나와 돌아다닌다. 겨울이 되면 어른벌레는 썩은 나무나 흙 속에 들어가 겨울잠을 잔다. 그리고 이른 봄에 나와 짝짓기를 하고 알을 낳는다. 여름에 어른벌레가 나온다.

　넓적송장벌레는 큰넓적송장벌레와 생김새가 닮았다. 큰넓적송장벌레가 몸이 더 크고 딱지날개 바깥쪽에 나 있는 세로줄이 짧다. 넓적송장벌레는 등이 더 높고 겉이 더 우툴두툴하다. 또 더듬이 마지막 네 마디가 조금 더 넓다.

　큰수중다리송장벌레는 동물 주검에 꼬이고, 그 속에 알을 낳는다. 밤에 불빛으로 날아오기도 하고 가끔 구더기가 있는 뒷간에도 온다. 애벌레도 썩은 고기를 먹는다. 어른벌레로 겨울을 난다고 한다. 수컷은 뒷다리 넓적다리마디가 아주 굵고, 종아리마디는 활처럼 안쪽으로 휘어서 암컷과 다르다. 수중다리는 다리가 부어올랐다는 뜻이다. 수컷 뒷다리가 굵어서 붙은 이름이다.

　수중다리송장벌레는 큰수중다리송장벌레와 닮았다. 큰수중다리송장벌레는 더듬이 끝 세 마디가 누런 밤색인데, 수중다리송장벌레는 까맣다. 수중다리송장벌레 암컷은 딱지날개가 배보다 길고 끝이 뾰족하다. 수컷은 뒷다리 넓적다리마디 안쪽에 가시처럼 생긴 돌기가 있다.

검정송장벌레 *Nicrophorus concolor*

검정송장벌레 ↕25~40mm

수컷 대모송장벌레 *Eusilpha brunneicollis* ↕20mm 안팎 암컷

수컷 꼬마검정송장벌레 *Ptomascopus morio* ↕8~15mm 암컷

송장벌레과 검정송장벌레아과

검정송장벌레는 송장벌레 무리 가운데 몸집이 가장 크다. 큰 것은 45mm나 된다. 이름처럼 온몸은 까맣고 반짝거리지만 딱지날개에 주황색 띠무늬가 있는 종도 많다. 더듬이 마지막 세 마디는 누렇다. 뒷다리 종아리마디는 안쪽으로 심하게 굽었다.

검정송장벌레는 산에서 흔하게 볼 수 있다. 봄부터 가을까지 볼 수 있지만 6~8월 여름에 많이 볼 수 있다. 밤에 나와 땅 위를 기어 다니면서 여러 동물 주검에 꼬인다. 불빛에 날아오기도 한다. 건드리면 다리를 쭉 뻗고 입에서 거품을 내며 고약한 냄새를 풍기고 죽은 척한다. 썩은 곳에서 많이 지내기 때문에 몸에 진드기가 많이 붙어 있다. 동물 주검을 땅속에 묻고 그곳에서 짝짓기를 한 뒤 알을 낳는다. 알에서 나온 애벌레는 주검을 먹고 자란다. 어른벌레가 되면 땅속에서 겨울을 난다.

대모송장벌레는 머리와 딱지날개는 까만데, 앞가슴등판이 붉은 노란색이어서 다른 송장벌레와 다르다. 낮은 산에서 볼 수 있다. 낮에도 가끔 날아다니지만, 거의 밤에 나와 돌아다니면서 동물 주검에 꼬인다. 썩은 냄새가 풍기는 노란망태버섯에도 몰려들어 버섯을 갉아 먹는다. 짝짓기를 마친 암컷은 동물 주검에 산란관을 꽂고 알을 낳는다. 알에서 나온 애벌레는 주검을 파먹고 살다가 다 자라면 땅속이나 동물 주검 속에서 번데기가 된다. 어른벌레는 나무껍질 속이나 땅속에서 겨울을 난다.

꼬마검정송장벌레는 딱지날개가 아주 짧아서 배가 반쯤 드러난다. 숲 가장자리나 골짜기에서 산다. 다른 송장벌레와 사는 모습이 닮았다. 죽은 동물에 꼬여 주검을 땅에 파묻는다. 9~10월에도 산길 둘레 돌 위에서 자주 보인다. 겨울이 되면 흙 속에 들어가 어른벌레로 겨울을 난다.

청딱지개미반날개 *Paederus fuscipes*

청딱지개미반날개 ↕7mm 안팎

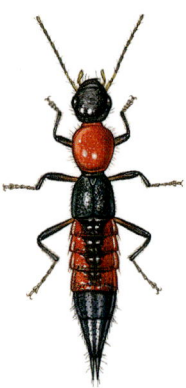

곳체개미반날개 *Megalopaederus gottschei* ↕10mm 안팎

반날개과 개미반날개아과

　반날개과 무리는 온 세계에 4만 종이 훨씬 넘게 살고, 우리나라에도 500종이 넘게 산다. 딱지날개가 반쯤밖에 없어서 '반날개'라는 이름이 붙었다. 딱지날개가 짧아서 배가 드러난다. 모든 딱정벌레 무리 가운데서도 바구미과 무리 다음으로 수가 아주 많은 무리다. 몸길이가 0.5mm 밖에 안 되는 아주 작은 것부터 50mm가 넘는 큰 종까지 있다.

　청딱지개미반날개는 건들면 몸에서 독물이 나온다. 사람이 맨손으로 잡으면 살갗에 물집이 잡힐 수 있다. 3~11월까지 볼 수 있는데, 여름에는 밤에 불빛을 보고 날아오기도 한다. 앞가슴등판과 배 마지막 두 마디를 빼고는 주황색이다.

　곳체개미반날개는 '우리개미반날개'라고도 한다. 언뜻 보면 꼭 개미처럼 생겼다. 딱지날개는 아주 짧아서 겨우 배 첫 마디 앞쪽만 덮는다. 배는 끝 두 마디를 빼고 빨갛다. 온 나라 산에서 볼 수 있다. 산속 풀잎 위를 개미처럼 바쁘게 돌아다니며 작은 벌레를 잡아먹는다. 곳체개미반날개 몸에서도 독물이 나온다. 사람이 맨손으로 잡으면 살갗에 물집이 잡힐 수 있다.

극동입치레반날개 *Oxyporus germanus*

극동입치레반날개 ↕10mm 안팎

투구반날개 *Osorius taurus* ↕8mm 안팎

해변반날개 *Phucobius simulator* ↕10~12mm

개미사돈 *Poroderus armatus* ↕2mm 안팎

반날개과 입치레반날개아과

반날개과 무리는 물속을 빼고 어디에서나 산다. 작은 젖먹이 동물이나 새 둥지에 살기도 하고, 흰개미나 개미와 함께 살기도 하고, 버섯에 살기도 하고, 파리 알과 구더기를 먹고 파리 번데기에 기생하기도 한다. 또 바닷가에서 살기도 한다. 여러 곳에서 살지만 대부분 땅 위를 이리저리 돌아다니면서 다른 벌레를 잡아먹고, 송장벌레처럼 동물 주검이나 똥을 먹기도 해서 청소부 노릇도 한다. 때로는 산속에 버린 음식물 쓰레기에도 꼬인다. 밤에는 불빛을 보고 날아오기도 한다. 작은 딱지날개 속에 속날개가 있어서 잘 난다. 땅 위를 기어 다닐 때는 속날개를 반으로 접어 작은 딱지날개 속에 집어넣는다. 밖으로 드러난 배는 아주 단단하다. 온몸이 까맣고 아무런 무늬가 없이 가늘고 길쭉한 종이 많아서 몇몇 종을 빼고는 서로 가려내기가 아주 어렵다.

극동입치레반날개는 버섯을 먹고 산다. 버섯 속으로 구멍을 뚫고 들어가 여러 마리가 함께 지낸다. 위험을 느끼면 배 꽁무니를 하늘로 한껏 치켜올리며 겁을 준다. 짝짓기를 마친 암컷은 버섯에 알을 낳아 붙인다. 알을 낳은 지 몇 시간 안 지나 애벌레가 나온다. 애벌레도 버섯을 파먹고 큰다. 두 번 허물을 벗고 땅속에 들어가 번데기가 된다. 일주일쯤 지나면 어른벌레가 된다. 알에서 어른이 되는 데 17일쯤 걸린다.

투구반날개는 산속에 있는 썩은 나무껍질 밑에서 볼 수 있다. 썩은 나무속에서 어른벌레로 겨울을 난다. 머리 앞에 가시처럼 튀어나온 돌기가 있다. 머리와 앞가슴등판, 딱지날개에 점무늬가 잔뜩 있다.

해변반날개는 이름처럼 바닷가에서 볼 수 있다. 바닷가에 떠밀려 온 바나나물 밑에서 자주 보인다. 온몸은 까만데, 딱지날개만 불그스름하다.

개미사돈은 개미집에 더불어 산다. 개미가 떨구는 먹이를 주워 먹고 가끔 더부살이하고 있는 개미를 잡아먹기도 한다. 개미가 뿜어내는 페로몬을 몸에 바르기 때문에 개미가 눈치를 못 채고 함께 산다.

알꽃벼룩 *Scirtes japonicus*

알꽃벼룩 ↕3~4mm

알꽃벼룩과

　알꽃벼룩과 무리는 온 세계에 500종쯤 살고, 우리나라에는 검정길쭉알꽃벼룩과 알꽃벼룩 두 종이 산다. 굵은 뒷다리로 벼룩처럼 톡톡 튀어 다닌다고 붙은 이름이다. 어른벌레는 산에서 살고, 밤에 불빛을 보고 날아오기도 한다. 크기가 몹시 작고, 생김새는 동글동글하다. 어른벌레 딱지날개에는 털이 많이 나 있다. 애벌레는 물속에서 살면서 물속에 사는 작은 벌레를 잡아먹고 산다.

　알꽃벼룩은 몸이 둥글고 누런 밤색이다. 머리는 작고 겹눈은 까맣다. 앞가슴등판에는 작은 점무늬가 잔뜩 있고 짧은 털이 나 있다. 가장자리는 둥글다. 딱지날개는 양쪽 가장자리가 나란하다가 끄트머리는 둥글. 뒷다리 넓적다리마디가 크고 통통하다.

사슴벌레 *Lucanus maculifemoratus dybowskyi*

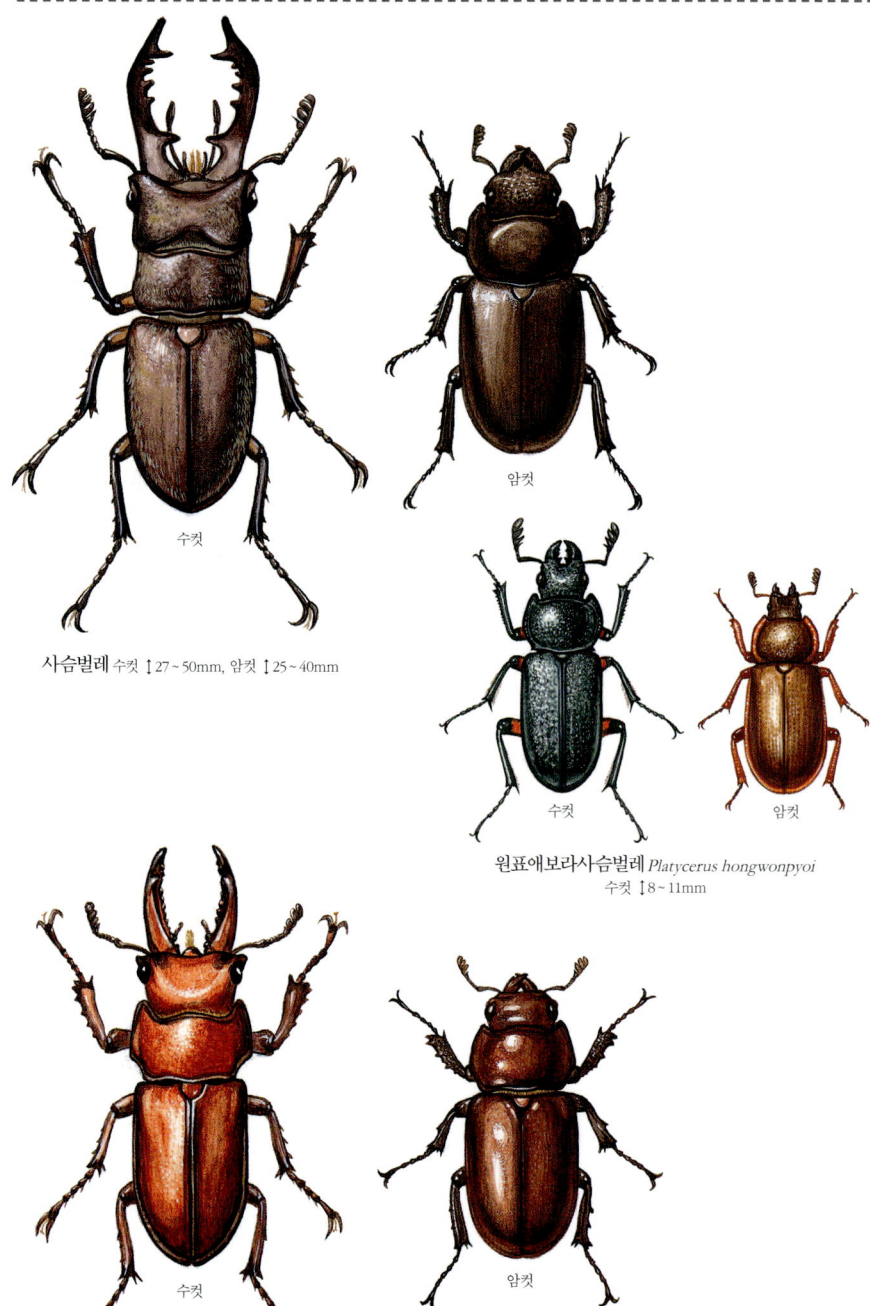

사슴벌레 수컷 ↕27~50mm, 암컷 ↕25~40mm

원표애보라사슴벌레 *Platycerus hongwonpyoi*
수컷 ↕8~11mm

다우리아사슴벌레 *Prismognathus dauricus*
수컷 ↕11~38mm, 암컷 ↕12~24mm

사슴벌레과 사슴벌레아과

　사슴벌레과 무리는 온 세계에 1000종쯤 살고, 우리나라에는 16종쯤 산다. 그 가운데 넓적사슴벌레[118]와 애사슴벌레[114], 톱사슴벌레[112]를 흔하게 볼 수 있다. 사슴벌레과 무리는 거의 숲속에서 산다. 낮에는 땅속이나 나무 구멍 속에서 쉬고 밤에 나뭇진을 먹으려고 나온다. 참나무나 느티나무에 잘 꼬인다. 나무에 흐르는 나뭇진을 붓처럼 생긴 혀로 핥아 먹는다. 딱딱한 딱지날개 속에 뒷날개가 한 쌍 접혀 있다. 뒷날개를 펴고 날기도 잘한다. 밤에 불빛을 보고 날아오기도 한다.

　사슴벌레는 늦은 봄부터 가을 들머리까지 산에서 볼 수 있다. 수컷은 머리가 넓적하고 머리 뒤쪽이 귓불처럼 늘어나 넓다. 큰턱은 사슴뿔처럼 크고 굵고 아래쪽으로 휘어진다. 뿔이 작은 수컷도 있다. 암컷은 큰턱이 작고, 온몸이 누런 털로 덮여 있다. 또 뒤집어 보면 배 쪽 다리에 길쭉한 누런 무늬가 있어서 다른 종 암컷과 다르다. 중부 지방인 경기도와 강원도 참나무 숲에서 많이 산다. 남부 지방에서는 높은 산에서 잘 보인다. 참나무에서 나오는 진을 핥아 먹는다. 밤에 불빛을 보고 날아오기도 한다. 6~7월에 짝짓기를 하고, 7~8월에 알을 낳는다. 7~8월에 나온 애벌레나 지난해 나온 애벌레로 겨울을 난다. 종령 애벌레는 나무속을 파먹고 살다가, 땅속에 들어가 방을 만들고 번데기가 된다. 가을에 번데기가 되어 어른벌레가 된 뒤에 겨울을 나기도 한다. 어른벌레가 되기까지 2~3년 걸린다.

　원표애보라사슴벌레는 중부와 북부 지방 높은 산에서 많이 산다. 봄이 되면 낮에 여러 가지 참나무 새순에 모여 상처를 내고 진을 핥아 먹는다. 봄철에만 짧게 보인다.

　다우리아사슴벌레는 온 나라 산에서 볼 수 있다. 한여름에 나오지만 쉽게 볼 수 없다. 사슴벌레 가운데 가장 늦게 나온다. 밤에 불빛을 보고 날아오기도 한다. 우리나라 사슴벌레 가운데 다우리아사슴벌레만 한 해에 한 번 날개돋이 한다.

톱사슴벌레 *Prosopocoilus inclinatus inclinatus*

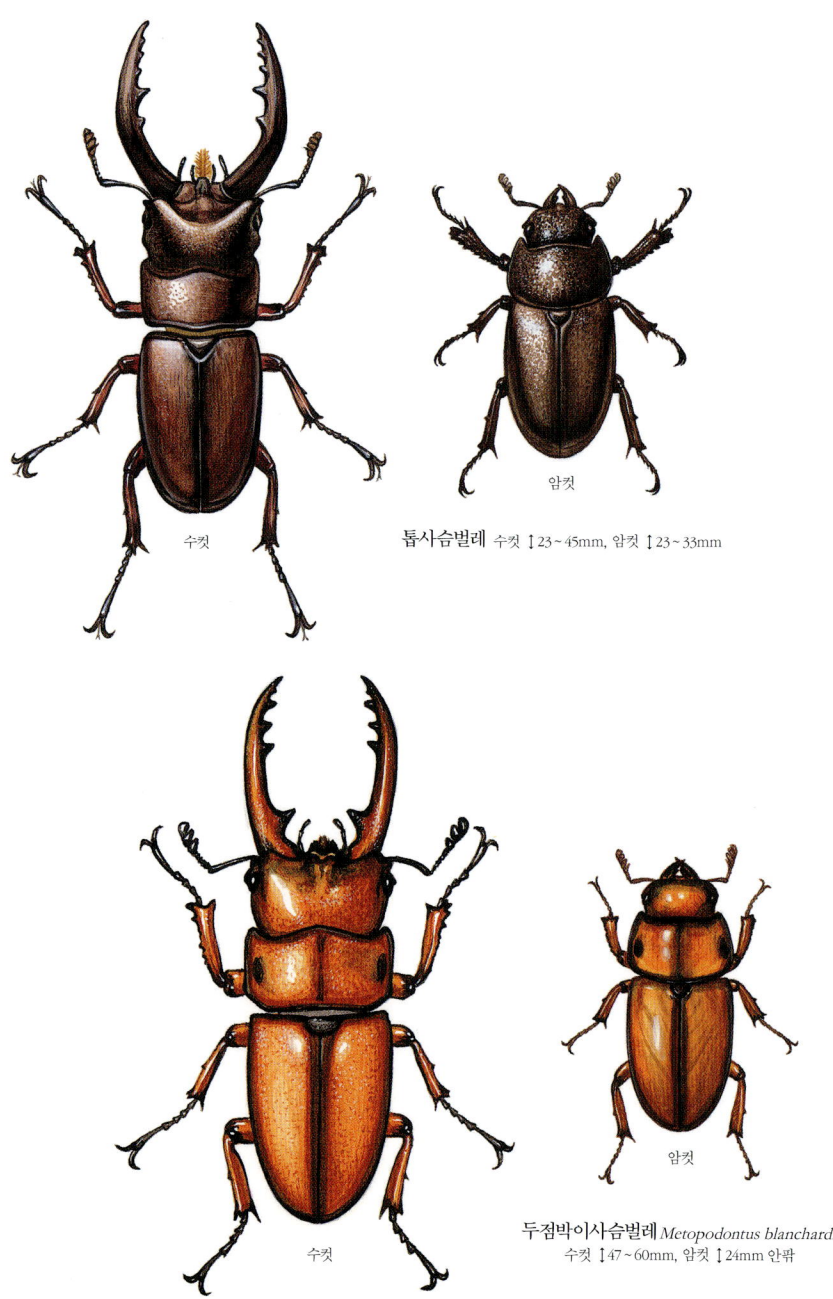

톱사슴벌레 수컷 ↕23~45mm, 암컷 ↕23~33mm

두점박이사슴벌레 *Metopodontus blanchardi*
수컷 ↕47~60mm, 암컷 ↕24mm 안팎

사슴벌레과 사슴벌레아과

톱사슴벌레는 큰턱이 크고 앞으로 길게 뻗으며 아래쪽으로 휘었다. 큰턱 안쪽에 작은 톱니처럼 생긴 돌기가 나 있다. 수컷은 큰턱이 크고 암컷은 아주 작다. 6~9월에 산에서 볼 수 있다. 밤에 나와 상수리나무나 졸참나무에서 흘러나오는 나뭇진을 먹는다. 과일에 모여 단물을 핥아 먹기도 한다. 불빛을 보고 날아오기도 한다. 짝짓기를 마친 암컷은 나무둥치 밑을 파고 알을 하나씩 낳는다. 알을 낳으면 흙으로 덮는다. 두 주쯤 지나면 알에서 애벌레가 나온다. 애벌레는 썩은 나무속을 파먹으며 세 번 허물을 벗고 큰다. 알에서 어른벌레가 되는 데 2~3년쯤 걸리는 것 같다. 봄에 번데기가 된 것은 20일쯤 지나면 어른벌레가 된다. 가을에 번데기가 된 것은 이듬해 봄에 어른벌레가 되어 나온다.

두점박이사슴벌레는 제주도에만 사는 사슴벌레다. 앞가슴등판 가장자리에 까만 점이 2개 있다. 수컷 큰턱은 아주 길고 가늘며 아래쪽으로 살짝 굽는다. 큰턱 안쪽에는 크고 작은 뾰족한 돌기가 잔뜩 나 있다. 온몸은 누런 밤색이고, 가장자리에 까만 테두리가 있다. 6~8월에 짝짓기를 마친 암컷은 썩은 나무에 구멍을 파고 알을 낳는다. 알을 낳은 구멍은 나무 부스러기로 덮는다. 두 주쯤 지나면 알에서 애벌레가 나온다. 애벌레나 어른벌레로 겨울을 난다. 어른벌레는 낮에는 가랑잎 밑이나 땅속에서 쉬다가, 밤에 나와 나뭇진에 모인다. 불빛에 날아오기도 한다. 수가 많지 않아서 멸종위기종이다.

애사슴벌레 *Macrodorcas rectus rectus*

수컷

암컷

애사슴벌레 수컷 ↕15~32mm, 암컷 ↕12~28mm

수컷   암컷

홍다리사슴벌레 *Nipponodorcus rubrofemoratus*
수컷 ↕25~50mm, 암컷 ↕20~38mm

사슴벌레과 사슴벌레아과

애사슴벌레는 이름처럼 사슴벌레 가운데 몸집이 작다. 수컷은 큰턱이 가늘며 작고 안쪽에 돌기가 1개 있다. 암컷은 이마에 작은 돌기가 2개 나 있다. 애사슴벌레는 어디서나 흔하게 볼 수 있다. 썩은 나무속이나 돌 밑에서 애벌레나 어른벌레로 겨울을 난다. 어른벌레는 날씨가 따뜻해지면 밤에 나와 나뭇진에 모여들고 짝짓기를 하고 알을 낳는다. 불빛에 날아오기도 한다. 애벌레는 땅 위에 쓰러져 썩은 참나무나 오리나무, 팽나무 속에서 지낸다. 가을에 번데기가 되고 어른벌레가 되는 데 두 해 걸린다.

홍다리사슴벌레는 이름처럼 다리가 빨갛다. 암컷과 수컷 모두 넓적다리마디가 빨갛다. 배도 빨갛다. 큰턱은 뿔처럼 앞쪽으로 길게 뻗고, 안쪽에 날카로운 돌기가 3~5개 나 있다.

홍다리사슴벌레는 산에 자라는 버드나무에서 많이 보인다. 어른벌레는 6월부터 10월까지 보인다. 버드나무에서 흘러나오는 나뭇진을 핥아 먹는다. 밤에는 불빛에 날아오기도 한다. 짝짓기를 마친 암컷은 썩은 참나무나 뽕나무, 팽나무 같은 나무에 알을 낳는다. 알에서 나온 애벌레는 허물을 벗고 자라다가 나무껍질 속에서 겨울을 난다. 가을에 나온 어른벌레로 겨울을 나기도 한다. 어른벌레로 한두 해 산다.

왕사슴벌레 *Dorcus hopei*

수컷

암컷

왕사슴벌레 수컷 ↕25~70mm, 암컷 ↕26~44mm

사슴벌레과 사슴벌레아과

왕사슴벌레는 이름처럼 몸집이 큼직하다. 수컷 큰턱은 안쪽으로 둥글게 휘어져 크고, 위쪽이 두 갈래로 갈라졌다. 암컷은 큰턱이 작다. 딱지날개에는 세로로 줄이 나 있다. 수컷은 앞가슴등판 옆쪽 가운데가 뾰족하게 튀어나왔다. 우리나라 중부 지방 아래쪽에서 드물게 볼 수 있다. 6~9월에 시골 마을 둘레 산에서 가끔 보인다. 낮에는 나무 구멍 속에 숨어 있다가 밤에 참나무에 날아와 나뭇진을 핥아 먹는다. 어른벌레로 겨울을 나고, 2~3년을 산다.

사슴벌레과 무리는 대부분 몸집이 크다. 수컷은 사슴뿔처럼 생긴 큰턱을 가진 종들이 많다. 큰턱은 먹이를 잡거나 씹지는 못하고, 짝짓기를 할 때 암컷을 두고 수컷끼리 싸울 때만 쓰인다. 나뭇진을 먹으려고 암컷과 수컷이 모이면 짝짓기를 하려는 수컷끼리 싸움을 벌인다. 큰턱으로 서로를 밀어내거나 들어 올리거나 집어 던지거나 쳐서 떨어뜨린다. 암컷은 수컷보다 큰턱이 훨씬 작다. 하지만 알을 낳으려면 나무껍질을 뜯어내거나 파야 하기 때문에 수컷 큰턱보다 더 튼튼하고 힘이 세다.

짝짓기를 마친 암컷은 썩거나 쓰러진 나무껍질을 큰턱으로 뜯어내고 그 속에 꽁무니를 대고 알을 하나씩 낳는다. 알을 낳으면 나무 부스러기로 알을 덮는다. 나무둥치 밑이나 가랑잎 속에 알을 낳기도 한다. 두 주쯤 지나면 알에서 애벌레가 나온다. 애벌레는 허물을 두세 번쯤 벗고 어른벌레가 될 때까지 썩은 나무속을 갉아 먹으며 큰다. 나무껍질 속에서 한 해부터 2~5년까지 겨울을 난다. 여름이 되면 번데기가 되었다가 3주쯤 지나면 어른벌레로 나온다. 홍다리사슴벌레[114]나 넓적사슴벌레[118], 애사슴벌레[114]는 어른벌레로 1~2년을 살고, 왕사슴벌레는 2~3년을 산다. 사슴벌레[110]나 다우리아사슴벌레[110], 톱사슴벌레[112]는 여름에 잠깐 살다가 죽는다.

넓적사슴벌레 *Serrognathus platymelus castanicolor*

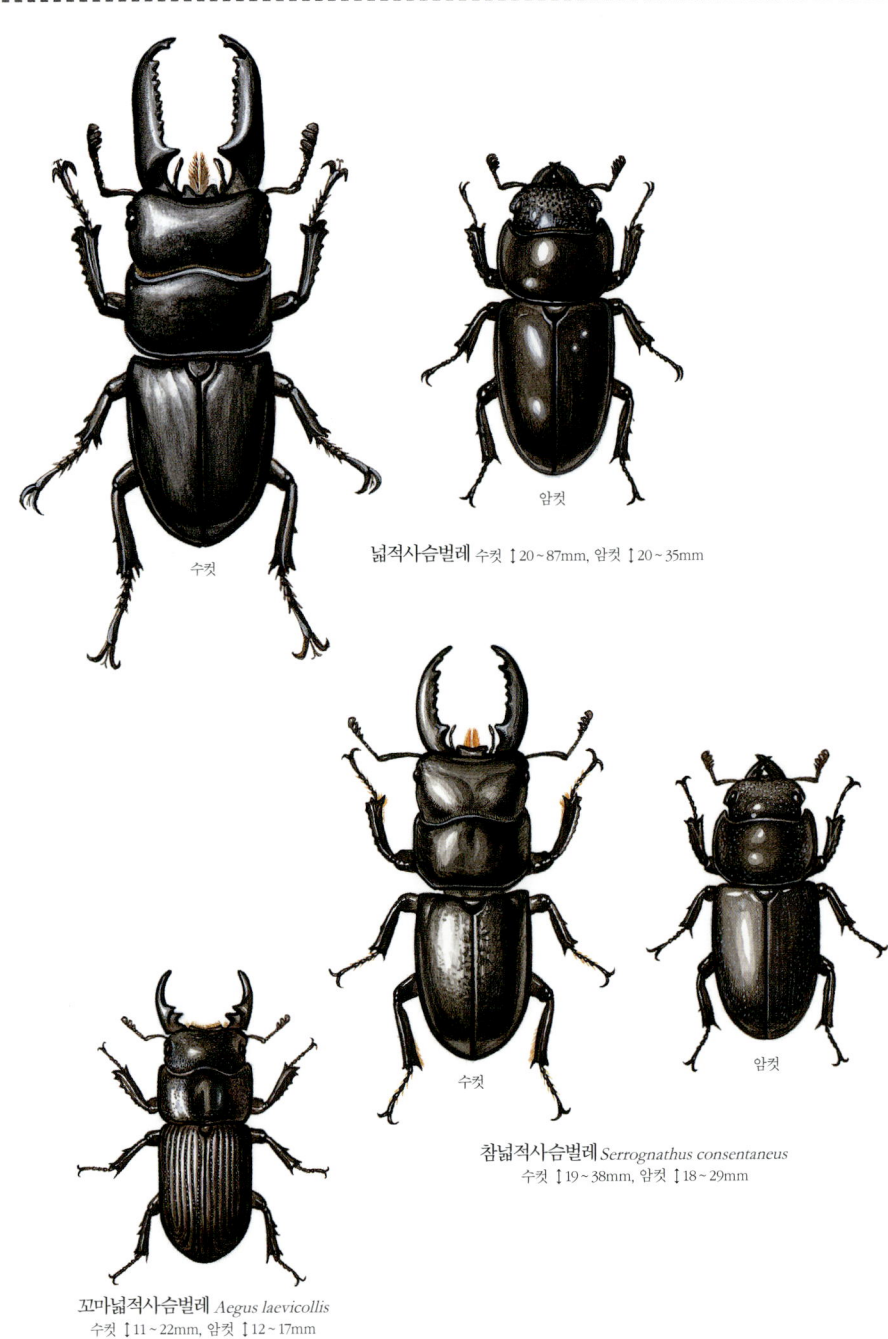

수컷 / 암컷

넓적사슴벌레 수컷 ↕20~87mm, 암컷 ↕20~35mm

참넓적사슴벌레 *Serrognathus consentaneus*
수컷 ↕19~38mm, 암컷 ↕18~29mm

꼬마넓적사슴벌레 *Aegus laevicollis*
수컷 ↕11~22mm, 암컷 ↕12~17mm

넓적사슴벌레는 이름처럼 몸이 넙적하고, 사슴벌레 무리 가운데 몸집이 가장 크다. 수컷 큰턱은 아주 길쭉한데, 반듯하게 뻗다가 끄트머리가 갑자기 굽는다. 입 가까이에 굵은 돌기가 한 쌍 있고, 중간쯤에 작은 돌기들이 톱날처럼 여러 개 나 있다.

넓적사슴벌레는 사슴벌레 가운데 가장 흔하게 볼 수 있다. 5~9월까지 볼 수 있다. 낮에는 썩은 참나무 속이나 땅속, 가랑잎 밑에 숨어 있다가 밤에 나와 나뭇진이나 떨어진 과일에 모인다. 수컷끼리 모이면 심하게 싸운다. 불빛에도 날아온다. 겨울이 되면 어른벌레가 참나무 뿌리 밑으로 들어가 겨울을 난다. 어른벌레로 한두 해 산다.

참넓적사슴벌레는 넓적사슴벌레와 닮았다. 큰턱이 바깥쪽으로 둥글게 휘고, 뒷다리 종아리마디에 뾰족한 돌기가 없으면 참넓적사슴벌레다.

꼬마넓적사슴벌레는 남해에 있는 섬에서 보인다. 우리나라 사슴벌레 애벌레 가운데 꼬마넓적사슴벌레 애벌레만 썩은 소나무를 먹는다. 썩은 소나무 톱밥을 빚어 번데기방을 만들고 그 속에 들어가 번데기가 된다. 어른벌레는 참나무에서 흐르는 나뭇진에 모여든다.

보라금풍뎅이 *Chromogeotrupes auratus*

보라금풍뎅이 ↕16~22mm

참금풍뎅이 *Bolbelasmus coreanus* ↕9~13mm

무늬금풍뎅이 *Bolbocerosoma zonatum* ↕9~14mm

금풍뎅이과 보라금풍뎅이아과

　　금풍뎅이과 무리는 온 세계에 620종쯤 살고, 우리나라에는 4종이 있다. 금풍뎅이과 무리는 온몸이 쇠붙이처럼 아롱다롱 번쩍거리는 종이 많다. 몸은 둥글고 단단하다. 금풍뎅이 무리 더듬이는 11마디다. 더듬이 마지막 세 마디는 곤봉처럼 부풀었다. 앞다리는 넓적하게 생겨서 땅을 잘 판다. 소똥구리처럼 소나 말 같은 동물이 싼 똥을 먹는다. 불빛으로 날아오기도 한다. 어른벌레와 애벌레 모두 소리를 내는 종이 많다. 어른벌레는 애벌레가 먹을 썩은 잎이나 소나 말, 사람 똥을 굴속에 모아 놓는다.

　　보라금풍뎅이는 이름처럼 온몸이 푸르스름한 보랏빛을 띠는데 햇빛을 받으면 여러 빛깔이 난다. 앞가슴등판은 가운데가 볼록하다. 딱지날개에는 깊게 파인 세로줄이 나 있다. 수컷 앞다리 종아리마디에는 긴 돌기가 3~4개 있다. 암컷은 1개만 있다. 높은 산부터 들판까지 사는데 앞이 탁 트인 산길에서도 볼 수 있다. 낮에 소나 말, 양이나 여러 가지 들짐승이 싼 똥에 날아와 똥을 먹는다. 사람 똥에도 날아온다. 그리고 똥 밑에 굴을 파서 똥으로 가득 채운 뒤 알을 낳고 흙으로 덮는다. 알에서 나온 애벌레는 똥을 먹고 산다. 8~9월에 어른벌레가 되어 겨울을 나고 이듬해 봄에 나온다.

　　참금풍뎅이는 온 나라 산이나 들에 있는 풀밭에서 산다. 6~8월에 나타나 여러 가지 동물 똥에 꼬인다. 똥 둘레 땅속으로 들어가 똥을 먹는다. 밤에 불빛을 보고 날아오기도 한다. 딱지날개 양쪽에는 세로줄이 7줄 나 있다.

　　무늬금풍뎅이는 몸빛은 누런데 까만 무늬가 머리와 앞가슴등판, 딱지날개 끄트머리에 나 있다.

뿔소똥구리 *Copris ochus*

수컷

암컷

뿔소똥구리 ↕18~28mm

소똥구리과 무리는 소똥이나 말똥이 있는 곳에서 똥을 먹고 산다. 소똥구리 무리는 온 세계에 5000종쯤 사는데, 그 가운데 똥을 굴리는 소똥구리는 200종쯤 된다. 우리나라에는 33종이 사는데 소똥구리[124], 왕소똥구리[124], 긴다리소똥구리[124] 3종만 똥을 굴린다. 어른벌레는 똥을 동그랗게 빚어 미리 파 놓은 굴로 굴려 간다. 굴속에 똥을 넣으면 그 속에 알을 낳는다. 알에서 나온 애벌레는 소똥 경단을 먹고 자란다. 소똥구리는 지저분한 똥을 치워 청소부 노릇을 하고, 또 똥을 땅에 묻어 땅을 기름지게 만든다.

뿔소똥구리는 이마에 기다란 뿔이 우뚝 솟아 있다. 수컷만 머리에 뿔이 있고, 암컷은 없다. 앞다리 종아리마디에는 톱날처럼 뾰족한 돌기가 3개 있다. 어른벌레는 6월부터 10월까지 보인다. 소나 말을 키우는 목장에서 볼 수 있다. 한여름에 소똥이나 말똥 밑에 20cm쯤 굴을 파고 들어간다. 그러고는 땅 위에 있는 소똥을 굴속으로 가져오고, 그 옆에 암컷과 수컷이 함께 지내는 방을 만든다. 그리고 굴로 가져온 똥을 먹는데, 암컷은 똥을 공처럼 동그랗게 빚어 그 속에 알을 낳는다. 똥 경단은 지름이 2cm쯤 되고, 5~7개쯤 빚어 알을 낳는다. 알에서 나온 애벌레는 한두 달쯤 똥 경단을 먹고 큰다. 애벌레가 클 때까지 암컷이 굴속에서 돌본다. 어른벌레가 되는 데 두 달쯤 걸린다. 어른벌레는 불빛에도 잘 날아온다. 어른벌레로 겨울을 난다고 알려졌다.

왕소똥구리 *Scarabaeus typhon*

암컷

왕소똥구리 ↕22~25mm

소똥구리 *Gymnopleurus mopsus* ↕16mm 안팎

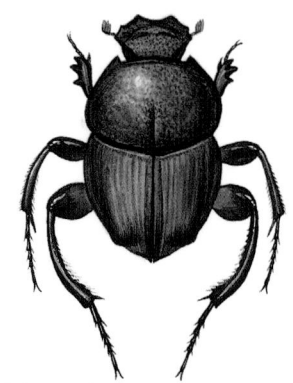

긴다리소똥구리 *Sisyphus schaefferi* ↕10mm 안팎

소똥구리과 소똥구리아과

왕소똥구리는 머리방패가 부채처럼 앞으로 펼쳐지고 톱날처럼 돌기가 6개 나 있다. 앞다리 종아리마디에는 톱니처럼 튀어나온 돌기가 수컷은 3개, 암컷은 4개 있다. 암컷과 수컷이 소똥을 동그랗게 공처럼 빚어 땅에 파 놓은 굴로 굴려 간다. 모래 속에 10~20cm 깊이로 굴을 판다. 굴속에 똥을 채워 넣은 뒤 똥을 먹고 알을 낳는다. 지금은 거의 사라져 보이지 않는다.

소똥구리도 옛날에는 우리나라에 많이 살았는데, 1967년 뒤로는 아예 사라져 더 이상 어디에도 안 보인다. 농약을 마구 뿌리고 소와 말에게 사료를 먹이면서 사라졌다. 어른벌레는 늦봄부터 가을까지 나와 돌아다녔다고 한다. 소똥이나 말똥을 동그랗게 빚어 굴로 굴려 간다.

긴다리소똥구리는 이름처럼 뒷다리가 아주 길다. 또 소똥을 굴리는 소똥구리 가운데 몸집이 가장 작다. 몸이 작아서 '꼬마소똥구리'라고도 한다.

긴다리소똥구리는 소나 말, 멧돼지 같은 산짐승 똥에 꼬인다. 소똥구리처럼 낮에 나와 암컷과 수컷이 함께 소똥을 공처럼 동그랗게 빚어 서로 밀고 당기며 굴린다. 소똥을 동그랗게 빚는 데 5분쯤 걸린다. 소똥을 굴려 알맞은 곳에 오면 암컷이 앞다리로 땅을 파헤쳐 굴을 판다. 그리고 그 속에 소똥을 굴려 넣은 뒤 똥 위에 꽁무니를 대고 알을 낳는다. 이렇게 몇 번 소똥을 굴려 알을 낳는다. 알에서 나온 애벌레는 소똥을 먹고 큰다. 강원도 몇몇 곳에서 아주 드물게 볼 수 있다. 지금은 거의 사라져 보이지 않는다.

애기뿔소똥구리 *Copris tripartitus*

수컷

암컷

애기뿔소똥구리 ↕13~19mm

수컷

암컷

창뿔소똥구리 *Liatongus phanaeoides* ↕7~10mm

외뿔애기꼬마소똥구리 *Caccobius unicornis* ↕3.5mm 안팎

애기뿔소똥구리는 뿔소똥구리[122]와 닮았지만 몸집이 훨씬 작고 뿔도 더 작다. 또 앞다리 종아리마디에 돌기가 4개 있다. 수컷은 이마에 기다란 뿔이 났다. 앞가슴등판에도 작은 뿔이 여러 개 솟았다.

뿔소똥구리는 6월이 지나면 돌아다니는데, 애기뿔소똥구리는 6월 전에 나온다. 뿔소똥구리보다 흔한데 섬에서 많이 보인다. 뿔소똥구리처럼 암컷과 수컷이 짝짓기를 마치면, 수컷이 똥 밑에 기다란 굴을 판다. 수컷이 똥을 소시지처럼 잘라 굴로 가져오면 암컷은 이 똥을 더 잘게 나눈다. 그리고 잘게 나눈 똥 한쪽을 우묵하게 판 뒤 그 위에 알을 낳는다. 2~4일쯤 지나면 알에서 애벌레가 나온다. 애벌레는 똥을 먹으며 두 번 허물을 벗고 종령 애벌레가 된 뒤 번데기가 된다. 알을 낳은 지 두 달쯤 지나면 어른벌레가 된다. 어른벌레가 될 때까지 암컷이 애벌레를 돌본다. 어른벌레는 밤에 불빛으로 날아오기도 한다. 날씨가 추워지면 어른벌레로 겨울을 난다.

창뿔소똥구리는 이름처럼 수컷 머리에 뿔이 돋았는데, 가슴 쪽으로 길게 휘어 뻗는다. 몸집이 작으면 뿔도 짧다. 암컷은 뿔이 없다. 소나 말을 키우는 목장에서 6~7월에 가장 많이 볼 수 있다. 중부 지방 산에서 많이 보이지만 남해 섬에서도 산다. 똥 밑에 굴을 파 집을 만든 뒤 똥을 먹고 똥 경단을 만들어 알을 낳는다. 어른벌레로 겨울을 난다.

외뿔애기꼬마소똥구리도 양이나 소, 개, 사람 똥에 꼬인다. 머리에 돋은 뿔이 작다.

렌지소똥풍뎅이 *Onthophagus lenzii*

수컷　　　　　암컷
렌지소똥풍뎅이 ↕6~12mm

수컷　　　　　암컷
소요산소똥풍뎅이 *Onthophagus japonicus* ↕7~11mm

수컷　　　　　암컷
황소뿔소똥풍뎅이 *Onthophagus bivertex* ↕6~10mm

수컷　　　　　암컷
모가슴소똥풍뎅이 *Onthophagus fodiens* ↕6~12mm

소똥구리과 소똥구리아과

렌지소똥풍뎅이는 온 나라에서 볼 수 있다. 수컷은 앞가슴등판 앞쪽 양 끝이 뾰족하게 튀어나왔다. 암컷은 뾰족하게 안 튀어나오고 끝이 둥글다. 이른 봄부터 늦가을까지 소똥이나 말똥에 모인다. 소똥구리 무리 가운데 가장 흔하게 볼 수 있다. 밤에 불빛을 보고 날아오기도 한다. 어른벌레로 겨울을 난다.

소요산소똥풍뎅이는 머리와 가슴이 까맣고, 딱지날개는 누렇다. 딱지날개에 까만 무늬가 서로 마주 있다. 수컷은 양쪽 가슴에 뾰족한 돌기가 튀어나왔다. 암컷은 돌기가 없거나 작다. 소요산소똥풍뎅이는 산이나 들판에 있는 소똥이나 말똥, 사람 똥에 꼬인다. 가을에 어른벌레가 되고 겨울을 난다. 이듬해 봄에 나와서 짝짓기를 하고 알을 낳는다.

황소뿔소똥풍뎅이는 온몸이 검은 밤색이다. 하지만 딱지날개가 짙은 밤색이거나 불그스름한 밤색인 것도 많다. 딱지날개에 세로로 홈 줄이 나 있다. 다른 소똥풍뎅이와 사는 모습이 비슷하다.

모가슴소똥풍뎅이는 낮은 산부터 흔하게 볼 수 있다. 초식 동물 똥이나 육식 동물 똥을 가리지 않고 날아와 먹는다. 도시 둘레에서 사람 똥이나 개똥을 먹기도 한다. 수컷은 앞가슴등판 양옆이 앞쪽으로 심하게 기울어져서 삼각형처럼 보인다. 하지만 암컷은 앞가슴등판이 둥글고 곰보처럼 작은 홈들이 잔뜩 파여 있다.

똥풍뎅이 *Aphodius rectus*

똥풍뎅이 ↕4~7mm

큰점박이똥풍뎅이 *Aphodius elegans* ↕11~13mm

큰점박이똥풍뎅이 색변이

똥풍뎅이과

똥풍뎅이과 무리는 온 세계에 3200종쯤이 살고, 우리나라에는 50종쯤 산다. 소똥구리처럼 소똥이나 말똥에 많이 꼬인다. 산에서도 살고, 강가나 바닷가 모래 속에서도 살고, 개미집에서 개미와 함께 살기도 한다.

똥풍뎅이는 산이나 들판에 있는 소똥에서 흔하게 볼 수 있다. 동물 주검이나 다른 동물 똥에서도 보인다. 봄부터 가을까지 볼 수 있다. 소똥구리와 달리 똥 경단을 안 만든다. 암컷은 소똥 속이나 소똥 밑 땅속에 알을 낳는다. 알에서 나온 애벌레는 한 달쯤 지나면 어른벌레가 된다. 온몸은 검은 밤색이고, 하얀 털이 촘촘하게 나 있다. 앞가슴등판에는 작은 홈이 잔뜩 파여 있다. 딱지날개에는 세로로 난 홈 줄이 10줄 있다.

큰점박이똥풍뎅이는 이름처럼 딱지날개에 크고 까만 점이 한 쌍 있다. 또 세로로 홈 줄이 10줄 나 있다. 수컷 머리에는 조그만 뿔이 나 있다. 들과 낮은 산에 있는 소똥이나 말똥에 날아온다. 섬에도 산다. 짝짓기를 마친 암컷은 똥 밑으로 땅을 파고 들어간다. 그리고 소똥구리처럼 작은 똥 경단을 만들어 그 속에 알을 낳는다. 알에서 나온 애벌레는 땅속에서 똥 경단을 먹다가 다 먹으면 땅 위로 올라와 땅에 남은 똥을 먹어 치운다. 여섯 달쯤 지나면 어른벌레가 된다. 어른벌레는 3~6월, 9~10월에 보인다. 우리나라에 사는 똥풍뎅이 무리 가운데 몸집이 가장 크다.

주황긴다리풍뎅이 *Ectinohoplia rufipes*

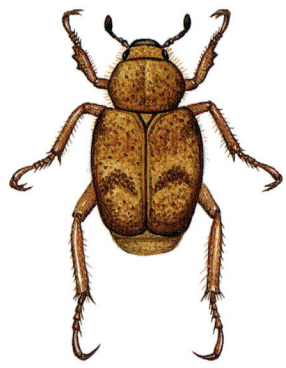

주황긴다리풍뎅이 ↕7~10mm

점박이긴다리풍뎅이 *Hoplia aureola* ↕7mm 안팎

검정풍뎅이과 검정풍뎅이아과

검정풍뎅이과 무리는 온 세계에 11000종쯤 살고, 우리나라에는 50종쯤 산다. 몸집이 작은 것부터 큰 것까지 여러 가지다. 열대 지방에 사는 것들은 몸빛이 화려한 종도 있지만, 우리나라에 사는 것들은 몸빛이 거의 거무스름하다. 산이나 들에서 살면서 어른벌레는 여러 가지 식물 잎을 갉아 먹는다. 애벌레는 식물 뿌리를 먹고 산다.

주황긴다리풍뎅이는 이름처럼 뒷다리가 길다. 딱지날개에는 흙빛 비늘이 덮여 있는데, 개체에 따라 누런 잿빛부터 주황색까지 다양한 색깔을 띤다. 손으로 만지면 비늘은 잘 벗겨진다. 또 뒷다리 발톱이 갈라지지 않는다. 4월부터 9월까지 산속 풀밭이나 숲 가장자리에서 꽃을 찾아 이리저리 날아다닌다. 6월에 가장 많이 볼 수 있다. 꽃에 앉아 꽃가루를 먹는다. 애벌레는 땅속에서 식물 뿌리를 갉아 먹고 산다. 애벌레나 어른벌레로 겨울을 난다고 한다.

점박이긴다리풍뎅이는 낮에 배나무나 사과나무, 층층나무, 찔레꽃 같은 여러 꽃에 날아와 꽃과 어린잎을 갉아 먹는다. 애벌레는 과수원 땅속에서 나무뿌리를 갉아 먹는다. 주황긴다리풍뎅이와 닮았는데, 점박이긴다리풍뎅이는 누르스름한 풀빛 비늘이 온몸을 덮고 있고, 딱지날개에 까만 점무늬가 있어 다르다. 까만 점무늬는 12개쯤 있다. 때때로 몸 비늘이 모두 벗겨져 아무 무늬도 안 보인다.

감자풍뎅이 *Apogonia cupreoviridis*

감자풍뎅이 ↕8~11mm 안팎

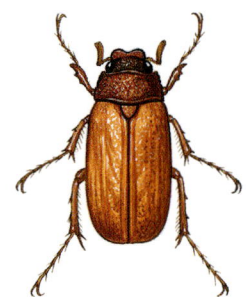

황갈색줄풍뎅이 *Sophrops striata* ↕11~14mm

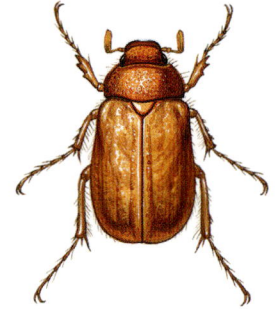

긴다색풍뎅이 *Heptophylla picea* ↕10~13mm

참검정풍뎅이 *Holotrichia diomphalia* ↕16~21mm

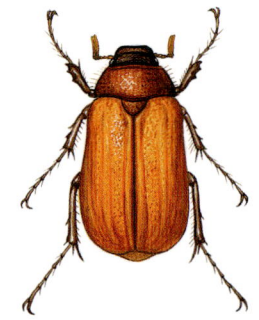

쌍색풍뎅이 *Hilyotrogus bicoloreus* ↕15~18mm

감자풍뎅이는 온 나라 산이나 들판 풀밭에서 4월부터 11월까지 볼 수 있다. 밤에 나와 돌아다니면서 넓은잎나무 잎을 갉아 먹는다. 애벌레는 땅속에서 나무나 풀뿌리를 갉아 먹는다. 밤에 불빛에 날아오기도 한다. 어른벌레로 겨울을 난다. 감자풍뎅이는 온몸이 까맣고 반짝인다. 보는 방향에 따라 풀빛이나 구릿빛이 감돈다. 더듬이는 불그스름하고 끝이 세 갈래로 갈라졌다. 딱지날개에는 세로줄이 3줄 튀어나왔고, 자잘한 홈들이 잔뜩 나 있다.

황갈색줄풍뎅이는 이름처럼 온몸이 밤빛이다. 산에서 볼 수 있다. 온몸은 밤빛인데, 머리와 앞가슴등판은 더 붉거나 검다. 앞가슴등판에는 작은 홈이 잔뜩 파여 있고 짧은 가시털이 나 있다. 딱지날개에는 세로줄이 5줄 튀어나왔다.

긴다색풍뎅이는 황갈색줄풍뎅이과 닮았는데, 긴다색풍뎅이는 머리방패 가운데가 깊게 파이지 않고 둥그렇게 보여서 다르다.

참검정풍뎅이는 산과 들에 자라는 넓은잎나무 잎을 갉아 먹는다. 밤에 불빛을 보고 날아오기도 한다. 검정풍뎅이 무리 가운데 가장 흔하게 보인다. 5~6월에 짝짓기를 마친 암컷은 땅속에 알을 낳는다. 알에서 나온 애벌레는 땅속에서 여러 가지 식물 뿌리를 갉아 먹고 과수원에 심어 놓은 배나무 뿌리도 갉아 먹는다. 땅속에서 살다가 종령 애벌레로 겨울을 난다. 이듬해 8월에 번데기가 되고 9월에 어른벌레가 된다. 그리고 어른벌레가 된 채로 땅속에서 겨울을 난다. 2년에 한 번 어른벌레로 날개돋이 해서 나온다.

쌍색풍뎅이는 산이나 숲 가장자리에서 산다. 어른벌레는 넓은잎나무 잎을 갉아 먹는다. 더듬이는 누런 밤색이고 끄트머리가 곤봉처럼 부풀었다. 딱지날개에는 아주 작은 누런 털이 줄지어 나 있다.

왕풍뎅이 가루풍뎅이 *Melolontha incana*

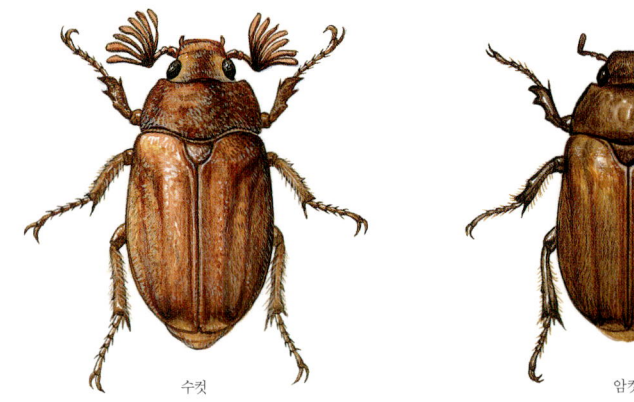

수컷　　　　　　암컷

왕풍뎅이 ↕26~33mm

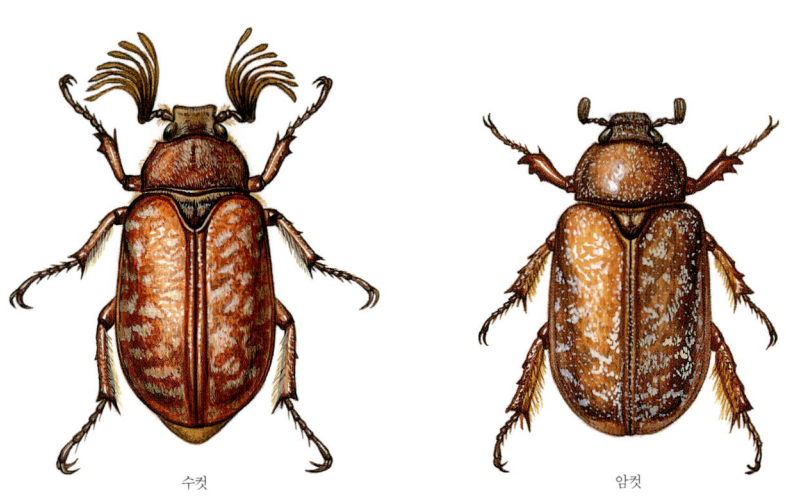

수컷　　　　　　암컷

수염풍뎅이 *Polyphylla laticollis manchurica* ↕33~37mm

검정풍뎅이과 검정풍뎅이아과

왕풍뎅이는 이름처럼 몸집이 크다. 더듬이는 10마디인데 7마디가 곤봉처럼 불거져 길다. 암컷은 더듬이가 작고, 수컷은 크다. 온몸은 붉은 밤색이고, 노랗거나 하얀 짧은 털이 빽빽하게 나 있다. 털이 다 빠지면 붉은 밤색이다. 그래서 '가루풍뎅이'라고도 한다. 앞다리 종아리마디에 가시처럼 뾰족한 돌기가 두 개 있다.

왕풍뎅이는 참나무가 자라는 숲에서 많이 산다. 어른벌레는 6~8월에 나온다. 낮에 참나무나 밤나무 잎을 갉아 먹는다. 밤에는 불빛을 보고 날아온다. 밤에 짝짓기를 마친 암컷은 땅속에 알을 낳는다. 알에서 나온 애벌레는 처음에는 썩은 가랑잎을 먹다가 시나브로 참나무나 소나무 뿌리를 갉아 먹는다. 때로는 사과나무나 복숭아나무, 배나무 뿌리를 갉아 먹기도 한다. 두 해를 넘긴 애벌레는 땅겉 가까이에서 방을 만들고 번데기가 된 뒤 어른벌레가 된다. 2년에 한 번 어른벌레가 되어 나온다.

수염풍뎅이는 검정풍뎅이 무리 가운데 몸집이 가장 크다. 온몸은 밤색이고, 허연 털 뭉치가 여기저기 나 있다. 앞가슴등판은 짧고 넓으며 짧은 털이 나 있다. 딱지날개에는 세로줄이 3줄 튀어나왔다.

수염풍뎅이는 온 나라 강가나 바닷가 모래밭에 많이 살았다. 늦봄부터 가을까지 나오는데, 6~7월에 가장 많이 볼 수 있었다. 1950년까지만 해도 많이 볼 수 있었지만, 1970년 뒤로 거의 사라져서 멸종위기종이다. 어른벌레는 밤에 여러 가지 꽃에 무리 지어 모이고, 밤에 불빛을 보고 날아오기도 한다. 애벌레는 소나무나 참나무, 사시나무 뿌리를 갉아 먹는다고 한다. 땅속에서 4년을 살다가 어른벌레가 된다고 알려졌다.

줄우단풍뎅이 *Gastroserica herzi*

줄우단풍뎅이 ↕6~8mm

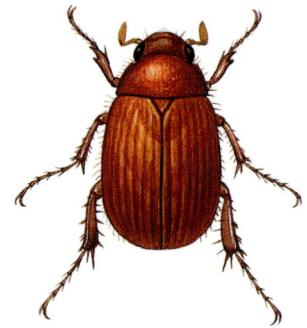

빨간색우단풍뎅이 *Maladera verticalis* ↕8~9mm

알모양우단풍뎅이 *Maladera cariniceps* ↕8~10mm

검정풍뎅이과 우단풍뎅이아과

　우단풍뎅이아과 무리는 우리나라에 30종쯤 산다. 대부분 몸길이가 10mm보다 작고, 자잘한 털이 잔뜩 나 있다. 몇몇 종을 빼면 생김새가 아주 닮아서 구별하기 어렵다.

　줄우단풍뎅이는 이름처럼 몸통에 까만 줄이 나 있다. 까만 줄무늬가 머리와 앞가슴등판에 두 줄, 딱지날개에는 가운데와 양옆에 두 줄씩 있다. 때때로 줄무늬가 없기도 하다. 하지만 개체마다 무늬나 색깔이 다르다. 줄우단풍뎅이는 앞가슴등판 앞쪽이 뚜렷하게 좁아서 다른 우단풍뎅이와 다르다. 낮에 참나무가 많이 자라는 낮은 산이나 풀밭에서 볼 수 있다. 가끔 논밭에서도 보인다. 넓은잎나무 잎에 자주 앉아 갉아 먹는다. 4월부터 10월까지 보이는데, 7월에 가장 많이 볼 수 있다. 어른벌레로 겨울을 난다고 한다.

　빨간색우단풍뎅이는 이름처럼 온몸이 빨갛다. '좀빨간풍뎅이, 좀발간우단풍뎅이'라고도 한다. 앞가슴등판 양옆 가운데에는 까만 점무늬가 있다. 딱지날개에는 잔털이 빽빽하게 나 있다. 참나무가 많이 자라는 온 나라 산이나 숲 가장자리에서 산다. 어른벌레는 5월부터 10월까지 보인다. 밤에 나와 돌아다니고 어른벌레로 겨울을 난다.

　알모양우단풍뎅이는 산속이나 들판 풀밭에 산다. 어른벌레로 흙 속이나 나무 밑동 껍질 속에서 겨울을 나고 이른 봄부터 밤에 나와 돌아다닌다. 5월에 가장 많이 보인다. 날씨가 추워지면 땅속이나 나무껍질 속에 들어가 어른벌레로 겨울을 난다. 애벌레는 땅속에서 식물 뿌리를 갉아 먹는다. 어른벌레 몸 위쪽은 까만 밤색이고, 아래쪽은 붉은 밤색이다. 등에는 하얗고 자잘한 털로 빽빽하게 덮여 있다. 딱지날개에는 홈이 파여 줄이 나 있다. 딱지날개 바깥쪽 가장자리에는 억센 털이 잔뜩 나 있다.

장수풍뎅이 *Allomyrina dichotoma*

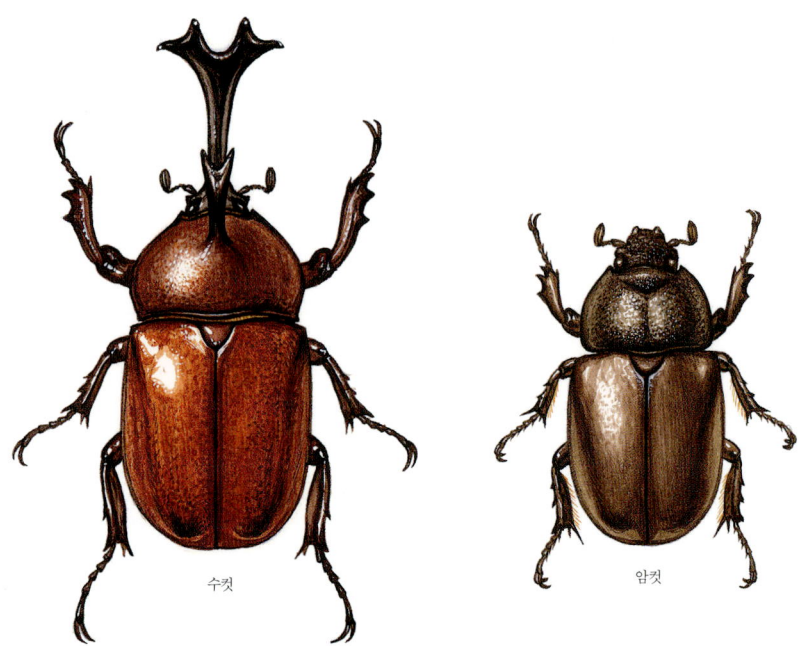

수컷 암컷

장수풍뎅이 ↕30~55mm

외뿔장수풍뎅이 *Eophileurus chinensis* ↕18~24mm

장수풍뎅이과

　장수풍뎅이과 무리는 온 세계에 2000종이 넘게 살고 있다고 한다. 거의 모든 종이 아메리카 대륙에서 산다. 우리나라에는 3종이 알려졌다.

　장수풍뎅이는 우리나라 풍뎅이 가운데 가장 크다. 수컷은 머리에 사슴뿔처럼 긴 뿔이 하나 나 있고 가슴등판에도 뿔이 나 있다. 수컷끼리 자리다툼을 하거나 암컷을 두고 싸울 때 쓴다. 암컷은 수컷보다 색이 더 짙고, 머리와 가슴등판에 뿔이 없다. 또 앞가슴등판에 Y자처럼 생긴 홈이 파였다.

　장수풍뎅이는 온 나라 넓은잎나무 숲에 산다. 7~9월에 보인다. 해가 지면 참나무에 모여들어 나뭇진을 먹고 짝짓기도 한다. 장수풍뎅이는 몸집이 커서 날 때 '부르르릉' 하고 요란한 소리가 난다. 밤에 불빛을 보고 날아와 불빛 둘레를 빙글빙글 돌며 날기도 한다. 낮에는 나무 틈이나 가랑잎 밑에 숨어 있어서 눈에 잘 띄지 않는다. 장수풍뎅이는 한여름에 짝짓기를 한다. 암컷을 만난 수컷은 암컷 뒤로 가 배를 오므렸다 폈다 하면서 '끽끽' 소리를 낸다. 그리고 암컷 날개 밑을 입으로 자극한다. 한여름에 짝짓기를 마친 암컷은 썩은 가랑잎이나 두엄 밑으로 파고 들어가 알을 한 개씩 30~100개쯤 낳는다. 알을 낳은 암컷은 곧 시름시름하다가 죽는다. 알에서 보름쯤 지나면 애벌레가 나온다. 애벌레는 가랑잎 더미 밑이나 두엄 더미 밑에서 산다. 가을에 허물을 두 번 벗고 종령 애벌레가 되어서 땅속에서 겨울잠을 잔다. 이듬해 봄에 깨서 5~6월까지 더 자란다. 다 자라면 몸길이가 100mm쯤 된다. 그러면 둥그런 번데기방을 만들고 그 속에서 번데기가 되어 보름이나 20일쯤 지나면 어른벌레가 된다. 어른벌레가 된 뒤에도 금방 안 나오고 땅속에서 열흘에서 보름쯤 머물렀다가 땅 위로 나온다. 날개돋이 한 어른 장수풍뎅이는 한 달에서 넉 달을 산다.

　외뿔장수풍뎅이는 온 나라 낮은 산에서 볼 수 있다. 장수풍뎅이보다 몸집이 작고 뿔도 작다. 보통 다른 곤충을 잡아먹지만, 장수풍뎅이처럼 참나무 같은 나무에서 흘러나오는 나뭇진을 핥아 먹기도 한다.

주둥무늬차색풍뎅이 *Adoretus tenuimaculatus*

주둥무늬차색풍뎅이 ↕9~14mm

쇠털차색풍뎅이 *Adoretus hirsutus* ↕9~12mm

풍뎅이과 풍뎅이아과

풍뎅이과에는 여러 종류 풍뎅이 무리가 딸려 있다. 줄풍뎅이 무리, 콩풍뎅이 무리, 다색풍뎅이 무리, 금줄풍뎅이 같은 무리가 있는데 그 가운데 줄풍뎅이 무리가 가장 많다. 종류는 갖가지라도 사는 모습은 다 비슷하다. 우리나라에는 줄풍뎅이 무리가 20종쯤 사는데, 종마다 특징이 서로 비슷하고, 같은 종이어도 몸빛이 저마다 달라서 서로 구별하기 힘들다. 낮은 산이나 들판에 사는데 과일나무나 마당에 심은 나무에도 많다. 여름에 주로 나와 돌아다니며 여러 가지 잎을 갉아 먹는다. 불빛에도 잘 날아온다. 어른벌레는 풀잎이나 나뭇잎을 갉아 먹고, 애벌레는 땅속에서 식물 뿌리를 갉아 먹으며 자란다.

주둥무늬차색풍뎅이는 온 나라 넓은잎나무가 자라는 들이나 낮은 산에서 산다. 도시공원에서도 보인다. 봄부터 가을까지 낮에 나와 돌아다니며 밤나무나 참나무, 오리나무, 다래나무 같은 여러 가지 넓은잎나무 잎을 잎맥만 남기고 갉아 먹는다. 애벌레는 땅속에 살면서 풀뿌리나 나무뿌리를 갉아 먹는다. 짝짓기를 마친 암컷은 땅속에 알을 낳는다. 알에서 어른이 되는 데 한두 해 걸린다. 애벌레나 어른벌레로 겨울을 난다. 딱지날개에는 작고 누르스름한 가시털로 된 점무늬가 4줄 있다. 하지만 털이 쉽게 벗겨지기 때문에 무늬가 안 보일 때도 있다.

쇠털차색풍뎅이는 주둥무늬차색풍뎅이와 닮았는데, 머리가 짙은 밤색이고, 딱지날개에 하얀 털이 빽빽하게 나 있어서 다르다. '쇠털풍뎅이'라고도 한다. 우리나라 중부와 남부 지방에서 볼 수 있다.

콩풍뎅이 *Popillia mutans*

콩풍뎅이 ↕10~15mm

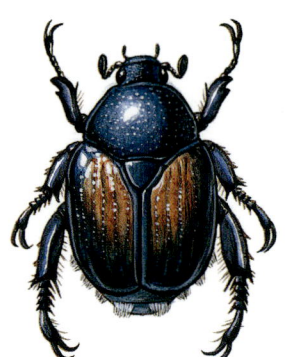

참콩풍뎅이 *Popillia flavosellata* ↕10~15mm

녹색콩풍뎅이 *Popillia quadriguttata* ↕8~11mm

풍뎅이과 풍뎅이아과

　콩풍뎅이는 산이나 들판, 논밭, 냇가에서 봄부터 늦가을까지 볼 수 있다. 8월에 가장 많이 보인다. 여러 가지 꽃에 모여 꽃가루를 먹는다. 애벌레는 식물 뿌리를 갉아 먹는다. 어른벌레로 겨울을 난다. 콩풍뎅이는 참콩풍뎅이와 아주 닮았다. 하지만 참콩풍뎅이와 달리 배 테두리에 하얀 털 뭉치가 없다. 또 뒷다리가 눈에 띄게 굵다. 배 양쪽과 끝은 날개 바깥으로 조금 튀어나온다.

　참콩풍뎅이는 배 테두리에 하얀 점이 있어서 '흰점박이콩풍뎅이'라고도 한다. 하얀 털로 된 점무늬가 배 옆구리에 다섯 쌍, 배 꽁무니에 한 쌍 있다. 딱지날개 앞쪽 가운데에 빨간 무늬가 있기도 하다. 제주도를 포함한 온 나라 산이나 들판에 산다. 4~11월까지 보이는데, 6~7월에 가장 많이 볼 수 있다. 도시에서 자라는 무궁화 꽃에도 잘 날아온다. 여러 가지 꽃에 여러 마리가 모여 꽃가루를 먹는다. 애벌레는 땅속에서 식물 뿌리를 갉아 먹는다.

　녹색콩풍뎅이는 이름처럼 앞가슴등판이 풀색으로 번쩍거린다. 하얀 털로 된 점무늬가 배 테두리에 있다. 어른벌레는 냇가나 잔디밭, 논밭에서 볼 수 있다. 4~10월까지 볼 수 있는데, 7월에 가장 많이 보인다. 애벌레는 땅속에서 풀뿌리나 작은 나무뿌리를 갉아 먹는다.

풍뎅이 *Mimela splendens*

풍뎅이 *15~21mm*

별줄풍뎅이 *Mimela testaceipes* 14~20mm

등얼룩풍뎅이 *Blitopertha orientalis* 8~13mm

연노랑풍뎅이 *Blitopertha pallidipennis* 11mm 안팎

풍뎅이과 풍뎅이아과

풍뎅이는 온몸이 풀빛으로 번쩍거린다. 가끔 푸른 보랏빛이나 붉은 보랏빛을 띠기도 한다. 앞가슴등판 양옆 가운데쯤에 쭈글쭈글한 주름이 있다. 산보다는 강이나 시냇가 둘레 풀밭에서 자주 볼 수 있다. 4~11월까지 보인다. 낮에 풀이나 벚나무, 참나무, 오리나무, 버드나무 같은 나뭇잎을 뜯어 먹는다. 애벌레는 땅속에서 식물 뿌리를 갉아 먹는다. 어른벌레가 되는 데 한두 해 걸린다.

별줄풍뎅이는 몸빛이 풀색과 노란색이 어우러져 있는데, 개체마다 조금씩 다르다. 딱지날개 양쪽에는 굵고 뚜렷한 세로줄이 넉 줄씩 있다. 풀밭이나 낮은 산에서 산다. 다른 풍뎅이보다 수가 많아서 쉽게 볼 수 있다. 해가 지고 나면 나와서 소나무, 삼나무 같은 바늘잎나무 잎을 갉아 먹는다. 아주 잘 날아서 밤에 불빛으로 날아오기도 한다. 애벌레는 땅속에서 식물 뿌리를 갉아 먹는다.

등얼룩풍뎅이와 **연노랑풍뎅이**는 서로 닮았다. 등얼룩풍뎅이는 딱지날개에 있는 까만 점무늬 2~3줄이 나 있어서 다르다. 생김새만 닮은 것이 아니라 사는 곳이나 먹이도 비슷하다. 본디 우리나라에는 연노랑풍뎅이가 아주 많고 등얼룩풍뎅이가 드물었다. 하지만 요즘은 골프장이 늘면서 잔디 뿌리를 좋아하는 등얼룩풍뎅이가 많아지고 있다.

등얼룩풍뎅이 어른벌레는 물가 둘레나 들판, 논밭, 숲 가장자리에서 산다. 5~6월에는 도시공원에서도 볼 수 있다. 낮에 나와서 나뭇잎이나 풀잎을 갉아 먹는다. 밤에 불빛을 보고 잘 날아온다. 위험을 느끼면 뒷다리를 번쩍 들어 겁을 준다. 애벌레는 땅속에서 잔디 뿌리를 갉아 먹는다. 논밭에 심은 곡식이나 채소 뿌리를 갉아 먹어서 피해를 주기도 한다. 어른벌레가 되는 데 한두 해 걸린다. 몸빛은 개체마다 많이 다르다. 온몸이 까맣기도 하고, 밤색이기도 하다. 딱지날개에 있는 까만 얼룩무늬도 저마다 다르다. 더듬이는 삼지창처럼 생겼다.

카메레온줄풍뎅이 *Anomala chamaeleon*

카메레온줄풍뎅이 색변이　　　　카메레온줄풍뎅이 ↕16mm 안팎 　　　　카메레온줄풍뎅이 색변이

카메레온줄풍뎅이 색변이 　　　　카메레온줄풍뎅이 색변이

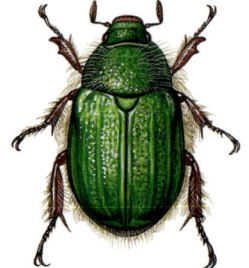

대마도줄풍뎅이 *Anomala sieversi* ↕10~12mm

풍뎅이과 풍뎅이아과

카메레온줄풍뎅이는 우리나라 줄풍뎅이 무리 가운데 가장 흔하다. 들판이나 낮은 산 풀밭이나 수풀에서 산다. 여러 가지 나뭇잎과 풀을 갉아 먹는다. 밤에 불빛에도 날아온다. 몸은 풀색, 누런 풀색, 검은 보라색까지 저마다 다르다. 애벌레는 땅속에서 식물 뿌리를 갉아 먹는다. 어른벌레 배마디 처음 세 마디 양옆에 둑처럼 생긴 이랑이 있어서 다른 종과 다르다.

대마도줄풍뎅이는 딱지날개에 세로줄이 3줄 뚜렷하게 나 있고, 자잘한 점무늬가 촘촘하게 나 있다.

호랑꽃무지 *Trichius succinctus*

호랑꽃무지 8~13mm

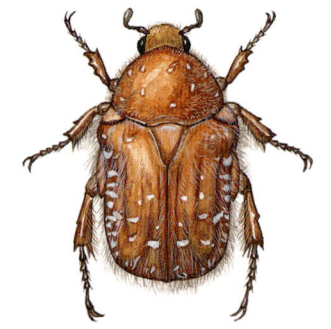

꽃무지 *Eucetonia pilifera* 14~20mm

풍이 *Pseudotorynorrhina japonica* 23~29mm

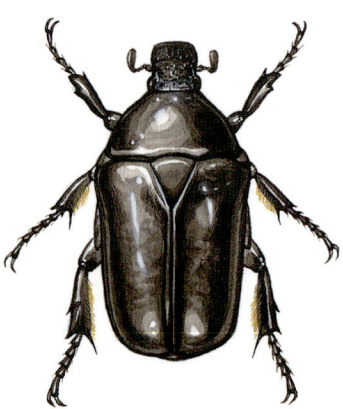

검정풍이 *Rhomborrhina polita* 27mm 안팎

꽃무지과 호랑꽃무지아과

　꽃무지과 무리는 우리나라에 20종쯤이 알려졌다. 꽃무지과 무리는 이름처럼 꽃에 날아와 꽃가루나 꿀, 꽃잎을 먹는다. 꽃무지 무리는 몸이 무거워 민들레처럼 하늘을 바라보고 피는 꽃에 잘 날아와 앉는다. 날렵하게 날지 못해서 한 꽃에 앉으면 오래도록 앉아 꽃가루를 먹는다. 잘 익은 과일도 갉아 먹는다. 애벌레 때에는 땅속에 살면서 썩은 가랑잎이나 나무 부스러기를 먹고 산다. 다른 풍뎅이들은 밤에 돌아다니는 것이 많지만 꽃무지들은 낮에 돌아다니는 것이 많다.

　호랑꽃무지는 봄부터 꽃이 피는 곳이면 어디에서든지 쉽게 볼 수 있다. 4~10월까지 보이는데, 6월에 가장 많이 보인다. 온몸은 까맣고 노란 털이 빽빽하게 나 있다. 딱지날개는 누런 밤색이고, 까만 가로무늬가 석 줄 있다. 맑은 날 낮에 꽃에 날아와 꽃가루를 먹는다. 생김새가 꼭 벌을 닮아서 천적을 피한다. 꽃을 먹다가 암컷과 수컷이 만나면 짝짓기를 한다. 짝짓기를 마친 암컷은 죽은 나무에 알을 낳는다. 애벌레는 썩은 나무속을 파먹고 산다. 어른벌레가 되는 데 한두 해 걸린다.

　꽃무지는 딱지날개에 하얀 점이 바깥 가장자리를 따라 여러 개 마주 나 있다. 어른벌레는 낮은 산과 산 둘레 풀밭에서 산다. 4월부터 여러 가지 꽃에 날아와 꽃가루를 먹는다.

　풍이는 늦봄부터 가을까지 산에서 볼 수 있다. 온몸이 구릿빛이 도는 풀색이다. 더러 보랏빛을 띠기도 한다. 낮에 참나무나 살구나무, 포도나무에 잘 모여 나뭇진을 핥아 먹는다. 잘 익은 과일에도 날아온다. 음식 쓰레기 냄새를 맡고 도시에 날아오기도 한다. 짝짓기를 마친 암컷은 썩은 나무나 볏단에 알을 낳는다. 어른벌레가 되는 데 한두 해 걸린다. 뭍에서는 잘 보이지 않고, 제주도나 섬에서는 제법 볼 수 있다.

　검정풍이는 몸이 까맣고, 가운데가슴 배 쪽에 있는 돌기가 짧고 넓다.

사슴풍뎅이 *Dicranocephalus adamsi*

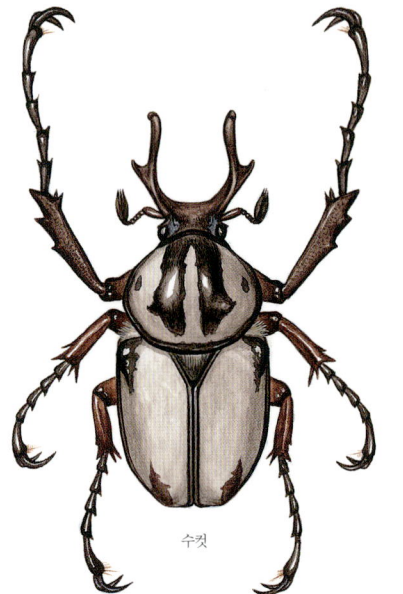
수컷

암컷

사슴풍뎅이 16~26mm

꽃무지과 꽃무지아과

　사슴풍뎅이 수컷 머리에는 사슴뿔처럼 생긴 뿔이 나 있다. 앞가슴등판에는 까만 세로줄이 두 줄 있다. 온몸은 까만데, 겉에 허연 가루가 덮여 있다. 암컷은 뿔이 없고, 온몸이 까만 붉은 밤색이다. 수컷은 앞다리가 뒷다리보다 훨씬 더 길다.

　사슴풍뎅이 어른벌레는 나뭇진이 흐르는 나무에 잘 모인다. 과일즙을 핥아 먹기도 한다. 한 나무에 여러 마리가 모이기도 한다. 위험을 느끼면 몸을 벌떡 일으키고, 기다란 앞다리를 앞으로 번쩍 들어 겁을 준다. 먹이를 먹다가 암컷과 짝짓기 하려고 수컷끼리 서로 앞다리를 들어 싸운다. 싸움에서 이긴 수컷은 긴 앞다리로 암컷을 끌어안고 짝짓기를 한다. 짝짓기를 마친 암컷은 땅으로 내려와 가랑잎을 헤치고 흙 속에 들어가 알을 낳는다. 알을 낳은 암컷은 얼마 뒤에 죽는다. 알 낳은 지 열흘쯤 지나면 애벌레가 깨어 나온다. 애벌레는 땅속에서 썩은 가랑잎이나 나무 부스러기를 먹으며 자란다. 그러다가 땅속에서 겨울을 난다. 이듬해 5월이 되면 번데기가 된 뒤 어른벌레로 날개돋이 한다.

점박이꽃무지 *Protaetia orientalis submarmorea*

점박이꽃무지 ↕16~25mm

아무르점박이꽃무지 *Protaetia famelica scheini*
↕8~10mm

흰점박이꽃무지 *Protaetia brevitarsis seulensis*
↕17~22mm

꽃무지과 꽃무지아과

　점박이꽃무지는 여름날 낮에 제법 흔하게 볼 수 있다. 들판에 피는 여러 가지 꽃이나 나뭇진, 잘 익은 과일에 날아온다. 꽃무지는 꽃에 잘 모이지만 점박이꽃무지는 꽃보다 나뭇진이 흘러나오는 나무줄기나 새가 쪼아서 흠집이 난 과일에 더 잘 모인다.

　점박이꽃무지 어른벌레는 4월부터 9월까지 온 나라에서 볼 수 있는데 6월에서 8월 사이에 가장 많이 보인다. 예전에는 짝짓기를 마친 암컷이 초가지붕 속이나 두엄 더미 속에 알을 낳았다. 두엄 더미 속은 따뜻하고 축축한 데다 먹을 것이 많아서 애벌레가 살기 좋다. 애벌레는 썩은 나무나 초가집 지붕에서 살면서 부스러기를 먹으며 자란다. 애벌레는 등에 털이 있고 다리가 짧다. 애벌레를 '굼벵이'라고 한다. 누워서 등에 난 털로 기는데 다른 굼벵이들보다 빨리 긴다. 굼벵이는 오래전부터 살아 있는 것이나 말린 것을 약으로 써 왔다. '풍이'나 '점박이꽃무지' 애벌레를 약으로 썼다. 《동의보감》에는 굼벵이를 '제로'라고 했다. 뼈가 부러졌거나 삔 데, 쇠붙이에 다친 데를 고치고 젖이 잘 나오게 한다고 나온다.

　점박이꽃무지는 풍이[150]와 생김새가 닮았다. 아이들이 흔히 '풍뎅이'라고 하면서 잡는 풍뎅이는 거의 다 '점박이꽃무지'거나 '풍이'다. 하지만 몸이 풍이보다 짧고 허연 무늬가 이리저리 흩어져 있다.

　아무르점박이꽃무지와 흰점박이꽃무지는 점박이꽃무지와 닮았다. 흰점박이꽃무지는 딱지날개에 굵고 뚜렷한 세로줄이 솟아 있다. 아무르점박이꽃무지는 딱지날개에 곰보처럼 홈이 잔뜩 나 있고, 날개 끝이 조금 뾰족하다.

풀색꽃무지 *Gametis jucunda*

풀색꽃무지 ‡12mm 안팎

풀색꽃무지 색변이

풀색꽃무지 색변이

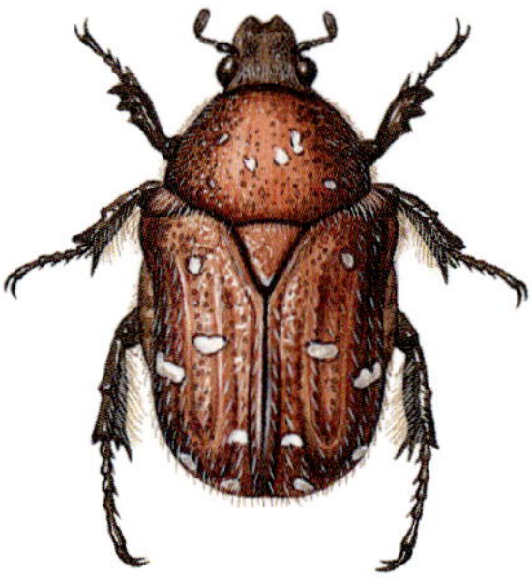

풀색꽃무지 색변이

풀색꽃무지 색변이

검정꽃무지 *Glycyphana fulvistemma* ‡11~14mm

꽃무지과 꽃무지아과

　풀색꽃무지는 몸이 짙은 풀색이고, 등은 평평하다. 때때로 붉은 밤색이나 검은색을 띠기도 한다. 앞가슴등판과 딱지날개에 누르스름한 작은 무늬들이 흩어져 있다. 가끔 딱지날개 가운데가 빨갛기도 하다. 온몸에는 누런 털이 나 있다. 머리방패 앞쪽은 V자처럼 깊게 파였다.

　풀색꽃무지는 우리나라에 사는 풍뎅이 가운데 수가 가장 많다. 어른벌레는 5월 말에서 6월 중순 사이에 가장 많이 나오고 9월부터 11월 사이에도 많이 볼 수 있다. 봄과 가을에 많이 보이고 한여름에는 드물다. 화창한 봄날이나 가을날 낮에 산과 들에 피는 온갖 꽃에 여러 마리가 모인다. 찔레나 마타리, 맥문동 같은 꽃에 많다. 또 사과나무, 배나무, 복숭아나무, 앵두나무, 포도나무, 밤나무, 귤나무 꽃에도 모여든다. 이른 봄에는 참나무에 날아와 나뭇진을 먹기도 한다. 꽃 속에 머리를 틀어박고서, 꿀도 먹고 꽃잎과 꽃술도 씹어 먹는다. 또 씨방에 흠집을 내서 열매를 떨어뜨리기도 하고, 열매가 울퉁불퉁 보기 싫게 자라게도 한다. 애벌레는 땅속에 살면서 나무뿌리나 썩은 가랑잎을 먹고, 마른 소똥도 먹는다. 한두 해 지나 봄이나 가을에 어른벌레로 날개돋이 한다.

　검정꽃무지는 풀색꽃무지와 생김새가 닮았지만, 온몸이 까맣고 딱지날개 가운데에 커다란 누런 가로무늬가 있다. 검정꽃무지는 4~10월까지 보이는데, 5월에 가장 많다. 어른벌레는 국수나무나 찔레, 개망초 꽃에 많이 날아온다.

비단벌레 *Chrysochroa fulgidissima*

비단벌레 ↕ 25~44mm

비단벌레과 비단벌레아과

　비단벌레과 무리는 온 세계에 12000종쯤이 알려졌고, 우리나라에는 80종 넘게 알려졌다. 몸빛이 비단처럼 예쁘다고 '비단벌레'다. 비단벌레 무리는 따뜻한 날씨를 좋아한다. 그래서 우리나라 남쪽 바닷가에서 많이 산다.

　비단벌레 무리 어른벌레는 낮에 돌아다닌다. 어른벌레는 왕벚나무나 팽나무, 가시나무 같은 나무에서 많이 산다. 짝짓기를 마친 암컷은 나무껍질이나 애벌레가 먹는 식물 둘레 땅속에 알을 낳는다. 거의 모든 애벌레가 나무껍질 밑에 살면서 썩은 나무를 갉아 먹는다. 애벌레는 머리가 아주 작고 눈과 다리가 없다. 몸은 하얗거나 노르스름하다. 어른벌레는 몸이 위아래로 납작하고, 앞뒤로 길쭉하다. 더듬이는 아주 짧다. 또 머리 앞쪽이 거의 반듯하다. 다른 딱정벌레는 딱지날개 밑에 속날개가 접혀 있는데, 비단벌레 무리는 속날개가 접혀 있지 않다. 딱지날개는 구릿빛이나 풀색, 파란색, 붉은색 따위를 띠는데, 쇠붙이처럼 아주 반짝거린다. 그래서 옛날 사람들은 비단벌레를 '옥충(玉蟲)'이라고 하며 잡아서 가구나 옷 장신구로 썼다. 신라 천마총에서 비단벌레 딱지날개로 꾸민 말안장이 나왔다.

　비단벌레는 7~8월 한여름에 보인다. 딱지날개에 빨간 세로 줄무늬가 두 줄 굵게 나 있다. 중부와 남부 지방, 섬에서 사는데 드물어서 거의 볼 수 없다. 어른벌레는 팽나무, 참나무, 서어나무 같은 넓은잎나무 나뭇잎을 먹는다. 햇볕이 좋은 날에는 나무 꼭대기에서 날아다니기도 한다. 지금은 천연기념물로 정해서 보호하고 있다. 짝짓기를 마친 암컷은 썩은 나무속에 알을 낳는다. 애벌레는 벚나무나 팽나무, 참나무, 서어나무, 감나무 같은 나무속에서 산다. 어른벌레가 되는 데 2~3년 걸린다.

소나무비단벌레 *Chalcophora japonica*

소나무비단벌레 24~40mm

금테비단벌레 *Scintillatrix pretiosa* 8~13mm

황녹색호리비단벌레 *Agrilus chujoi* 6~8mm

비단벌레과 비단벌레아과

소나무비단벌레는 비단벌레 무리 가운데 몸집이 크다. 온몸은 금빛 가루로 덮였는데, 오래 지나면 벗겨져서 거무스름한 구릿빛을 띤다. 앞가슴등판에 굵고 까만 세로 줄무늬가 있다. 딱지날개에는 굵고 까만 세로 줄무늬가 8개 있다. 어른벌레는 5~8월에 낮은 산이나 들판 소나무 숲에서 보인다. 위험을 느끼면 나무에서 툭 떨어져 죽은 척하거나, 날아서 도망간다. 애벌레는 소나무 껍질 속에서 산다. 어른벌레가 되는 데 3년쯤 걸린다.

금테비단벌레는 다른 비단벌레와 달리 풀숲에서 산다. 몸빛도 풀색을 띠어서 몸을 숨긴다. 딱지날개에는 세로줄이 있고, 테두리에는 빨간 무늬가 있다. 봄부터 나와 느릅나무, 사과나무, 배나무, 두릅나무 잎을 잘 갉아 먹는다. 애벌레는 나무줄기와 가지 속에서 구멍을 뚫어 가며 파먹는다.

황녹색호리비단벌레는 중부, 남부 지방 낮은 산에서 보인다. 어른벌레는 낮에 나와 돌아다니면서 칡 잎을 갉아 먹는다. 애벌레는 칡덩굴 줄기 속을 파먹는다. 딱지날개 아래쪽에 까만 무늬가 있고, 그 속에 하얀 무늬가 뚜렷하게 나 있다. 무늬 크기는 저마다 다르다.

왕빗살방아벌레 *Pectocera fortunei*

왕빗살방아벌레 ↕22~35mm

꼬마방아벌레 *Aeoloderma agnata* ↕5mm 안팎

방아벌레과 왕빗살방아벌레아과

　방아벌레과 무리는 온 세계에 9000종쯤이 산다. 우리나라에는 100종쯤 알려졌다. 방아벌레 무리는 몸이 납작하고 길쭉하며 단단하다. 방아를 찧듯이 '딱'하는 소리를 내며 튀어 올랐다가 떨어진다고 '방아벌레'다. 똑딱 소리를 낸다고 '똑딱벌레'라고도 한다. 앞가슴 배 쪽에 기다란 돌기가 있다. 앞가슴과 가운데가슴 근육을 세게 당기면, 이 돌기가 마치 지렛대처럼 당겨지면서 높이 튀어 오른다. 방아벌레는 몸이 뒤집히면 이 돌기로 튀어 올라 제자리로 몸을 뒤집는다.

　방아벌레 무리 어른벌레는 산이나 들판에서 볼 수 있다. 땅속이나 썩은 나무, 나무껍질 밑에서 산다. 나무줄기나 풀 위에 앉아 있는 일도 잦다. 더러는 개울가 모래땅에 사는 종류도 있지만 크기가 작아서 눈에 잘 띄지는 않는다. 저마다 몸 크기와 입맛이 다르다. 꽃가루나 꿀을 먹기도 하고, 진딧물 같은 작은 벌레를 잡아먹기도 한다. 밤에 나와 돌아다니고 낮에 잎 위에서 보이기도 한다. 밤에 불빛을 보고 날아오기도 한다. 애벌레는 땅속이나 나무껍질 밑, 썩은 나무속에서 산다. 몸이 길고 매끈하고 단단해서 '철사벌레'라고도 한다. 나무속을 파고 다니며 하늘소 애벌레나 거저리 애벌레, 사슴벌레 애벌레 따위를 잡아먹는다.

　왕빗살방아벌레는 우리나라에서 몸집이 가장 큰 방아벌레다. 늦은 봄에 나와 10월까지 돌아다닌다. 온 나라 낮은 산에 살면서 밤에 나와 돌아다니며 하늘소나 좀벌레 애벌레를 잡아먹는다. 밤에 불빛으로 날아오기도 한다. 위험을 느끼면 몸을 뒤집고 죽은 척하고 있다가 갑자기 '똑딱' 소리를 내며 튀어 오른다. 다 자란 애벌레로 땅속에서 겨울을 나고 이듬해 3~4월에 번데기가 되었다가 5월에 어른벌레로 날개돋이 한다.

　꼬마방아벌레는 온몸이 붉은 밤색이고 앞가슴등판에 까만 세로줄이 있다. 딱지날개에도 까만 무늬가 있다. 풀밭이나 잔디밭, 논밭 땅 위를 기어 다닌다. 땅속을 파고들기도 한다. 어른벌레로 겨울을 난다고 한다.

대유동방아벌레 *Agrypnus argillaceus*

대유동방아벌레 ↕ 14~16mm

루이스방아벌레 *Tetrigus lewisi* ↕ 22~35mm

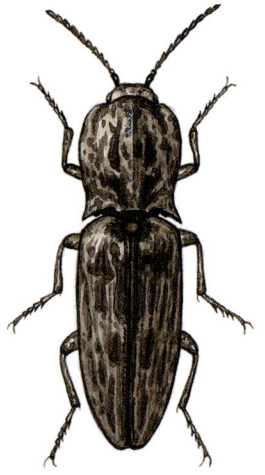

맵시방아벌레 *Paracalais berus berus*
↕ 22~30mm

녹슬은방아벌레 *Agrypnus binodulus coreanus*
↕ 12~16mm

방아벌레과 땅방아벌레아과

　　대유동방아벌레는 온몸에 진한 주홍빛 짧은 털이 잔뜩 나 있다. 더듬이와 다리는 까맣다. 머리와 앞가슴 사이에는 까만 털이 수북이 나 있다. 산에서 자라는 나뭇잎이나 풀잎 위에서 자주 보인다. 낮에 나와 큰턱으로 연한 나무껍질을 뜯어 먹는다. 또 여러 가지 애벌레를 잡아먹는다. 위험을 느끼면 잎에서 뛰어내려 거꾸로 뒤집힌 채 죽은 척한다. 그러다가 한참 지나면 톡 튀어 올라 몸을 똑바로 뒤집고 도망간다. 햇볕이 쨍쨍한 날에는 날아다니기도 한다. 애벌레는 썩은 나무속에서 산다. 한 해에 한 번 날개돋이 한다.

　　루이스방아벌레는 왕빗살방아벌레[162]만큼 몸집이 크다. 온몸은 누런 밤색이고, 빳빳한 털로 덮여 있다. 더듬이와 다리는 붉은 노란색이다. 딱지날개 뒤쪽이 좁아진다. 수컷 더듬이는 옆으로 길게 늘어난 빗살처럼 생겼고, 암컷은 톱날처럼 생겼다. 어른벌레로 겨울을 난다고 한다.

　　맵시방아벌레는 산이나 들판 소나무 숲에서 볼 수 있다. 남부 지방에서 많이 보인다. 앞가슴등판은 투구처럼 생겼고, 뒤쪽에 날카로운 돌기가 한 쌍 있다. 6~7월에 짝짓기를 하고 썩은 소나무에 알을 낳는다. 알에서 나온 애벌레는 소나무 껍질 속에서 살면서 다른 벌레를 잡아먹는다. 날씨가 추워지면 소나무 껍질 속에서 어른벌레, 나무속에서 애벌레로 겨울을 난다. 어른벌레가 되는 데 3~6년쯤 걸린다.

　　녹슬은방아벌레는 온 나라 산이나 들판에서 산다. 온몸이 녹슨 쇠붙이처럼 얼룩덜룩하다고 '녹슬은방아벌레'다. 온몸에 하얀 털과 누런 털이 얼룩덜룩하다. 앞가슴등판 뒤쪽에 짧은 돌기가 한 쌍 있다. 낮에 식물 줄기나 잎에서 지낸다. 밤에 불빛을 보고 날아오기도 한다. 애벌레는 땅속에 살면서 벌레를 잡아먹는 것 같다. 땅속에서 번데기가 된다.

크라아츠방아벌레 *Gambrinus kraatzi*

크라아츠방아벌레 ↕8~12mm

얼룩방아벌레 *Actenicerus pruinosus* ↕12~17mm

검정테광방아벌레 *Chiagosinus vittiger* ↕9~14mm

진홍색방아벌레 *Ampedus puniceus* ↕10mm 안팎

빗살방아벌레 *Melanotus legatus* ↕14~20mm

방아벌레과 주홍방아벌레아과

크라아츠방아벌레는 딱지날개에 세로로 홈이 줄지어 파여 있고, 노란 점이 한 쌍 있다. 더듬이는 빗살처럼 생겼다. 낮은 산 떨기나무 숲에서 4~5월에 볼 수 있다. 봄에 나뭇가지나 새순에서 드물게 보인다. 어른벌레로 겨울을 난다.

얼룩방아벌레는 온몸에 짧은 밤색 털이 나 있어서 얼룩덜룩해 보인다. 앞가슴 양쪽 뒤쪽 끝이 길쭉하게 늘어났다. 낮에 나와 자주 풀에 앉아 쉰다. 어른벌레로 겨울을 난다고 한다.

검정테광방아벌레는 이름처럼 앞가슴등판 가운데와 양쪽 가장자리, 딱지날개 양쪽 가장자리를 따라 까만 세로줄이 있다. 어른벌레는 숲 가장자리나 논밭, 냇가 둘레에서 보인다. 중부 지방에서는 7~8월에 보인다.

진홍색방아벌레는 머리와 앞가슴등판이 까맣고 딱지날개는 빨갛다. 온몸은 번쩍거린다. 어른벌레는 죽은 나무나 꽃에 모여든다. 이른 봄에 과수원이나 마당에 날아와 과일나무 새싹을 갉아 먹기도 한다. 짝짓기를 마친 암컷은 썩은 참나무에 알을 많이 낳는다. 애벌레는 아주 이른 봄에 죽은 나무껍질을 벗겨 보면 그 속에 숨어 있다. 애벌레는 나무껍질 밑이나 나무속을 파고 다니며 다른 벌레 애벌레를 잡아먹는다. 그러다가 나무속에서 번데기가 된다. 늦가을에 어른벌레로 날개돋이 하면 그대로 겨울잠을 잔다. 이듬해 봄에 나무를 뚫고 밖으로 나온다.

빗살방아벌레는 온몸이 반짝거리는 검은색이고, 더듬이와 다리는 밤색이다. 애벌레는 땅속이나 가랑잎 썩은 곳에서 산다. 밭에 심은 곡식이나 채소 뿌리를 갉아 먹기도 한다. 8~9월에 번데기가 된 뒤 가을에 어른벌레로 날개돋이 한다. 어른벌레로 겨울을 난다.

큰홍반디 *Lycostomus porphyrophorus*

큰홍반디 ↕15mm 안팎

수염홍반디 *Macrolycus aemulus* ↕8~13mm

고려홍반디 *Plateros koreanus* ↕6~8mm

굵은뿔홍반디 *Lyponia quadricollis* ↕7~12mm

거무티티홍반디 *Benibotarus spinicoxis* ↕4~8mm

홍반디과 홍반디아과

　홍반디과 무리는 온 세계에 3000종쯤 사는데, 거의 열대 지방에서 산다. 우리나라에는 10종이 알려졌다. 그 가운데 흔히 보이는 종은 큰홍반디, 수염홍반디, 고려홍반디, 굵은뿔홍반디, 거무티티홍반디 다섯 종이다. 몸이 붉거나 까만 것이 많다. 더듬이는 톱날처럼 생겼거나 빗살처럼 생겼다. 딱지날개에는 그물처럼 얽힌 점무늬가 있다. 얼핏 보면 반딧불이와 비슷하게 생겼고 '반디'라는 이름이 붙었지만 반딧불이와 달리 밤에 빛을 내지 못한다. 또 홍날개[206]와도 생김새가 무척 닮았다.

　홍반디과 무리는 몸이 작고 길쭉하며 빛깔이 빨갛다. 눈에 잘 띄는 색깔을 가진 것은 몸에 독을 가지고 있다고 알리는 것이다. 홍반디 무리는 사람이 나타나도 서둘러 도망치지 않는다. 손으로 잡으면 몸에서 고약한 냄새가 나고 쓴맛이 나는 물을 낸다.

　홍반디 무리는 나무가 우거진 산속에서 산다. 밤에는 쉬고 낮에만 돌아다닌다. 또 여름날 낮에 나뭇잎 위에 앉아 있는 모습을 볼 수 있다. 어른벌레는 나뭇잎이나 썩은 나무 위에서 살지만, 애벌레는 나무껍질 밑이나 썩은 나무속에서 산다. 나무껍질 속을 돌아다니면서 작은 애벌레를 잡아먹는다. 몸이 납작해서 나무껍질 속을 잘 돌아다닌다. 애벌레가 다 자라면 나무껍질 밑에서 번데기가 된다. 이듬해 늦봄에 어른벌레로 날개돋이 해서 나온다. 한 해에 한 번 어른벌레가 된다.

　큰홍반디는 가슴과 딱지날개가 빨갛고, 가슴 가운데는 까맣다. 딱지날개에 가는 세로줄이 있다. 5월부터 7월까지 보인다. 어른벌레는 풀밭이나 나무를 잘라 쌓아 놓은 곳에서 보인다. 애벌레로 겨울을 난다고 한다.

애반딧불이 *Luciola lateralis*

애반딧불이 ↕10mm 안팎

운문산반딧불이 *Hotaria papariensis* ↕8mm 안팎

반딧불이과 애반딧불이아과

반딧불이과 무리는 온 세계에 2000종쯤이 있다. 우리나라에는 애반딧불이, 늦반딧불이, 꽃반딧불이, 운문산반딧불이 같은 반딧불이가 9종쯤 산다. 애반딧불이와 운문산반딧불이는 깜박깜박 빛을 내고, 늦반딧불이[172]는 깜박이지 않고 줄곧 빛을 낸다. 운문산반딧불이 불빛이 가장 밝다. 늦반딧불이는 우리나라에 사는 반딧불이 가운데 몸집이 가장 크다. 운문산반딧불이가 가장 먼저 나타나고, 늦반딧불이가 가장 늦어 늦여름이나 가을에 나온다. 애반딧불이는 암컷과 수컷 모두 날 수 있지만, 늦반딧불이나 운문산반딧불이 암컷은 뒷날개가 없어 못 난다. 또 애반딧불이 애벌레만 물속에서 살고, 나머지 애벌레는 땅 위에서 산다.

애반딧불이는 골짜기가 있는 낮은 산이나 시골 논 둘레에서 5~7월에 볼 수 있다. 6월에 가장 많이 보인다. 우리나라 반딧불이 가운데 몸집이 가장 작다. 암컷은 꽁무니 불빛이 약하고, 수컷은 세다. 암컷은 5번째 배마디에서 빛이 나고, 수컷은 5, 6번째 배마디에서 빛이 난다. 암컷은 거의 풀잎에 앉아 있고, 수컷이 날아다닌다. 밤 9~11시 사이에 가장 많이 보인다. 암컷과 수컷이 만나면 서로 꽁무니를 맞대고 짝짓기를 한다. 짝짓기를 마친 암컷은 알을 300~500개쯤 물가 축축한 이끼에 낳는다. 알을 낳은 지 20일쯤 지나면 애벌레가 나온다. 알에서 나온 애벌레는 곧장 물속으로 들어간다. 애벌레는 물이 맑고 다슬기가 많은 냇물이나 논, 연못 바닥에서 산다. 여름 내내 다슬기나 물달팽이를 잡아먹고 큰다. 애벌레는 4번 허물을 벗고 자라다가 겨울이 되면 애벌레로 겨울잠을 잔다. 이듬해 봄에 종령 애벌레가 된 뒤 물가 흙 속으로 들어가 번데기방을 짓는다. 10일쯤 지나 5월이 되면 어른벌레로 날개돋이 한다. 어른벌레는 두 주쯤 산다.

운문산반딧불이는 애반딧불이와 닮았다. 운문산반딧불이는 앞가슴등판이 불그스름하고 가운데에 굵고 까만 줄이 없다.

늦반딧불이 *Pyrocoelia rufa*

늦반딧불이　↕15~18mm

꽃반딧불이 *Luciola kotbandia*　↕8~10mm

반딧불이과 반딧불이아과

반딧불이과 무리는 모두 꽁무니에서 빛을 낸다. 반짝반짝 빛을 낸다고 '반딧불이'다. 알, 애벌레, 번데기, 어른벌레 모두 빛을 낸다. '개똥벌레'라고도 한다. 짝짓기를 하려고 보내는 신호다. 여름밤에 여러 마리가 떼 지어 불빛을 깜박이며 난다. 풀잎에 앉아 있기도 하고 짝을 찾아 날기도 한다. 물낯에 비친 자기 꽁무니 불빛을 보고 쫓아가다가 물에 빠져 죽기도 한다. 느리게 날아서 아이들도 손으로 잡을 수 있을 정도다. 반딧불이가 내는 불빛은 뜨겁지 않아서 손으로 잡아도 괜찮다. 꽁무니 세포 속에 있는 '루시페린'이라는 물질이 '루시페라제'라는 효소 도움을 받아 산소와 화학 작용을 일으켜 빛을 낸다. 빛을 내는 데 힘을 많이 쏟기 때문에 낮에는 나뭇잎, 풀잎, 돌 밑 같은 곳에서 꼼짝 않고 쉰다.

늦반딧불이는 우리나라에서 가장 크고 가장 늦게 나오는 반딧불이다. 수컷 딱지날개에는 점무늬가 잔뜩 나 있다. 암컷은 날개가 없고 배가 커다랗다. 어른벌레는 7~9월에 보이는데, 8월에 가장 많이 보인다. 산기슭에 흐르는 맑은 개울가나 그늘진 풀숲에서 산다. 암컷은 뒷날개가 없어서 못 날아다닌다. 땅이나 풀잎에 앉아 꽁무니에서 빛을 내면 수컷이 날아와 짝짓기를 한다. 배 끝 두 마디에서 빛을 낸다. 9월 초에 짝짓기를 마친 암컷은 알을 200개쯤 낳는다. 알을 낳은 지 30일쯤 지나면 애벌레가 깨어 나온다. 애벌레는 축축한 풀밭에 살면서 달팽이를 잡아먹는다. 기온이 20도 밑으로 내려가면 땅속에 들어가 겨울잠을 잔다. 그렇게 두 해 동안 잠을 잔다. 애벌레와 번데기 모두 꽁무니에서 빛을 낸다. 어른벌레는 2주쯤 산다. 어른벌레가 되면 이슬만 먹고 거의 아무것도 안 먹는다. 그리고 짝짓기를 한 뒤 알을 낳고 죽는다.

꽃반딧불이는 앞가슴등판 양옆에 빨간 무늬가 한 쌍 있다. 숲길이나 산길 옆 풀숲에서 보인다. 어른벌레는 5~6월에 나와 낮에 날아다닌다. 다른 반딧불이와 달리 어른벌레는 빛을 반짝이지 않는다. 애벌레는 땅에서 사는데 어른벌레와 달리 희미한 빛을 낸다.

등점목가는병대벌레 *Hatchiana glochidatus*

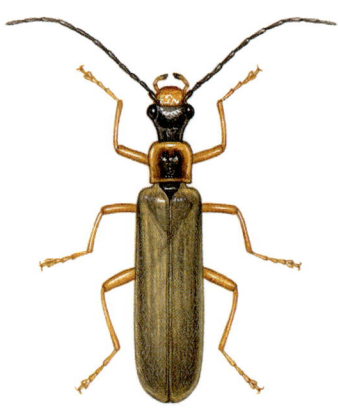

등점목가는병대벌레 ↕10~15mm

노랑줄어리병대벌레 *Lycocerus nigrimembris* ↕7~9mm

노랑줄어리병대벌레 색변이

병대벌레과 병대벌레아과

병대벌레과 무리는 우리나라에 37종이 산다고 알려졌다. 북녘에서는 잎에 사는 반딧불이라고 '잎반디'라고 한다. 하지만 반딧불이와 달리 꽁무니에서 빛을 내지는 못한다.

병대벌레과 무리는 의병벌레처럼 딱지날개가 아주 부드럽고 약하다. 몸은 가늘고 길며 납작하다. 몸은 단단하고 저마다 무늬와 몸빛이 다르다. 겹눈은 툭 튀어나왔다. 산이나 들판에서 살고, 밤에 불빛을 보고 날아오기도 한다. 어른벌레는 4월 말부터 보이는데, 거의 대부분 5~6월에 볼 수 있다. 한여름에는 잘 안 보인다. 무리를 지어서 다른 벌레를 잡아먹는다. 그래서 영어로는 '군인벌레(Soldier beetle)'라고 한다. 하지만 꽃가루를 먹는 종도 있다. 여름이 되기 전에 짝짓기를 마치고 땅에 알을 낳는다. 어른벌레는 알을 낳으면 죽는다. 알에서 나온 애벌레는 땅이나 가랑잎 더미 속에서 산다.

등점목가는병대벌레는 앞가슴등판 가운데가 불룩 튀어나왔다. 그 뒤로는 네모나게 들어갔다. 풀밭이나 논밭 둘레, 숲 가장자리에서 5~6월에 보인다. 진딧물이나 깔따구 따위를 잡아먹는다.

노랑줄어리병대벌레는 낮에 여기저기 핀 꽃을 찾아 풀밭을 날아다닌다. 가슴이 주황색인데, 가운데에 까만 큰 점이 있다. 딱지날개에 이름처럼 노란 줄이 있는데, 가끔 줄이 없기도 하다.

회황색병대벌레 *Athemus vitellinus*

회황색병대벌레 ↕9~13mm

서울병대벌레 *Cantharis soeulensis* ↕10~15mm

붉은가슴병대벌레 *Wittmercantharis vulcana* ↕6~8mm

병대벌레과 병대벌레아과

　회황색병대벌레는 온몸이 주황색이다. 가슴에는 까만 무늬가 있다. 암수 모두 앞다리와 가운뎃다리 발톱에 혹처럼 생긴 돌기가 있다. 낮은 산이나 숲 가장자리에 자라는 넓은잎 식물의 잎 아랫면에 붙어 있다. 5~6월에 볼 수 있다. 낮에 나와 나뭇잎이나 풀밭 여기저기를 돌아다니면서 진딧물, 파리, 깍지벌레, 잎벌레, 작은 나방 따위를 잡아먹는다. 먹을 것이 없으면 같은 병대벌레 무리도 잡아먹는다. 짝짓기를 마친 암컷은 땅에 내려와 흙 속에 알을 낳는다. 낳은 알은 덩어리진다. 알에서 나온 애벌레는 땅바닥이나 가랑잎 속을 돌아다니며 작은 벌레나 벌레 알을 찾아 먹는다. 애벌레 큰턱은 낫처럼 날카롭고 뾰족하다. 우선 큰턱으로 먹잇감을 잡은 뒤 큰턱을 몸속에 찔러 넣고 소화액을 집어넣는다. 그러면 먹이 몸이 흐물흐물 죽처럼 녹는다. 먹이 몸이 녹으면 큰턱으로 빨아 먹는다. 날씨가 추워지면 애벌레는 흙 속이나 돌 밑, 가랑잎 더미 속에 들어가 겨울을 난다. 이듬해 봄에 겨울잠에서 깬 애벌레는 땅속에서 번데기가 된다. 5월쯤 되면 어른벌레로 날개돋이 해서 땅 밖으로 나온다. 어른벌레는 무당벌레처럼 진딧물을 많이 잡아먹는다.

　서울병대벌레는 머리와 가슴은 주황색이고, 딱지날개는 까맣다. 하지만 개체마다 색깔이 다르다. 딱지날개가 맞닿는 곳과 테두리는 누런 밤색이다. 더듬이와 다리는 붉은 밤색이다. 들판이나 낮은 산 풀밭에서 산다. 5월에 가장 많이 보인다. 낮에 돌아다니면서 진딧물 같은 작은 벌레를 잡아먹고, 식물을 갉아 먹기도 한다.

　붉은가슴병대벌레는 회황색병대벌레와 닮았다. 하지만 붉은가슴병대벌레 머리와 앞가슴등판에 있는 까만 무늬가 더 넓다. 숲 가장자리나 냇가, 골짜기에서 보인다.

홍띠수시렁이 *Dermestes vorax*

홍띠수시렁이 7~8mm

애알락수시렁이 *Anthrenus verbasci* 2~3mm

사마귀수시렁이 *Anthrenus nipponensis* 3~4mm

수시렁이과 수시렁이아과

　수시렁이과 무리는 온 세계에 800종쯤이 살고, 우리나라에 20종쯤 산다. 몸길이가 5mm쯤 되는 작은 종들이 많다. 온몸은 아주 작은 비늘로 덮여 있다. 비늘 색깔이 군데군데 달라서 마치 무늬처럼 보인다. 더듬이는 11마디인데, 더듬이 끄트머리 마디는 크거나 굵다. 다른 딱정벌레와 달리 어른벌레 정수리에 홑눈이 한 개 있다. 애벌레는 굼벵이처럼 생겼는데, 등 쪽 마디마다 길고 빳빳한 밤색 털이 나 있다. 애벌레는 5~10번쯤 허물을 벗고 자란다. 거의 모든 수시렁이가 두 달쯤 지나면 어른벌레가 된다.

　수시렁이 무리는 어른벌레나 애벌레 모두 동물 주검이나 말린 생선, 비단옷, 털가죽, 동물 표본, 새 깃털, 벌집 따위를 갉아 먹는다. 온 세계가 서로 물건을 사고팔면서 그 물건에 붙어 다른 나라로 쉽게 옮겨 간다.

　홍띠수시렁이는 수시렁이 무리 가운데 몸집이 큰 편이다. 딱지날개 앞쪽이 넓게 붉은색을 띤다. 또 작고 까만 점무늬가 서너 쌍 있다. 어른벌레나 애벌레나 온갖 곡식을 갉아 먹기 때문에 피해를 준다. 또 동물 가죽이나 박물관 표본, 바닥 깔개, 동물성 식품 따위를 가리지 않고 먹는다. 수시렁이 무리 가운데 흔하게 보인다. 암컷은 5월에 알을 100~200개 낳는다. 알에서 나온 애벌레는 1~3달 동안 허물을 7번쯤 벗고 자란다. 홍띠수시렁이와 크기와 생김새가 똑같지만, 딱지날개 앞쪽 무늬가 잿빛 누런색을 띠면 '황띠수시렁이'다.

　애알락수시렁이는 냇가나 논밭, 마을, 숲 가장자리에서 보인다. 어른벌레는 낮에 여러 꽃에 날아와 꽃가루를 먹는다. 암컷은 바짝 마른 동물성 먹이에 알을 낳는다. 알에서 나온 애벌레는 겨울을 난 뒤 봄에 어른벌레가 된다. 딱지날개는 까만데, 하얗거나 노란 가루가 물결처럼 덮여서 무늬처럼 보인다. 손으로 만지면 가루가 벗겨진다.

　사마귀수시렁이 암컷은 사마귀 알집에 알을 낳는다. 애벌레는 사마귀 알집 속을 파먹고 자란다.

개미붙이 *Thanassimus lewisi*

개미붙이 ↕7~10mm

불개미붙이 *Trichodes sinae* ↕14~18mm

긴개미붙이 *Opilo mollis* ↕8~13mm

개미붙이과 개미붙이아과

개미붙이과 무리는 온 세계에 4000종쯤 살고, 우리나라에는 24종쯤이 알려졌다. 생김새가 개미와 닮았다고 '개미붙이'다. 어른벌레는 나무에 꼬이는 작은 벌레들을 잡아먹는다. 나무껍질 밑이나 나무속을 돌아다니면서 하늘소나 버섯벌레, 거저리 애벌레를 잡아먹는다.

개미붙이는 머리와 가슴이 까맣다. 딱지날개 위쪽은 빨갛고, 아래쪽에는 하얀 띠무늬가 있다. 온몸에는 누런 털이 빽빽하게 덮여 있다. 더듬이는 실처럼 가늘고 까맣다. 낮은 산이나 들판에서 4월부터 8월까지 볼 수 있다. 소나무를 잘라 쌓아 놓은 무더기에서 많이 보인다. 낮에 나와 재빠르게 돌아다니면서 다른 벌레를 잡아먹는다. 성질이 사납다. 애벌레는 나무껍질 밑에서 다른 곤충 애벌레를 잡아먹는다.

불개미붙이는 우리나라 개미붙이 가운데 몸집이 가장 크고 몸빛도 뚜렷하다. 온몸은 파랗고, 반짝거린다. 온몸에는 털이 나 있다. 딱지날개에는 빨간 가로무늬가 석 줄 나 있다. 어른벌레는 온 나라 논밭이나 냇가, 숲 가장자리 풀밭에서 볼 수 있다. 날씨가 맑은 낮에 들판에 핀 꽃을 이리저리 옮겨 다니며 꿀이나 꽃가루를 먹는다. 가끔 꽃에 날아온 다른 벌레를 잡아먹기도 한다. 애벌레는 벌집에 들어가 애벌레를 잡아먹는다.

긴개미붙이는 논밭이나 숲 가장자리에서 보인다. 몸이 길쭉하다. 머리와 앞가슴등판은 까맣고, 딱지날개는 누런 밤색이다. '집개미붙이'와 닮았지만, 긴개미붙이는 딱지날개에 파인 점무늬가 삐뚤빼뚤하다. '줄무늬개미붙이'와도 닮았는데, 긴개미붙이는 딱지날개 앞과 가운데에 있는 노란 무늬가 떨어져 있어서 줄무늬개미붙이와 다르다.

노랑무늬의병벌레 *Malachius prolongatus*

노랑무늬의병벌레 5mm 안팎

의병벌레과 무리는 온 세계에 4000종쯤 살고 있고, 우리나라에는 7종이 알려졌다. 어른벌레는 꽃이나 나무에 모여드는 작은 벌레들을 잡아먹는다. 대부분 숲에서 보이지만 바닷가나 갯벌에서도 보인다. 날개는 작아서 배 끝을 다 덮지 못한다.

노랑무늬의병벌레는 온몸이 풀빛을 띤 파란색이고, 번쩍거린다. 머리 앞쪽, 앞가슴등판 가장자리, 날개 끝과 다리 일부분이 노랗다. 어른벌레는 늪이나 연못, 시냇물 둘레 풀밭에서 5~6월에 보인다. 몸집은 작지만 진딧물이나 매미충, 작은 파리 같은 다른 작은 벌레를 잡아먹고, 때로는 꽃가루도 먹는다. 낫처럼 휘어진 큰턱으로 먹이를 잡아 씹어 먹는다. 애벌레는 나무껍질이나 가랑잎 더미 속을 여기저기 돌아다니면서 다른 작은 벌레를 잡아먹는다. 짝짓기 때가 되면 수컷은 풍선처럼 불룩하게 부푼 두 번째 더듬이 마디에서 냄새를 내뿜어 암컷을 부른다. 그리고 암컷이 오면 수컷 머리에서 나오는 찐득한 분비물을 암컷에게 먹인 뒤 짝짓기를 한다.

네눈박이밑빠진벌레 *Glischrochilus japonicus*

네눈박이밑빠진벌레 7~14mm

네무늬밑빠진벌레 *Glischrochilus ipsoides* 5~7mm

큰납작밑빠진벌레 *Soronia fracta* 6~9mm

밑빠진벌레과 무늬밑빠진벌레아과

밑빠진벌레과 무리는 온 세계에 2700종쯤 살고, 우리나라에 53종이 알려졌다. 딱지날개가 배마디를 다 덮지 못하고 짧아서 꼭 밑이 빠진 것처럼 보인다고 '밑빠진벌레'라는 이름이 붙었다. 대부분 몸집이 5mm가 안 될 만큼 작고 납작하며 동글동글하다. 딱지날개 무늬가 없는 종들은 눈으로 구별하기가 쉽지 않다. 대부분 몸빛이 나무껍질과 비슷해서 눈에 잘 안 띈다. 딱지날개에 불그스름한 무늬가 있는 종도 있다. 더듬이는 11마디이고, 마지막 3마디가 부풀어서 꼭 곤봉처럼 생겼다. 산이나 들판에 산다. 어른벌레나 애벌레 모두 꽃가루나 썩은 과일, 나뭇진, 동물 주검, 썩은 나무에 붙은 균류 따위를 먹고 산다. 빛이 잘 안 드는 어두운 숲속 나무에서 흐르는 나뭇진에 자주 보인다. 나뭇진에 잘 모인다고 서양에서는 '수액 먹는 딱정벌레(Sap Beetle)'라고 한다. 밤에 불빛으로 날아오기도 한다.

네눈박이밑빠진벌레는 딱지날개에 빨간 무늬 두 쌍이 양쪽으로 서로 마주 나 있다. 앞가슴등판과 딱지날개 테두리에는 짧고 하얀 털이 나 있다. 넓은잎나무 숲에서 볼 수 있다. 나무 틈이나 구멍에 숨어 있다가 밤에 나와서 나뭇진을 먹는다. 애벌레로 겨울을 난다고 한다.

네무늬밑빠진벌레는 네눈박이밑빠진벌레와 닮았다. 네무늬밑빠진벌레는 몸 크기와 큰턱이 더 작다. 어른벌레는 넓은잎나무에서 흘러나오는 나뭇진을 먹는다. 애벌레는 땅속으로 들어가 번데기가 된다.

큰납작밑빠진벌레는 몸이 알처럼 둥글지만 위아래로 납작하다. 딱지날개에 누런 무늬들이 있다. 수컷은 앞다리 종아리마디 앞쪽이 넓고 안쪽으로 구부러졌다. 어른벌레는 넓은잎나무 숲에서 보인다. 어른벌레와 애벌레 모두 참나무나 너도밤나무에 흐르는 나뭇진에 잘 꼬인다. 밤에 나와 돌아다닌다. 애벌레는 땅속으로 들어가 번데기가 된다.

끝검은방아벌레붙이 *Anadastus praeustus*

끝검은방아벌레붙이 ↕11mm 안팎

석점박이방아벌레붙이 *Tetralanguria collaris*
↕12mm 안팎

붉은가슴방아벌레붙이 *Anadastus atriceps*
↕5~6mm

대마도방아벌레붙이 *Tetralanguria fryi*
↕11~13mm

방아벌레붙이과 방아벌레붙이아과

　방아벌레붙이과 무리는 온 세계에 400종쯤 살고, 우리나라에 7종이 알려졌다. 몸은 가늘고 길다. 온몸은 쇠붙이처럼 반짝거리고, 몸 끝과 발목마디를 빼고는 털이 없다. 더듬이는 11마디인데, 위쪽 3~6마디는 곤봉처럼 부풀어 올랐다. 머리 뒤쪽과 뒷날개에 소리를 내는 판이 있다. 그래서 머리와 앞가슴, 뒷날개와 딱지날개를 비벼서 소리를 낸다.

　끝검은방아벌레붙이는 산속 풀밭이나 숲 가장자리에서 보인다. 딱지날개 끝과 다리마디가 까맣다.

　석점박이방아벌레붙이는 산길이나 숲 가장자리에서 보인다. 딱총나무에서 자주 보인다. 짝짓기를 마친 암컷은 딱총나무 줄기에 구멍을 뚫고 알을 낳는다. 알에서 나온 애벌레는 줄기 속을 파먹으며 큰다.

　붉은가슴방아벌레붙이는 석점박이방아벌레붙이와 닮았다. 석점박이방아벌레붙이는 앞가슴등판에 점이 3개 있는데, 붉은가슴방아벌레붙이는 없다. 또 넓적다리마디가 빨갛다.

　대마도방아벌레붙이도 석점박이방아벌레붙이와 닮았다. 석점박이방아벌레붙이는 더듬이 끄트머리 네 마디가 곤봉처럼 부풀었는데, 대마도방아벌레붙이는 더듬이 끄트머리 다섯 마디가 곤봉처럼 부풀었다.

털보왕버섯벌레 *Episcapha fortunii*

털보왕버섯벌레 ↕9~13mm

톱니무늬버섯벌레 *Aulacochilus decoratus* ↕5~7mm

버섯벌레과 가는버섯벌레아과

　버섯벌레과 무리는 온 세계에 2500종쯤이 살고, 우리나라에는 25종쯤이 알려졌다. 이름처럼 버섯벌레 무리는 썩은 나무나 나무뿌리에서 자라는 버섯을 먹고 산다. 버섯이 자라는 산이나 들판에서 볼 수 있다. 저마다 생김새나 크기, 몸빛이 다르다. 밤에 불빛으로 날아오기도 한다. 버섯벌레 무리는 더듬이 마지막 세 마디가 곤봉처럼 부풀었다.

　털보왕버섯벌레는 죽은 참나무에서 자라는 버섯에서 볼 수 있다. 어른벌레나 애벌레나 나무에 돋은 버섯을 파먹고 산다. 그래서 버섯을 키우는 농가에 피해를 주기도 한다. 밤에 불빛을 보고 날아오기도 한다. 날씨가 추워지면 죽은 참나무 나무껍질 밑에서 어른벌레가 여러 마리 모여 겨울을 난다. 딱지날개에는 주황색 톱니무늬가 있다. 노랑줄왕버섯벌레[190]와 닮았는데, 털보왕버섯벌레는 딱지날개에 있는 무늬가 빨개서 다르다. 노랑줄왕버섯벌레는 무늬가 누렇다. 모라윗왕버섯벌레[190], 고오람왕버섯벌레[190]와도 똑 닮아서 겉모습만으로 구별하기가 어렵다.

　톱니무늬버섯벌레는 딱지날개에 빨간 무늬가 마치 톱니처럼 나 있다. 낮은 산에서 자라는 버섯이나 나무껍질 틈에서 산다. 위험을 느끼면 다리와 더듬이를 숨기고 웅크린 채 꼼짝을 하지 않는다. 수컷이 암컷을 만나면 암컷 등에 올라타 짝짓기를 한다. 짝짓기가 끝나면 수컷은 곧 죽고, 암컷은 버섯갓 밑에 있는 주름 사이에 알을 낳은 뒤 죽는다. 알에서 나온 애벌레는 버섯을 먹고 자란다. 다 자란 애벌레는 버섯 속에서 번데기가 된 뒤 2주쯤 지나면 어른벌레로 날개돋이 한다. 날씨가 추워지면 나무껍질 밑에서 어른벌레로 겨울을 난다.

모라윗왕버섯벌레 *Episcapha morawitzi*

모라윗왕버섯벌레 ↕11~14mm

고오람왕버섯벌레 *Episcapha gorhami* ↕11~15mm

노랑줄왕버섯벌레 *Episcapha flavofasciata* ↕14~32mm

버섯벌레과 가는버섯벌레아과

　모라윗왕버섯벌레는 나무에 돋은 여러 가지 버섯을 가리지 않고 먹고 산다. 새로 막 돋은 버섯을 즐겨 먹는다. 튼튼한 큰턱으로 딱딱한 버섯도 잘 갉아 먹는다. 위험을 느끼면 나무껍질 틈으로 숨는다. 또 손으로 건드리면 역겨운 냄새를 내뿜는다. 짝짓기를 마친 암컷은 참나무 껍질 틈이나 밑, 버섯 균사체에 알을 낳는다. 열흘쯤 지나면 알에서 애벌레가 깨어 나온다. 애벌레도 나무껍질 틈이나 밑을 돌아다니며 버섯을 파먹고 산다. 배 끝에는 갈고리처럼 생긴 날카로운 꼬리돌기가 한 쌍 있다. 다 자란 애벌레는 나무껍질 밑에서 번데기가 된 뒤 2주쯤 지나면 어른벌레로 날개돋이 한다. 어른벌레로 겨울을 나고, 이듬해 봄에 짝짓기를 하고 알을 낳은 뒤 죽는다.

　모라윗왕버섯벌레는 '고오람왕버섯벌레', '노랑줄왕버섯벌레'와 생김새나 사는 모습, 먹는 버섯이 아주 닮았다. 모라윗왕버섯벌레는 맨눈으로 보면 털이 없어 보이고, 딱지날개 어깨에 있는 까만 점무늬가 빨간 무늬에 전부 감싸이지 않는다. 또 겹눈이 작고 그 사이는 넓다. 고오람왕버섯벌레는 맨눈으로 보면 짧은 털이 나 있다. 눈은 크고 그 사이는 좁다. 노랑줄왕버섯벌레는 딱지날개 어깨에 있는 까만 점무늬가 누런 무늬에 완전히 둘러싸여 있다. 살아 있을 때에는 딱지날개 무늬가 누렇지만 죽으면 붉은 밤색으로 바뀐다.

무당벌레붙이 *Ancylopus pictus asiaticus*

무당벌레붙이 5mm 안팎

무당벌레붙이과 어리무당벌레붙이아과

　무당벌레붙이과 무리는 우리나라에 4종이 알려졌다. 무당벌레와 생김새가 닮았지만, 더듬이가 더 길다. 산이나 들판에서 볼 수 있다. 밤에 불빛으로 날아오기도 한다.

　무당벌레붙이는 몸이 까맣고, 앞가슴등판과 딱지날개는 빨갛다. 딱지날개에는 까만 무늬가 있고, 딱지날개가 맞붙는 곳이 까맣다. 낮에 풀밭이나 숲 가장자리, 낮은 산에서 볼 수 있다. 3~10월까지 보인다. 밤에는 불빛으로 날아온다. 나무에 돋는 버섯이나 곰팡이를 먹고 산다. 몸이 납작해서 나무 틈에 잘 숨는다. 날씨가 추워지면 썩은 나무껍질이나 돌 밑에서 어른벌레로 겨울잠을 잔다.

남생이무당벌레 *Aiolocaria hexaspilota*

남생이무당벌레 ↕10mm 안팎

꼬마남생이무당벌레 *Propylea japonica*
↕4mm 안팎

큰꼬마남생이무당벌레 *Propylea quatuordecimpunctata*
↕5mm 안팎

무당벌레과 무당벌레아과

　무당벌레과 무리는 온 세계에 5000종쯤이 살고, 우리나라에는 90종쯤 산다. 산이나 들판에 살고, 밤에 불빛으로 날아오기도 한다. 대부분 진딧물이나 나무이, 뿌리혹벌레, 깍지벌레 따위를 잡아먹는다. 30종이 진딧물을 잡아먹고, 13종이 깍지벌레를 많이 잡아먹는다. 애벌레도 진딧물을 많이 잡아먹는다.

　남생이무당벌레는 우리나라에 사는 무당벌레 가운데 가장 크다. 남생이처럼 딱지날개에 한자로 '갑(甲)' 자처럼 생긴 무늬가 있어서 남생이무당벌레라고 한다. 온 나라에서 한 해 내내 볼 수 있는데 봄과 가을에 많이 보인다. 들판이나 마을 둘레, 낮은 산에 자라는 버드나무에서 많이 보인다. 낮에 나와 돌아다니면서 어른벌레나 애벌레 모두 호두나무잎벌레나 버들잎벌레[262] 애벌레, 진딧물, 깍지벌레 따위를 잡아먹는다. 사과나무나 배나무에서 즙을 빨아 먹는 '배나무이'를 잡아먹기도 한다. 이렇게 여러 가지 벌레를 잡아먹다 보니 산에서도 볼 수 있지만, 밭이나 과수원에서도 볼 수 있다. 짝짓기를 마친 암컷은 애벌레 먹이가 있는 나뭇잎 뒷면에 알을 40~50개쯤 낳는다. 애벌레는 두 주만에 다 자라서 잎 뒷면에 거꾸로 매달려 번데기가 된다. 갓 날개돋이 한 어른벌레는 두세 시간 지나야 몸빛을 띤다. 날씨가 추워지면 어른벌레는 무당벌레와 함께 무리를 지어 겨울을 난다. 이듬해 4월이 되면 밖으로 나와서 짝짓기를 한다. 손으로 건드리면 다리 마디에서 빨간 물을 내뿜는다.

　꼬마남생이무당벌레는 낮은 산과 들에서 봄부터 가을까지 보인다. 머리는 까맣고, 하얀 점무늬가 세 개 있다. 앞가슴등판도 까맣고, 하얀 테두리가 있다. 딱지날개 무늬는 저마다 다른데, 까만 무늬가 마치 닻처럼 생긴 것이 많다. 어른벌레나 애벌레나 낮에 나와 돌아다니며 진딧물을 잡아먹는다. 겨울이 되면 나무껍질 밑에 여러 마리가 모여 겨울잠을 잔다.

　큰꼬마남생이무당벌레는 높은 산에 많이 산다. 딱지날개에 붉은 점무늬가 나 있다.

달무리무당벌레 *Anatis halonis*

달무리무당벌레 ↕7~9mm

긴점무당벌레 *Sospita oblongoguttata nipponica*
↕8mm 안팎

네점가슴무당벌레 *Calvia muiri*
↕4~5mm

십이흰점무당벌레 *Vibidia duodecimguttata*
↕3~4mm

노랑무당벌레 *Illeis koebelei*
↕3~5mm

홍점박이무당벌레 *Chilocorus rubidus*
↕5~7mm

무당벌레과 무당벌레아과

　　달무리무당벌레는 딱지날개에 하얗고 동그란 점무늬 안에 까만 점무늬가 나 있다. 이 무늬가 꼭 달무리처럼 보인다고 '달무리무당벌레'라는 이름이 붙었다. 봄부터 여름 들머리까지 온 나라 낮은 산에 자라는 소나무 숲에서 보인다. 어른벌레나 애벌레 모두 소나무 순에 붙은 왕진딧물을 잡아먹는다. 짝짓기를 마친 암컷은 나무껍질이 파인 곳에 알을 15~20개쯤 낳는다. 한 해에 한 번 날개돋이 한다. 날씨가 추워지면 어른벌레로 겨울을 난다.

　　긴점무당벌레는 이름처럼 딱지날개에 하얗고 길쭉한 무늬가 있다. 소나무가 많이 자라는 온 나라 낮은 산이나 들에서 산다. 이른 봄부터 낮에 나와 나뭇잎이나 줄기에 붙은 진딧물을 잡아먹는다. 날씨가 추워지면 어른벌레는 가랑잎 밑으로 들어가 겨울을 난다.

　　네점가슴무당벌레는 앞가슴등판에 하얀 점무늬가 4개 있다. 산이나 숲 가장자리에서 보인다. 진딧물이나 다른 벌레 알을 먹는다.

　　십이흰점무당벌레는 네점가슴무당벌레와 닮았다. 십이흰점무당벌레는 앞가슴등판에 하얀 점이 2개 있다. 딱지날개에는 하얀 무늬가 12개 있다. 숲 속 풀밭에서 4월부터 9월까지 보이는데, 5~6월에 많이 볼 수 있다. 풀 줄기를 오르내리며 진딧물을 잡아먹는다.

　　노랑무당벌레는 머리와 가슴은 하얗고, 딱지날개는 노랗다. 가슴과 딱지날개가 붙는 곳에 까만 점이 두 개 있다. 마을 둘레나 논밭, 냇가, 숲 가장자리에서 3월부터 10월까지 보인다. 어른벌레는 꽃에 날아와 진딧물, 깍지벌레, 잎진드기 따위를 잡아먹는다. 어른벌레로 겨울을 난다.

　　홍점박이무당벌레는 몸이 까맣고, 딱지날개에 빨간 점무늬가 한 쌍 있다. 제주도를 뺀 온 나라에서 3~11월에 보인다. 깍지벌레를 잡아먹고, 어른벌레로 겨울을 난다.

칠성무당벌레 칠점박이무당벌레 *Coccinella septempunctat*

칠성무당벌레 ↕6~7mm

십일점박이무당벌레 *Coccinella ainu*
↕5mm 안팎

노랑육점박이무당벌레 *Oenopia bissexnotata*
↕3~4mm

칠성무당벌레는 주홍빛 딱지날개에 크고 뚜렷한 까만 점이 일곱 개 있다. 그래서 예전에는 '칠점박이무당벌레'라고 했다. 이른 봄부터 가을까지 진딧물이 있는 곳이면 온 나라 어디서나 쉽게 볼 수 있다. 우리나라에서 가장 흔하게 보이는 무당벌레다. 어른벌레가 사는 곳에는 까맣고 길쭉한 애벌레가 많다. 애벌레와 어른벌레 생김새는 다르지만 모두 진딧물을 잡아먹고 산다. 고추나 보리 같은 채소와 곡식, 사과나무나 배나무 같은 과일나무에 꼬이는 진딧물을 잡아먹는다. 애벌레로 두 주쯤 사는데 애벌레 한 마리가 진딧물을 400~700마리쯤 잡아먹는다. 머리에는 큰턱이 있다. 이 큰턱으로 먹이를 물거나 씹어 먹는다.

칠성무당벌레는 한 해에 너덧 번까지도 날개돋이 한다. 한 해에 한 부모로부터 아들, 손자, 증손자, 고손자까지 태어나는 셈이다. 봄이 되면 짝짓기를 해서 알을 낳는다. 알은 진딧물이 많은 곳에 30~40개쯤 무더기로 낳는다. 알을 낳은 지 사나흘쯤 지나면 애벌레가 깨어난다. 애벌레는 두 주 동안 허물을 네 번 벗고 번데기가 된다. 번데기는 일주일쯤 지나면 어른벌레가 된다. 겨울이 되면 어른벌레는 가랑잎 밑이나 돌 틈, 건물 틈새에 모여 겨울을 난다.

십일점박이무당벌레는 딱지날개 뒤쪽에 있는 무늬 4개가 아주 크고 네모나게 늘어서 있으며, 어깨와 작은방패판 사이에 작은 무늬가 한 개씩 있다.

노랑육점박이무당벌레는 까만 딱지날개에 노란 점무늬가 등에 4쌍, 가장자리에 2쌍, 이렇게 모두 12개 있다. 머리 앞쪽도 노랗고, 앞가슴등판에도 노란 무늬가 3개 있다. 산이나 숲 가장자리에서 산다. 어른벌레는 4월부터 11월까지 보인다. 어른벌레와 애벌레 모두 나무 위를 돌아다니며 진딧물 같은 작은 벌레를 잡아먹는다. 위험을 느끼면 다리 마디에서 고약한 냄새가 나는 물이 나온다. 날씨가 추워지면 썩은 나무속이나 나무껍질 밑에 들어가 어른벌레로 겨울을 난다.

무당벌레 *Harmonia axyridis*

무당벌레 ↕5~8mm

무당벌레 색변이

무당벌레 색변이

무당벌레 색변이

무당벌레 색변이

무당벌레과 무당벌레아과

　무당벌레는 온 나라 산속 풀밭이나 들판에서 보인다. 봄부터 가을까지 진딧물이 사는 곳이면 어디서나 볼 수 있다. 어른벌레나 애벌레 모두 진딧물을 많이 잡아먹는다. 한 마리가 하루에 150마리가 넘는 진딧물을 잡아먹는다.

　무당벌레는 저마다 딱지날개에 찍힌 점무늬 숫자가 다르고, 딱지날개 빛깔도 여러 가지다. 딱지날개가 주황색, 노란색이고 까만 점무늬가 찍히기도 하고, 까만 바탕에 빨간 점무늬가 찍히기도 하고, 까만 바탕에 노란 점무늬가 있기도 하고, 딱지날개가 주황색인데 아무 점무늬가 없기도 하다. 점무늬가 2개, 4개, 12개, 16개, 19개 있기도 하다. 앞가슴등판은 하얗고, 까만 점무늬가 있다.

　무당벌레는 위험을 느끼면 몸을 움츠리고 죽은 척 가만히 있다가, 다리와 입에서 고약한 냄새가 나는 노란 물을 내뿜는다. 이 물에는 '코치넬린'이라는 독이 들어 있어서 새나 다른 동물이 잡아먹으면 곧장 토해 낸다. 겨울이 되면 바람을 피할 수 있는 바위 밑이나 가랑잎 더미 속, 나무껍질 속, 때로는 따뜻한 집 안에 수십 수백 마리가 모여 겨울을 난다.

　무당벌레는 한 해에 3번쯤 날개돋이를 한다. 알에서 어른벌레가 되는 데 한 달쯤 걸린다. 짝짓기를 마친 암컷은 진딧물이 꼬인 식물에 알을 20~70개 무더기로 낳는다. 이렇게 몇 번을 되풀이해 낳는다. 알은 쌀알처럼 길쭉하고 노르스름하다. 사나흘쯤 지나면 알에서 애벌레가 깨어 나온다. 애벌레는 번데기가 될 때까지 진딧물을 잡아먹는다. 다 자란 애벌레는 잎에 배 끝을 붙이고 번데기가 된다. 개미나 침노린재 같은 벌레가 번데기를 잡아먹으러 가까이 다가오면, 번데기가 윗몸일으키기를 하듯이 움직여 겁을 준다. 애벌레는 2~3주 만에 어른벌레로 날개돋이 한다. 어른벌레는 높은 곳 꼭대기로 올라가 날아가고는 한다. 밤에 불빛으로 날아오기도 한다.

큰이십팔점박이무당벌레 *Henosepilachna vigintioctomaculata*

큰이십팔점박이무당벌레 6~8mm

무당벌레과 무당벌레붙이아과

  큰이십팔점박이무당벌레는 다른 무당벌레보다 등이 높고, 아주 짧은 흰 털이 온몸을 덮고 있다. 딱지날개는 붉은 밤색인데 까만 점이 스물여덟 개 나 있다. '이십팔점박이무당벌레'도 마찬가지다. 큰이십팔점박이무당벌레와 이십팔점박이무당벌레는 생김새가 아주 닮았고, 둘 다 밭에 심어 놓은 감자나 가지 잎에 많다. 이십팔점박이무당벌레는 몸집이나 딱지날개 무늬가 큰이십팔점박이무당벌레보다 더 작다.

  큰이십팔점박이무당벌레는 한 해에 세 번 어른벌레로 날개돋이 한다. 봄에는 5월 말쯤 알을 낳고, 6월 말이면 어른벌레로 날개돋이 한다. 이 어른벌레가 다시 알을 낳으면 9월쯤 다시 날개돋이 한다. 다시 이 어른벌레가 알을 낳으면 늦가을에 또 날개돋이 한다. 이때 나온 어른벌레는 가랑잎 속에서 겨울을 난다. 봄이 되면 나와서 짝짓기를 하고 암컷이 잎 뒤에 알을 낳고 죽는다. 한 자리에 30개씩 모두 400~500개쯤 낳는다. 나흘쯤 지나면 알에서 애벌레가 깨어난다. 애벌레 몸에는 나뭇가지처럼 갈라진 까만 가시가 나 있다. 애벌레는 두세 주 동안 허물을 세 번 벗은 뒤 잎 뒤에 꽁무니를 붙이고 번데기가 된다. 번데기가 된 지 5일쯤 지나서 어른벌레가 날개돋이 해서 나온다. 어른벌레는 한 달 보름쯤 살다가 짝짓기를 하고 알을 낳고 죽는다. 여름이 다가오면 알과 애벌레, 번데기가 한꺼번에 보인다.

  다른 무당벌레들은 진딧물이나 식물에서 자라는 균사체를 먹지만, 큰이십팔점박이무당벌레는 잎벌레처럼 식물을 갉아 먹는다. 사람이 기르는 채소 잎을 많이 갉아 먹는다. 잎을 갉아 먹은 자리는 처음에는 하얗다가 시나브로 누렇게 되면서 말라 죽는다. 애벌레는 감자 잎을 아주 좋아해서 잎맥만 남기고 몽땅 갉아 먹는다.

녹색하늘소붙이 *Chrysanthia integricollis*

녹색하늘소붙이 ↕5~7mm

노랑하늘소붙이 *Xanthochroa luteipennis*
↕9~13mm

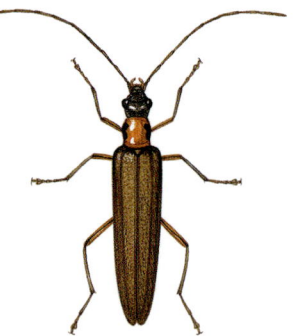

아무르하늘소붙이 *Oedemera amurensis*
↕9mm 안팎

잿빛하늘소붙이 *Eobia cinereipennis cinereipennis*
↕7~12mm

하늘소붙이과 하늘소붙이아과

하늘소붙이과 무리는 우리나라에는 25종쯤 알려졌다. 생김새가 하늘소와 닮았다고 '하늘소붙이'다. 산에서 많이 보인다. 밤에 불빛으로 날아오기도 한다. 하늘소붙이과 무리는 저마다 몸에 난 무늬와 몸빛이 여러 가지다. 앞가슴은 길다. 앞다리 종아리마디 끝에 가시가 두 개 있다. 더듬이는 11마디다. 수컷 뒷다리 넓적마디는 굵지 않다. 어른벌레는 꽃가루를 먹고, 애벌레는 썩은 나무속을 파먹는다. 딱지날개는 하늘소보다 부드럽다. 손으로 누르면 말랑말랑하다.

녹색하늘소붙이는 이름처럼 온몸이 녹색이다. 4~5월에 여러 꽃에 날아와 꽃가루를 먹고 산다.

노랑하늘소붙이는 딱지날개가 노랗고 노란 털들이 빽빽하게 나 있다. 머리와 앞가슴등판, 다리는 까맣다. 온 나라 산속 풀밭에서 보인다. 여러 가지 꽃에 모여들어 꽃가루를 먹는다. 밤에 불빛으로 날아오기도 한다. 짝짓기를 마친 암컷은 썩은 바늘잎나무에 알을 낳는다. 애벌레는 썩은 나무속을 파먹고 산다. 그러다가 나무속에서 번데기가 된다.

아무르하늘소붙이는 산에서 흔히 볼 수 있다. 여러 꽃에 모여 가위처럼 생긴 큰 턱을 벌렸다 오므렸다 하면서 꽃가루를 씹어 먹는다. 이 꽃 저 꽃을 날아다닌다.

잿빛하늘소붙이는 머리가 까맣고, 다리와 앞가슴등판은 붉은 밤색이다. 앞가슴등판 가운데에 세로줄로 홈이 나 있다. 딱지날개는 잿빛이고, 세로줄이 나 있다. 더듬이는 몸길이만큼 길다. 어른벌레는 6~7월에 보인다. 낮은 산과 들판 넓은잎나무 숲에서 산다. 밤에 불빛으로 날아온다.

애홍날개 *Pseudopyrochroa rubricollis*

애홍날개 ↕6~9mm

홍날개 *Pseudoyrochroa rufula*
↕7~10mm

홍다리붙이홍날개 *Pseudopyrochroa lateraria*
↕10mm 안팎

홍날개과 홍날개아과

　홍날개과 무리는 온 세계에 200종쯤이 살고, 우리나라에는 8종이 알려졌다. 홍날개는 홍반디[168]와 생김새가 닮았다. 몸이 붉거나 까만 것도 닮았고, 더듬이가 톱날이나 빗살처럼 생긴 것도 닮았다. 홍반디는 몸이 무르고 납작한데, 홍날개는 단단하고 원통꼴에 가깝다. 자세히 톺아보면 홍반디는 머리가 가슴 밑에 숨어 있는데, 홍날개는 가슴 밖으로 쭉 나와 있다. 그래서 머리, 가슴, 배가 뚜렷이 보인다. 홍반디 앞가슴등판은 여기저기 홈이 움푹움푹 파였는데, 홍날개 앞가슴등판은 홈이 안 파이고 밋밋하다. 홍날개는 자기 몸을 지킬 무기가 없다. 그래서 몸에서 독이 나오는 홍반디를 흉내 내서 천적을 피한다.

　홍날개나 홍반디나 둘 다 숲이나 등산로 둘레에서 볼 수 있다. 애벌레도 모두 나무껍질 밑이나 썩은 나무속에서 산다. 하지만 홍반디는 나뭇잎이나 꽃 위에서 자주 보이고, 홍날개는 죽은 나무에서 자주 보인다. 밤에 불빛으로 날아오기도 한다. 또 몇몇 종 수컷 어른벌레는 가뢰 몸에서 나오는 독물인 '칸타리딘'을 얻으려고 가뢰 몸에 붙는다.

　애홍날개는 4~5월에 숲 가장자리나 낮은 산에서 보인다. 낮에 돌아다니고, 밤에 불빛으로 가끔 날아온다. 홍날개와 닮았지만, 애홍날개는 크기가 더 작고, 앞가슴등판이 빨개서 다르다.

　홍날개는 3~5월에 온 나라 낮은 산이나 풀밭을 돌아다니면서 파리나 나무좀, 밑빠진벌레 같은 작은 벌레를 잡아먹고, 꽃가루도 먹는다. 짝짓기 때가 되면 수컷은 가뢰에 붙어, 가뢰 몸에서 나오는 칸타리딘이라는 물질을 핥아 먹는다. 이 칸타리딘을 얻은 수컷만 암컷과 짝짓기를 할 수 있다. 짝짓기 할 때 수컷이 이 독물을 암컷에게 건네준다. 짝짓기를 마친 암컷은 소나무나 아까시나무 나무껍질 밑에 알을 낳는다. 나무껍질 밑에서 애벌레로 살다가 종령 애벌레로 겨울을 난다. 2월쯤에 번데기가 되고, 4월 초에 어른벌레로 날개돋이 한다.

　홍다리붙이홍날개는 앞가슴등판이 까맣다. 숲에서 볼 수 있다.

무늬뿔벌레 *Stricticomus valgipes*

무늬뿔벌레 ↕1~3mm

뿔벌레 *Notoxus monoceros trinotatus* ↕4mm 안팎

뿔벌레과 뿔벌레아과

　뿔벌레과 무리는 온 세계에 3000종쯤이 살고, 우리나라에는 27종이 알려졌다. 이름처럼 앞가슴등판에 뿔처럼 생긴 돌기가 툭 튀어나왔다. 어른벌레는 땅 위를 기어 다니면서 죽은 곤충이나 작은 벌레 따위를 먹는다. 또 꽃가루나 균사, 홀씨 따위를 먹기도 한다. 또 몇몇 종 수컷은 홍날개처럼 가뢰에 붙어 가뢰한테서 나오는 독물인 '칸타리딘'을 얻는다. 수컷은 이 독물을 암컷에게 주고 짝짓기를 한다. 또 뿔벌레 몇몇 종은 몸에서 특별한 물질이 나와 개미한테 공격을 받지 않고 개미 무리 사이를 자유롭게 돌아다닌다고 한다. 애벌레는 땅속에서 살며, 몇몇 종 애벌레는 감자 땅속줄기에 구멍을 낸다.

　무늬뿔벌레는 햇볕이 잘 드는 땅에서 산다. 5~8월에 보인다. 사는 모습은 더 밝혀져야 한다. 더듬이는 까맣거나 짙은 밤색이다. 앞가슴등판은 둥글고, 붉은 밤색이나 주황색으로 번쩍거린다.

　뿔벌레는 온몸에 털이 드문드문 나 있다. 겹눈은 까맣다. 더듬이는 11마디이다. 앞가슴은 둥글고, 뿔처럼 솟은 돌기가 있다.

남가뢰 *Meloe proscarabaeus*

수컷   남가뢰 ↕12~30mm   암컷

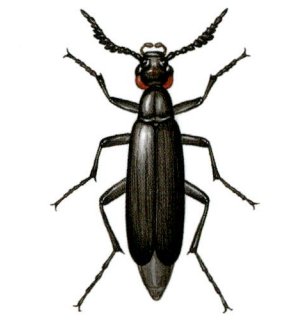

먹가뢰 *Epicauta chinensis taishoensis* ↕11~20mm

청가뢰 *Lytta caraganae* ↕15~20mm

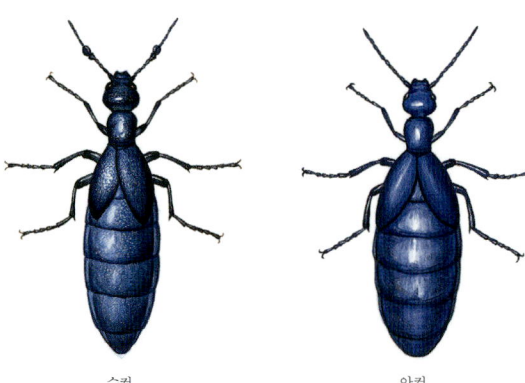

수컷   암컷

애남가뢰 *Meloe auriculatus* ↕8~20mm

가뢰과 가뢰아과

　가뢰과 무리는 온 세계에 2500종쯤 살고, 우리나라에는 20종쯤 산다. 5종은 몸빛이 검푸르고 배가 유난히 뚱뚱한 '남가뢰' 무리이고, 나머지는 모두 몸이 길고 둥근 통처럼 생겼는데 날개가 길어서 배를 다 덮는다. 가뢰과 무리는 모두 몸에 아주 센 독이 있다. 위험을 느끼면 몸마디에서 '칸타리딘'이라는 노란 독물이 나온다. 사람 손에 닿으면 물집이 생기니 조심해야 한다.

　남가뢰는 3~5월에 들판이나 낮은 산에서 보인다. 어른벌레로 겨울을 나고 이른 봄에 나온다. 여기저기 돌아다니면서 새로 돋는 풀들을 갉아 먹는다. 독이 있는 쑥이나 박새, 꿩의바람꽃 잎을 먹어도 끄떡없다. 위험을 느끼면 다리마디에서 노란 독물이 나온다. 그러다 짝짓기를 하고 땅속에 알을 낳는다. 알에서 나온 애벌레는 땅에서 나와 식물 줄기를 타고 오른다. 꽃에 여러 가지 벌이 날아오면 그 몸에 붙어 벌집으로 간다. 그리고 벌집에 살면서 벌이 낳은 알이나 벌이 모아 둔 꽃가루, 꿀을 먹고 산다. 그러면서 허물을 7번 벗고 자란다. 가을에 어른벌레가 되어 겨울을 난다. 어른벌레는 딱지날개가 아주 작아서 날아다니지 못하고 땅 위를 기어 다닌다. 암컷은 배가 아주 크고, 딱지날개는 아주 짧아서 배를 못 덮는다. 더듬이는 구슬을 꿰어 놓은 것처럼 생겼다. 수컷은 더듬이 6~7번째 마디가 부풀었다.

　먹가뢰는 온몸이 검고 눈 둘레만 빨간데 옛날에 가장 흔했다. 30년 전만 해도 뒷동산에 가면 싸리나무에 바글바글 모여 있는 것을 흔히 보았다. 하지만 요즘에는 거의 안 보인다.

　청가뢰는 먹가뢰 다음으로 많았던 종으로 온몸이 파랗고, 딱지날개는 풀빛으로 반짝인다. 청가뢰도 많이 줄었다. 다른 종들은 본디부터 많지 않았다.

　애남가뢰는 중부와 남부 지방 들판이나 낮은 산에서 산다. 남가뢰보다 몸이 작고, 겹눈 사이 가운데에 작은 빨간 무늬가 있다. 배가 아주 커서 딱지날개가 덮지 못한다. 봄부터 늦은 가을까지 볼 수 있다. 어른벌레는 여러 가지 풀을 갉아 먹는다.

큰남색잎벌레붙이 *Cerogria janthinipennis*

큰남색잎벌레붙이 ↕14~19mm

잎벌레붙이과 잎벌레붙이아과

잎벌레붙이과 무리는 우리나라에 4종이 알려졌다. 잎벌레와 생김새가 닮았다고 '잎벌레붙이'다. 생김새나 몸빛이 저마다 다르다. 산에서 보이는데, 밤에 불빛으로 날아오기도 한다.

큰남색잎벌레붙이는 우리나라에 사는 잎벌레붙이 가운데 몸집이 가장 크다. 몸에 짧고 하얀 털이 나 있다. 딱지날개는 물렁물렁하다. 우리나라 중부와 남부 지방에서 산다. 5월부터 9월까지 볼 수 있는데 6월에 많이 보인다. 참나무나 벚나무, 느티나무가 자라는 낮은 산과 들판 풀밭에서 볼 수 있다. 어른벌레는 쐐기풀 종류를 잘 갉아 먹는다. 잘 움직이지 않고, 굼뜨게 움직인다. 애벌레는 무리 지어 살면서 밤나무 잎을 잘 갉아 먹는다. 애벌레로 겨울을 난다고 한다. 어른벌레로 날개돋이 하면 자기가 벗은 허물을 갉아 먹는다.

모래거저리 *Gonocephalum pubens*

모래거저리 ↕10~11mm

강변거저리 *Heterotarsus carinula* ↕10~11mm

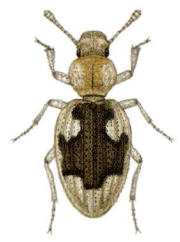

바닷가거저리 *Idisia ornata* ↕3~5mm

작은모래거저리 *Opatrum subaratum* ↕9mm 안팎

거저리과 모래거저리아과

거저리과 무리는 온 세계에 22000종쯤이 살고 있다. 우리나라에는 130종쯤이 알려졌다. 산이나 들판, 강가, 바닷가에서 산다. 생김새가 무당벌레처럼 둥근 것부터 하늘소처럼 길쭉한 것, 먼지벌레처럼 납작한 것까지 여러 가지다. 어두운 곳을 좋아하고, 대부분 식물이나 버섯을 먹지만, 썩은 고기나 식물 뿌리에 있는 균을 먹는 종도 있다. 몇몇 종은 사람들이 갈무리한 곡식을 갉아 먹어서 피해를 주기도 한다. 우리가 흔히 '밀웜'이라고 알고 있는 애벌레가 갈색거저리 애벌레다.

거저리 무리와 먼지벌레[70] 무리는 생김새가 아주 닮아서 헷갈린다. 거저리 무리는 머리가 땅 쪽을 바라보고, 먼지벌레 무리는 머리가 앞쪽을 바라본다. 또 거저리 무리 더듬이는 염주를 꿰어 놓은 것 같거나, 톱니처럼 생기거나 실처럼 길쭉한 것처럼 여러 가지이다. 하지만 먼지벌레 무리 더듬이는 거의 실처럼 길쭉하다. 또 거저리 무리는 발목마디가 4개인데, 먼지벌레 무리는 모두 5개이다.

모래거저리는 이름처럼 온 나라 강가나 바닷가 모래밭에서 무리 지어 산다. 4~10월까지 볼 수 있다. 모래밭에서 피는 갯메꽃을 유난히 좋아하는데, 바닷가에 쌓인 나무나 쓰레기 더미 밑에서도 산다. 앞다리 종아리마디는 모래를 잘 팔 수 있도록 넓적하고, 뾰족한 가시털이 나 있다. 모래거저리 무리 가운데 가장 흔하게 볼 수 있다. 낮에는 모래 속에서 살기 때문에 잘 보이지 않는다. 밤에 밖으로 나와 돌아다니면서 죽은 식물이나 가랑잎 따위를 갉아 먹는다. 위험할 때는 몸을 움츠리고 죽은 척하거나, 폭탄먼지벌레처럼 꽁무니에서 시큼한 물을 뿜어서 천적을 쫓는다. 봄에 많이 보이고, 겨울에는 모래 속에 깊이 들어가 겨울잠을 잔다. 애벌레도 어른벌레처럼 모래 속에서 살고, 모래 위로는 좀처럼 나오지 않는다. 강변거저리와 바닷가거저리, 작은모래거저리는 모두 모래거저리처럼 냇가나 강가, 바닷가 모래밭에서 산다.

구슬무당거저리 *Ceropia inducta*

구슬무당거저리 10mm 안팎

수컷 　　　우묵거저리 *Uloma latimanus* 9~12mm 　　　암컷

갈색거저리 *Tenebrio molitor* 15mm 안팎

거저리과 르위스거저리아과

구슬무당거저리는 낮은 산에서 5월부터 9월까지 볼 수 있다. 온몸은 까만데, 보는 방향에 따라 여러 빛깔이 아롱대며 반짝거린다. 딱지날개에는 뚜렷한 세로 줄 홈이 나 있다. 낮에는 썩은 나무껍질 밑에서 쉬다가 밤이 되면 나온다. 썩은 나무에서 돋는 여러 가지 버섯이나 참나무에서 흘러나오는 나뭇진에 모인다. 5월 말쯤에 짝짓기를 하고 알을 낳는다. 겨울이 오면 썩은 나무껍질 밑에서 어른벌레로 겨울을 난다.

우묵거저리는 이름처럼 앞가슴등판이 우묵하게 파였다. 수컷은 앞가슴등판 앞쪽이 사다리꼴로 움푹 파였는데, 암컷은 밋밋하다. 산에서 썩은 나무속을 파먹으며 살고, 밖으로 잘 나오지 않는다. 위험을 느끼면 죽은 척하거나, 꽁무니에서 고약한 냄새가 나는 물을 뿜어 천적을 쫓는다. 우묵거저리는 한 해에 한 번 날개돋이 한다. 나무속에서 짝짓기를 하고 알을 낳는다. 애벌레도 나무속을 파먹으며 산다. 애벌레 몸은 철사처럼 기다랗고 가늘게 생겼다. 애벌레는 허물을 두 번 벗고 번데기가 된다. 애벌레나 어른벌레로 겨울을 난다.

갈색거저리는 사람이 갈무리한 곡식을 먹고 산다. 본디 유럽에서 살던 곤충이었는데, 나라끼리 곡식을 서로 사고팔면서 온 세계로 퍼졌다. 암컷은 석 달쯤 살면서 알을 200개쯤 낳는다. 애벌레는 갈무리한 곡식 속에서 무리를 지어 산다. 알에서 어른이 되는 데 두 달쯤 걸린다. 어른벌레는 위험을 느끼면 죽은 척하고, 꽁무니에서 시큼한 냄새를 풍긴다. 애벌레를 새 모이로 주려고 기르기도 한다.

산맴돌이거저리 *Plesiophthalmus davidis*

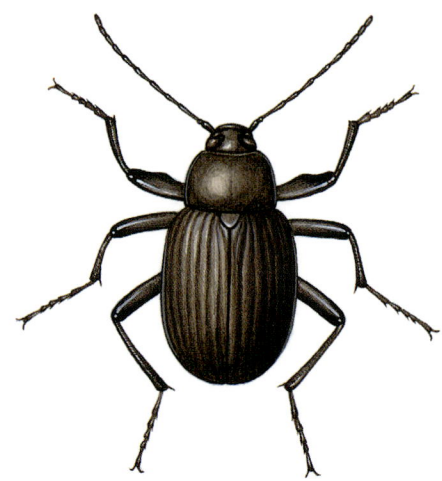

산맴돌이거저리 13~17mm

맴돌이거저리 *Plesiophthalmus nigrocyaneus* 16~20mm

별거저리 *Strongylium cultellatum* 7~12mm

거저리과 맴돌이거저리아과

    산맴돌이거저리는 온 나라 넓은잎나무 숲에서 산다. 어른벌레는 5월부터 10월까지 볼 수 있다. 낮에는 가랑잎 밑이나 나무껍질 밑에 숨어 있다가 밤에 나온다. 썩은 나무 둘레에 살면서 나무를 파먹거나 나무에 돋은 버섯을 큰턱으로 베어 먹는다. 뒷다리가 아주 커서 잘 걸어 다닌다. 멀리 날아가기도 한다. 위험을 느끼면 꽁무니에서 시큼한 냄새를 풍긴다. 짝짓기를 마친 암컷은 썩은 나무에 알을 낳는다. 알에서 나온 애벌레는 나무속을 파먹거나 버섯을 먹고 자란다. 애벌레도 재빨라서 앞으로도 뒤로도 갈 수 있다. 애벌레 꽁무니는 다른 애벌레와 달리 숟가락처럼 오목하게 들어가 있다. 허물을 두 번 벗고 다 자란 애벌레로 겨울을 난다. 이듬해 봄에 번데기가 되고, 보름쯤 지나면 어른벌레로 날개돋이 한다. 산맴돌이거저리는 온몸이 새카맣고, 번쩍거리지 않는다.

    맴돌이거저리는 산맴돌이거저리와 무척 닮았다. 하지만 산맴돌이거저리와 다르게 온몸이 반짝반짝 빛난다. 또 딱지날개에는 세로줄이 18개 어렴풋이 나 있다.

    별거저리는 낮은 산이나 들판에서 산다. 7~8월에 보인다. 어른벌레는 썩은 나무에서 살고, 불빛에 날아오기도 한다. 다른 거저리와 달리 몸이 가늘고 길쭉하다.

홍날개썩덩벌레 *Hymenalia rufipennis*

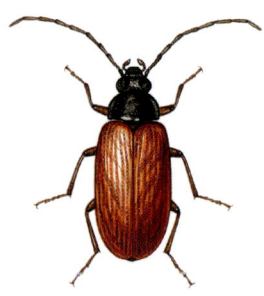

홍날개썩덩벌레 ↕5mm 안팎

노랑썩덩벌레 *Cteniopinus hypocrita* ↕10~14mm

거저리과 썩덩벌레아과

　썩덩벌레아과 무리는 온 세계에 1000종이 넘게 살고, 우리나라에는 11종이 알려졌다. 거저리 무리와 생김새가 닮았는데, 발목마디에 빗살처럼 생긴 발톱이 있어서 다르다. 사는 모습은 더 밝혀져야 한다.

　홍날개썩덩벌레는 머리는 작고 폭은 넓으며, 홈이 파여 있다. 더듬이는 짙은 붉은 밤색이다. 딱지날개 양쪽에는 홈이 파인 줄이 9개 있다.

　노랑썩덩벌레는 온몸이 노랗고 번쩍거린다. 다리마디와 더듬이는 까맣다. 딱지날개에 세로로 홈이 파여 줄이 나 있다. 낮은 산이나 풀밭에서 5월부터 6월까지 볼 수 있다. 여러 가지 꽃에 날아와 꽃가루를 먹는다. 애벌레는 썩은 나무껍질 속에서 산다.

버들하늘소 *Megopis sinica*

수컷

암컷

버들하늘소 ↕30~60mm

하늘소과 톱하늘소아과

하늘소과 무리는 온 세계에 25000종쯤이 살고, 우리나라에 300종이 산다고 알려졌다. 몸길이가 2mm 밖에 안 되는 종부터 150mm나 되는 큰 종까지 여러 가지다. 몸빛도 저마다 다르다. 앞가슴과 가운데가슴을 비벼서 마치 소가 우는 소리처럼 '끽, 끽' 소리를 낸다고 하늘소라는 이름이 붙었다. 더듬이가 소뿔을 닮았다고 이런 이름이 붙었다고도 한다. 서양 사람들은 더듬이가 아주 길다고 '긴뿔 딱정벌레(Long-horn Beetle)'라고 한다. 수컷 더듬이가 몸길이보다 두 배가 넘게 길기도 하다. 암컷은 몸길이보다 짧다. 큰턱이 아주 크고 힘도 세서 대부분 썩은 나무나 살아 있는 나무줄기를 갉아 먹는다. 애벌레도 나무속을 파먹어서 나무에 피해를 준다. 꿀과 꽃가루를 먹는 하늘소도 많다. 짝짓기를 마친 암컷은 나무껍질을 입으로 물어뜯은 뒤 줄기 속에 알을 하나씩 낳는다. 알에서 나온 애벌레는 나무속을 파먹으며 자란다. 나무속에서 번데기를 거쳐 어른벌레로 날개돋이 한 뒤 밖으로 나온다.

버들하늘소는 온 나라 산에서 쉽게 볼 수 있다. 도시에서도 보인다. 수컷은 더듬이가 굵고, 암컷은 꽁무니에 기다란 알을 낳는 산란관이 있다. 암컷과 수컷 모두 딱지날개에 기다랗게 솟은 세로줄이 4개 있다. 5월부터 9월까지 볼 수 있는데, 6~8월에 많이 보인다. 낮에는 숨어 있다가 밤에 나와 참나무에서 흐르는 나뭇진을 먹는다. 밤에 불빛을 보고 날아오기도 한다. 짝짓기를 마친 암컷은 여러 가지 나무껍질 틈에 알 낳는 산란관을 꽂고 알을 낳는다. 애벌레는 썩은 오리나무나 황철나무, 버드나무 같은 넓은잎나무나 전나무, 소나무 같은 바늘잎나무 속을 파먹고 산다. 겨울이 오면 나무속에서 겨울을 나고, 늦봄에 어른벌레로 날개돋이 해서 밖으로 나온다.

톱하늘소 *Prionus insularis*

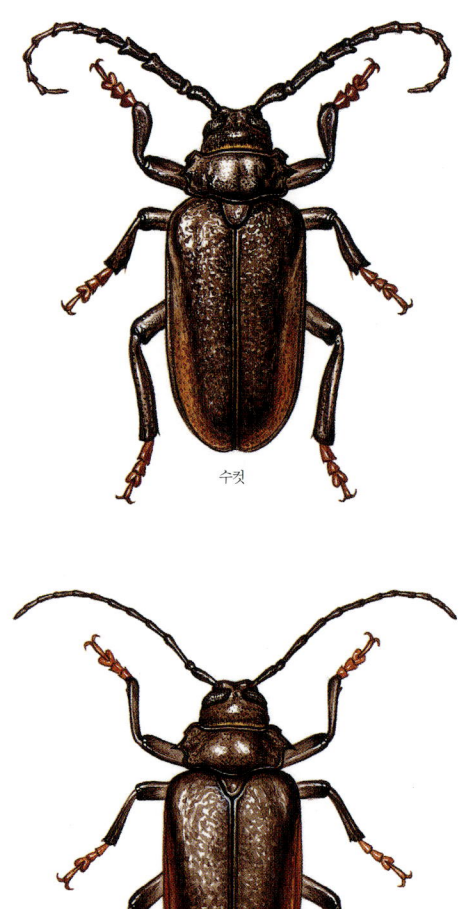

수컷

암컷

톱하늘소 ↕23~48mm

하늘소과 톱하늘소아과

　톱하늘소는 톱사슴벌레[112]만큼 몸집이 크고 새카맣다. 앞가슴 양옆이 커다란 톱날처럼 삐쭉삐쭉 나와 있고 더듬이도 톱날 같아서 '톱하늘소'라는 이름이 붙었다. 하늘소들은 보통 더듬이가 제 몸보다 훨씬 길고 굵은 끈처럼 생겼다. 하지만 톱하늘소는 더듬이가 제 몸보다 짧고 톱날 같아 보인다. 또 다른 하늘소는 더듬이가 11마디인데 톱하늘소만 12마디다.

　톱하늘소는 온 나라 큰 나무가 우거진 깊은 산속에 산다. 어른벌레는 5월부터 9월까지 보이는데 한여름에 더 많이 보인다. 낮에는 나무줄기에 난 구멍이나 틈에 숨어 있다가 밤이 되면 나와서 여기저기를 아주 빠르게 돌아다닌다. 또 나뭇잎 위에 앉아 있거나 수풀 사이를 날아다닌다. 손으로 잡으면 뒷다리와 딱지날개를 비벼 '끼이 끼이' 하고 소리를 낸다. 등불에도 날아온다. 애벌레는 살아 있는 나무나 죽은 나무속을 파먹고 산다. 소나무, 잣나무, 편백나무 같은 바늘잎나무와 느릅나무, 느티나무, 아그배나무 같은 넓은잎나무에 두루 산다. 나무 밑동이나 뿌리를 갉아 먹고 살다가 애벌레로 겨울을 난다. 땅속에서 번데기가 된 뒤 어른벌레로 날개돋이 하면 밖으로 나온다.

검정하늘소 *Spondylis buprestoides*

검정하늘소 ↕12~25mm

하늘소과 검정하늘소아과

　검정하늘소는 이름처럼 온몸이 까맣고, 번쩍거리지 않는다. 여느 하늘소와 달리 더듬이는 아주 짧다. 딱지날개에는 세로로 줄이 4개 나 있다. 수컷은 이 세로줄이 뚜렷한데 암컷은 희미하다. 턱은 몸에 비해 아주 크다. 머리와 딱지날개 사이에는 노란 털이 나 있다.

　검정하늘소는 온 나라 산에서 제법 쉽게 볼 수 있다. 7월부터 9월까지 보이는데, 7월에 가장 많이 볼 수 있다. 낮에는 나무 틈에 숨어 있다가 밤이 되면 나온다. 불빛으로 날아오기도 한다. 짝짓기를 마친 암컷은 소나무, 삼나무 같은 바늘잎나무 뿌리에 알을 낳는다. 알에서 나온 애벌레는 나무줄기 속을 파먹으며 큰다. 처음에는 나무껍질에서 파먹다가 시나브로 나무속으로 파고 들어간다. 다 자란 애벌레는 나무속에서 소리를 내기도 한다. 나무속에서 번데기가 된 뒤 어른벌레로 날개돋이 해 밖으로 나온다.

　하늘소는 더듬이도 튼튼하고 다리도 튼튼해서 아이들이 잡다가 '돌드레' 놀이를 한다. 돌멩이를 주워 놓고 하늘소가 발로 잡게 한 뒤 들어 올리면 하늘소가 발로 돌을 들어 올린다. 옛날에는 하늘소가 돌을 들어 올리는 것을 보고 '돌드레, 돌다래미'라고 했다. 북녘에서는 지금도 '돌드레'라고 하고, 남녘에서는 '하늘소'라는 이름으로 바뀌었다.

소나무하늘소 *Rhagium inquisitor*

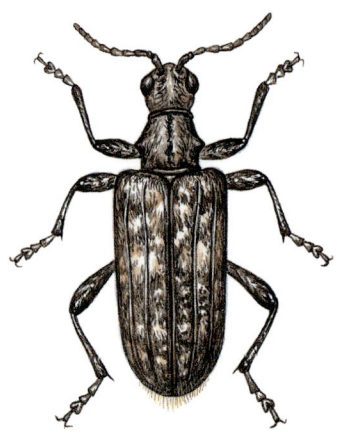

소나무하늘소 ↕9~20mm

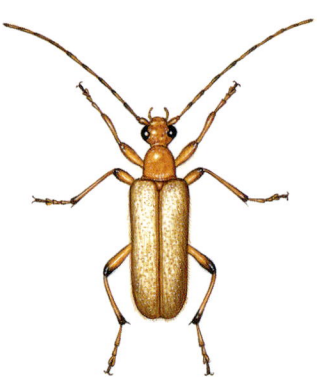

노랑각시하늘소 *Pidonia debilis* ↕6~8mm

넉점각시하늘소 *Pidonia puziloi* ↕5~8mm

하늘소과 꽃하늘소아과

　소나무하늘소는 이름처럼 소나무에 많이 산다. 온 나라 바늘잎나무 숲에서 3~5월에 쉽게 볼 수 있다. 소나무를 잘라 놓은 곳에서 자주 보인다. 짝짓기를 마친 암컷은 소나무나 잣나무, 분비나무 같은 바늘잎나무 나무껍질 틈에 알을 낳는다. 알에서 나온 애벌레는 나무줄기 속을 파먹고 자란다. 다 자란 애벌레는 나무껍질 아래에 번데기방을 지은 뒤 그 속에서 어른벌레로 날개돋이 한다. 날개돋이 한 어른벌레는 그대로 번데기방에서 겨울을 난다. 그리고 이듬해 이른 봄부터 5월까지 낮에 나와 돌아다닌다.

　노랑각시하늘소는 온 나라 산에서 쉽게 볼 수 있다. 이름처럼 온몸이 노랗다. 봄에 여러 가지 꽃에 날아와 꽃가루를 갉아 먹는다. 한낮에 하얀 꽃에 수십 마리가 모이기도 한다. 짝짓기를 마친 암컷은 썩은 나뭇가지를 큰턱으로 물어뜯은 뒤 그 속에 알을 낳는다. 알을 낳은 암컷은 죽는다. 알에서 나온 애벌레는 나무 속을 갉아 먹으면 큰다. 애벌레로 겨울을 나고 이듬해 봄에 번데기가 되어 어른벌레로 날개돋이 한다. 어른벌레는 일주일쯤 산다.

　노랑각시하늘소는 회황색병대벌레[176]와 아주 닮았다. 회황색병대벌레는 눈이 동그랗고, 노랑각시하늘소는 눈이 콩팥처럼 찌그러졌다. 또 회황색병대벌레는 앞가슴등판이 네모나고 까만 무늬가 나 있는데, 노랑각시하늘소는 앞가슴등판이 세모나게 생겼고 까만 무늬가 없다.

　넉점각시하늘소는 몸집이 작다. 딱지날개에는 하얀 무늬가 네 개 있다. 어른벌레는 온 나라 넓은잎나무 숲에서 5월부터 7월까지 쉽게 볼 수 있다. 봄에 피는 여러 가지 꽃에 낮에 날아와 꽃가루를 먹는다. 꽃 한 송이에 여러 마리가 모이기도 한다. 짝짓기를 마친 암컷은 썩은 나무껍질 밑이나 썩은 나뭇가지 속에 알을 낳는다. 알에서 나온 애벌레는 썩은 나무속을 파먹고 산다. 그 속에서 한두 해를 살다가 번데기가 된 뒤 5~7월에 어른벌레로 날개돋이 해서 구멍을 뚫고 나온다.

긴알락꽃하늘소 *Leptura arcuata*

수컷　　　　　　　　　암컷

긴알락꽃하늘소 ↕12~23mm

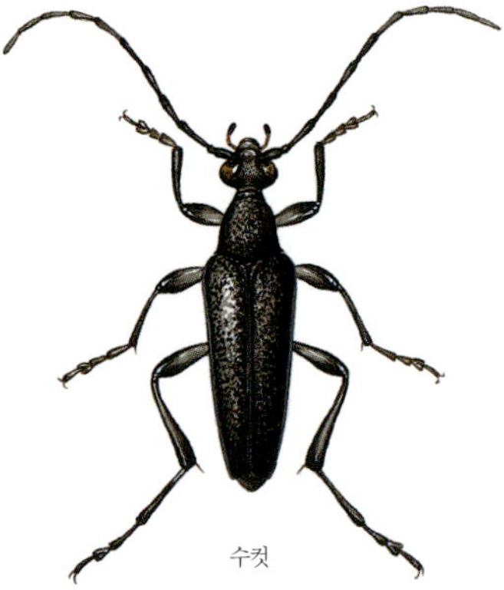

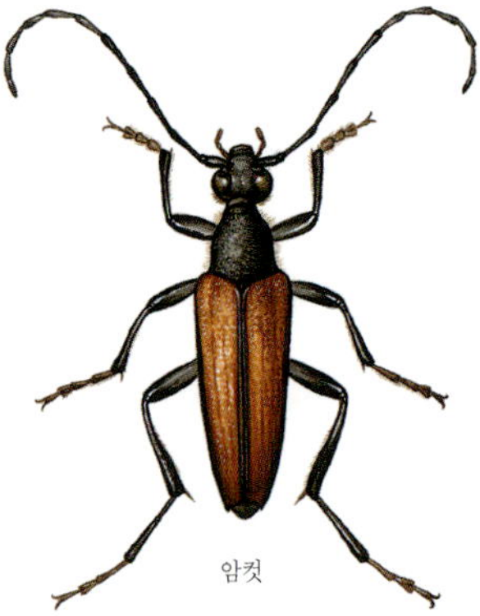

수컷　　　　　　　　　암컷

꽃하늘소 *Leptura aethiops* ↕12~17mm

붉은산꽃하늘소 *Corymbia rubra* ↕12~22mm

하늘소과 꽃하늘소아과

하늘소과 무리는 크게 일곱 무리로 나누는데 그 가운데 꽃하늘소아과 무리가 70종 가까이 되어서 수가 가장 많다. 꽃하늘소아과 무리는 다른 하늘소보다 몸집이 작고, 몸 뒤쪽이 홀쭉하다. 또 다른 하늘소들은 밤에 많이 돌아다니는데, 꽃하늘소 무리는 낮에 돌아다니고, 잘 날고, 꽃에 모인다. 애벌레 때에는 풀 줄기나 나무속을 파먹고 산다.

긴알락꽃하늘소는 몸에 노란 줄무늬가 있다. 맨 앞에 있는 노란 무늬는 U자를 뒤집은 것처럼 굽었다. 어른벌레는 5월부터 8월까지 온 나라 산에서 흔하게 볼 수 있다. 낮에 여러 가지 꽃에 날아오는데 5월에 가장 흔하다. 짝짓기를 마친 암컷은 여러 가지 썩은 바늘잎나무나 넓은잎나무 나무껍질 틈에 알을 낳는다. 알에서 나온 애벌레는 죽은 두릅나무나 졸참나무 같은 나무속을 파먹고 산다.

꽃하늘소는 온 나라 산에서 제법 쉽게 볼 수 있다. 어른벌레는 5월부터 8월까지 보인다. 낮에 여러 가지 꽃에 날아들어 꽃가루를 먹는다. 짝짓기를 마친 암컷은 썩은 바늘잎나무나 넓은잎나무 둥치에 알을 낳는다. 알에서 나온 애벌레는 처음에는 나무껍질 밑을 갉아 먹다가 시나브로 나무속을 파고든다. 다 자란 애벌레는 나무속에서 번데기가 된 뒤 어른벌레로 날개돋이 해서 밖으로 나온다.

붉은산꽃하늘소는 온 나라 산에서 쉽게 볼 수 있다. 어른벌레는 6월부터 9월까지 보이는데 7~8월에 가장 많이 보인다. 낮에 여러 가지 꽃에 날아와 꽃가루를 먹는다. 늦은 오후에는 산꼭대기에서 날아다니기도 한다. 짝짓기를 마친 암컷은 쓰러지거나 썩은 바늘잎나무 나무껍질 틈에 알을 낳는다. 알에서 나온 애벌레는 나무속을 파먹고 산다.

하늘소 참나무하늘소 *Neocerambyx raddei*

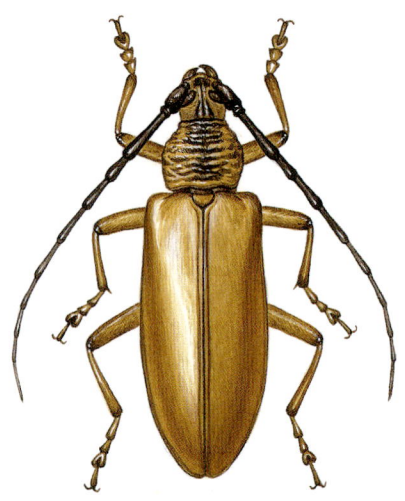

하늘소 ↕34~57mm

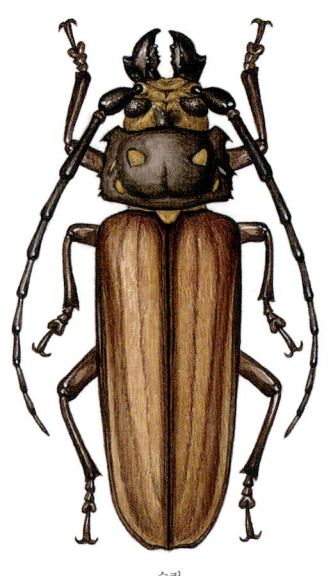

수컷

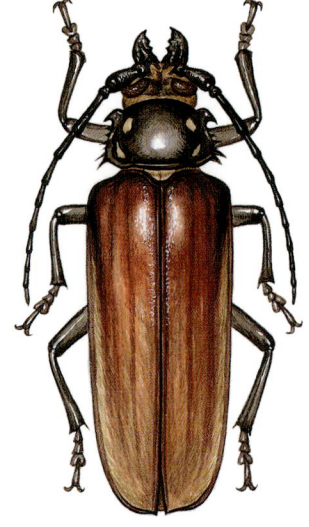

암컷

장수하늘소 *Callipogon relictus* 수컷↕100~120mm, 암컷↕60~90mm

하늘소과 하늘소아과

하늘소는 장수하늘소 다음으로 우리나라에서 큰 하늘소다. 몸집이 커서 장수하늘소라고 잘못 알기도 한다. 또 뽕나무하늘소[246]와 생김새와 몸 크기가 비슷해서 헷갈린다. 수컷 더듬이는 몸길이보다 길다. 암컷 더듬이는 수컷보다 짧다. 어른벌레는 온 나라 넓은잎나무 숲에서 제법 쉽게 볼 수 있다. 늦봄부터 가을까지 보이는데 6월부터 8월에 많다. 밤에 나와 돌아다니고 참나무에 흐르는 나뭇진에 날아온다. 불빛을 보고 날아오기도 한다. 마을 가까운 낮은 산에도 사는데 굵은 참나무가 있어야 한다. 살아 있는 참나무나 밤나무에 알을 낳기 때문이다. 짝짓기를 마친 암컷은 나무껍질을 입으로 물어뜯고, 나무줄기 속에 알을 하나씩 낳는다. 알에서 나온 애벌레는 나무속을 파먹고 산다. 어릴 때는 연한 나무속을 갉아 먹다가 자라면서 시나브로 줄기 한가운데로 뚫고 들어간다. 알에서 어른벌레가 되기까지 두세 해쯤 걸리는 것 같다. 나무속에서 번데기를 거쳐 어른벌레로 날개돋이 해서 밖으로 나온다.

장수하늘소는 우리나라에 사는 하늘소 가운데 몸집이 가장 크고 힘도 가장 세다. 어른벌레는 6월부터 9월까지 보이는데, 7~8월 여름에 가장 많이 보인다. 서어나무나 신갈나무, 물푸레나무, 느릅나무 같은 나무가 자라는 넓은잎나무 숲에서 산다. 밤에 나와 나무줄기에서 흘러나오는 나뭇진을 먹는다. 불빛으로 날아오기도 한다. 짝짓기를 마친 암컷은 나무속에 알을 100개쯤 낳는다. 알에서 나온 애벌레는 나무속을 파먹으며 4~5년을 지낸다. 다 자란 애벌레는 나무속에서 번데기가 된 뒤 어른벌레로 날개돋이 해서 밖으로 구멍을 뚫고 나온다. 어른벌레는 2~3주쯤 산다. 알에서 어른벌레가 되는 데 3~5년쯤 걸린다. 천연기념물 제218호로 정해서 보호하고 있다.

벚나무사향하늘소 *Aromia bungii*

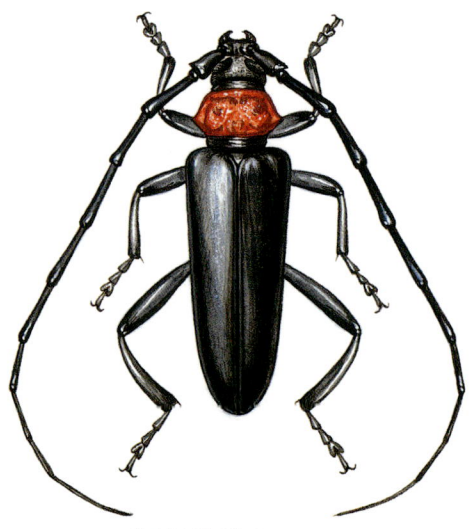

벚나무사향하늘소 ↕25~35mm

소범하늘소 *Plagionotus christophi* ↕11~16mm

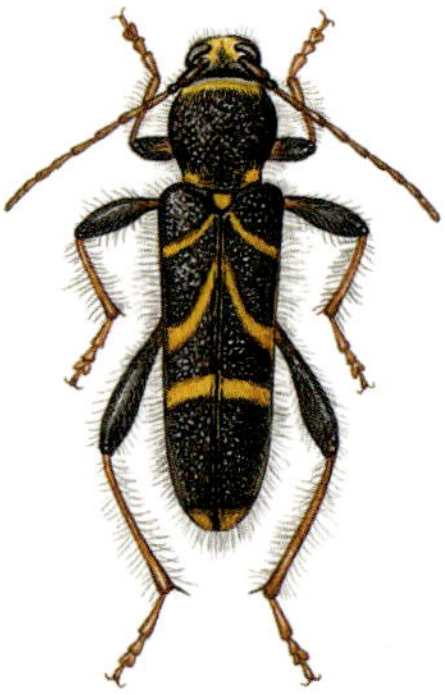

벌호랑하늘소 *Crytoclytus capra* ↕8~19mm

호랑하늘소 *Xylotrechus chinensis* ↕15~26mm

벚나무사향하늘소는 이름처럼 벚나무에서 많이 보이고 몸에서 사향 냄새가 난다. 온 나라 낮은 산이나 마을 둘레, 숲 가장자리에서 산다. 도시에서도 볼 수 있다. 어른벌레는 6월부터 8월까지 낮에 보인다. 짝짓기를 마친 암컷은 오래된 벚나무나 복숭아나무, 자두나무, 매실나무에 알을 낳는다. 수십 마리 애벌레가 살아 있는 나무속을 파먹어서 나무가 서서히 말라 죽는다. 그래서 복숭아나 자두를 키우는 과수원에 피해를 주기도 한다. 나무줄기 속에서 애벌레로 겨울을 난다.

소범하늘소는 온 나라에 산다. 어른벌레는 4월부터 6월까지 넓은잎나무 숲이나 참나무를 베어 쌓아 놓은 곳에서 쉽게 볼 수 있다. 짝짓기를 마친 암컷은 참나무 껍질 틈에 알 낳는 산란관을 꽂고 알을 낳는다. 알에서 나온 애벌레는 나무껍질 밑을 갉아 먹으며 크다가 겨울을 난다. 다 자란 애벌레는 나무속을 파고들어가 번데기방을 만들고 번데기가 된다. 어른벌레로 날개돋이 하면 나무를 뚫고 나온다.

벌호랑하늘소는 호랑하늘소처럼 생김새가 꼭 말벌을 닮았다. 온 나라 넓은잎나무 숲에서 흔히 볼 수 있다. 어른벌레는 5월부터 8월까지 낮에 보인다. 6월에 가장 많이 보인다. 썩은 넓은잎나무 줄기나 여러 가지 꽃에 날아온다. 짝짓기를 마친 암컷은 참나무나 오리나무, 물푸레나무 같은 넓은잎나무가 늙어 쓰러진 줄기에 꽁무니를 꽂고 알을 낳는다. 알에서 나온 애벌레는 나무껍질 밑을 갉아 먹고 크다가 시나브로 나무속으로 들어간다. 그리고 다 큰 애벌레는 나무속에서 번데기가 된다. 어른벌레로 날개돋이 하면 나무를 뚫고 나온다. 어른벌레는 보름쯤 산다. 알에서 어른벌레가 되는 데 한 해가 걸린다.

호랑하늘소는 생김새가 꼭 말벌을 닮았다. 제주도를 뺀 온 나라에서 산다. 어른벌레는 7월부터 8월까지 뽕나무에서 많이 보인다.

육점박이범하늘소 *Chlorophorus simillimus*

육점박이범하늘소 ↕7~13mm

가시수염범하늘소 *Demonax transilis* ↕7~12mm

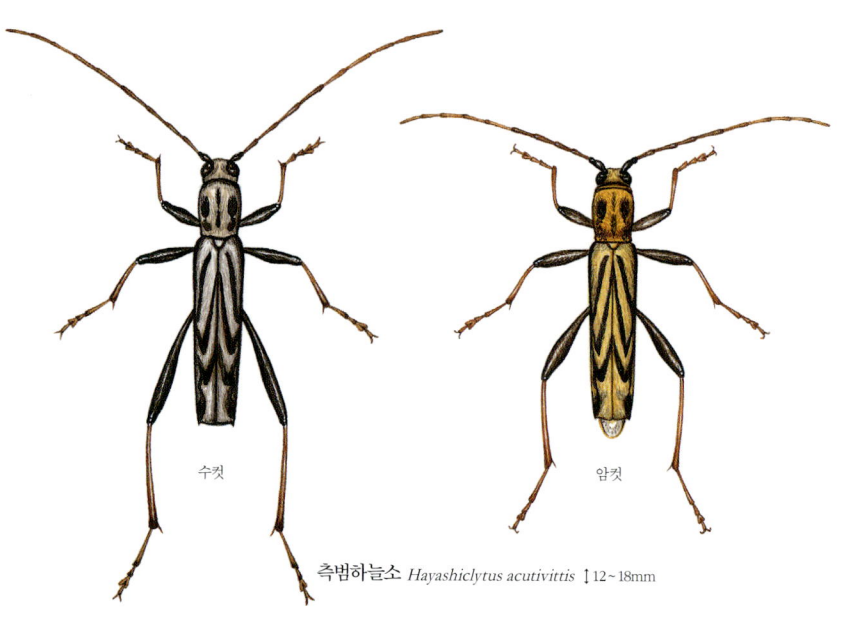

수컷　　암컷

측범하늘소 *Hayashiclytus acutivittis* ↕12~18mm

하늘소과 하늘소아과

육점박이하늘소는 이름처럼 딱지날개에 까만 점이 여섯 개 있다. 온 나라에서 제법 쉽게 볼 수 있다. 어른벌레는 5월부터 7월까지 보인다. 늙어서 썩거나 베어 낸 여러 가지 넓은잎나무에서 지낸다. 한낮에는 여러 가지 꽃에 날아와 꽃가루를 먹는다. 짝짓기를 마친 암컷은 썩은 나무껍질 틈에 알을 낳는다. 알에서 나온 애벌레는 나무속을 파먹고 큰다.

가시수염범하늘소는 온 나라에서 쉽게 볼 수 있다. 어른벌레는 5월부터 6월까지 보인다. 한낮에 여러 가지 하얀 꽃에 날아와 꽃가루를 먹는다. 짝짓기를 마친 암컷은 넓은잎나무 가는 가지에 알을 낳는다. 알에서 나온 애벌레는 나무속을 파먹고 크다가 겨울을 난다. 이듬해 봄에 어른벌레로 날개돋이 해서 밖으로 나온다.

측범하늘소는 온 나라에서 쉽게 볼 수 있다. 앞가슴등판 가운데에는 누르스름한 잿빛 털이 나 있다. 양쪽 가장자리에는 까만 둥근 무늬가 있다. 딱지날개에는 잿빛 털이 덮여 있다. 어른벌레는 5월부터 8월까지 보인다. 여러 가지 꽃에 날아오고, 쓰러지거나 베어 낸 나무 더미에서도 보인다. 짝짓기를 마친 암컷은 쓰러진 나무껍질 틈에 알을 낳는다. 알에서 나온 애벌레는 나무속을 파먹고 큰다.

깨다시하늘소 *Mesosa myops*

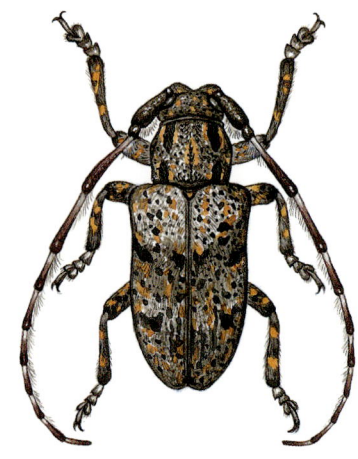

깨다시하늘소 ↕10~17mm

흰깨다시하늘소 *Mesosa hirsuta* ↕10~18mm

하늘소과 목하늘소아과

깨다시하늘소는 몸은 까만데, 온몸에 누런 털이 나 있다. 또 몸에 검은색 무늬와 잿빛 무늬가 얼룩덜룩 나 있다. 앞가슴등판에는 까만 점무늬가 4개 뚜렷하게 나 있다. 딱지날개 가운데에는 잿빛 가로 줄무늬가 있다.

깨다시하늘소는 온 나라 숲에서 쉽게 볼 수 있다. 어른벌레는 5월부터 8월까지 보이는데 오뉴월에 많이 보인다. 낮에 썩은 나무나 베어 낸 나무 더미에서 볼 수 있다. 밤에 불빛으로 날아오기도 한다. 몸빛이 나무껍질과 비슷해서 몸을 숨기기 때문에 언뜻 보면 잘 안 보인다. 위험을 느끼면 다리를 오므리고 죽은 척하며 땅에 툭 떨어진다. 짝짓기를 마친 암컷은 나무를 베어 쌓아 놓은 곳에 날아와 알을 낳는다. 알에서 나온 애벌레는 나무껍질 밑을 갉아 먹으며 큰다. 애벌레로 겨울을 나고 나무껍질 밑에 번데기방을 만들어 번데기가 된다. 어른벌레로 날개돋이 하면 나무 밖으로 나온다.

흰깨다시하늘소는 깨다시하늘소와 닮았는데, 몸이 더 홀쭉하고 하얀 털로 덮였다. 오래되면 털이 많이 빠진다. 앞가슴등판과 딱지날개에는 까만 점이 여러 개 있다.

흰깨다시하늘소는 온 나라 산에서 쉽게 볼 수 있다. 어른벌레는 5월부터 8월까지 보인다. 한낮에 죽은 넓은잎나무에 날아와 짝짓기를 하고 알을 낳는다. 밤에 불빛으로 날아오기도 한다. 알에서 나온 애벌레는 나무속을 갉아 먹으며 크다가 겨울을 난다. 다 자란 애벌레는 나무속에 번데기방을 만들고 번데기가 된다. 번데기는 위험을 느끼면 배를 번데기방 벽에 부딪쳐 '딱 딱' 소리를 낸다고 한다.

남색초원하늘소 *Agapanthia pilicornis*

남색초원하늘소 ↕11~17mm

초원하늘소 *Agapanthia villosoviridescens* ↕6~19mm

울도하늘소 *Psacothea hilaris* ↕14~30mm

하늘소과 목하늘소아과

　남색초원하늘소는 5월부터 6월까지 보인다. 온 나라 풀밭에서 쉽게 볼 수 있다. 풀밭에 자라는 개망초나 엉겅퀴 같은 풀에 날아와 꽃가루를 먹는다. 짝짓기를 마친 암컷은 개망초나 고들빼기 같은 풀 줄기에 알 낳는 산란관을 꽂고 알을 낳는다. 알에서 나온 애벌레는 줄기 속을 파먹고 큰다. 겨울이 되면 풀 줄기 아래쪽으로 옮겨 가 겨울을 난다. 애벌레는 두 해를 줄기 속에서 산다. 다 자란 애벌레는 풀 줄기를 안에서 물어뜯는다. 그러면 풀 줄기 위쪽이 부러져 아래쪽만 남게 된다. 두 해 겨울을 넘긴 애벌레는 이듬해 봄에 줄기 아래쪽에서 번데기방을 만들고 번데기가 된 뒤 어른벌레로 날개돋이 해서 밖으로 나온다.

　초원하늘소는 남색초원하늘소와 닮았다. 하지만 남색초원하늘소와 달리 딱지날개에 무늬가 있고 더듬이 1, 2마디에 털 뭉치가 없다.

　울도하늘소는 울릉도에서 맨 처음 찾았다. 요즘에는 온 나라에서 볼 수 있는데 남부 지방에서 더 많이 보인다. 온몸이 잿빛 털로 덮였다. 몸에 누런 무늬가 많다. 어른벌레는 6월부터 9월까지 보인다. 낮에 뽕나무와 무화과나무, 닥나무 같은 뽕나무과 식물에 날아와 줄기나 잎사귀를 갉아 먹는다. 애벌레도 뽕나무 속을 갉아 먹어서 피해를 준다. 뽕나무를 기르는 곳이 많이 없어지면서 멸종위기종이 되었다가, 지금은 다시 수가 많아져서 보호종에서 풀렸다.

우리목하늘소 *Lamiomimus gottschei*

우리목하늘소 ↕ 25~35mm

수컷

암컷

알락하늘소 *Anoplophora malasiaca* ↕ 25~35mm

우리목하늘소는 온 나라 참나무 숲에서 쉽게 볼 수 있다. 온몸은 검은 밤색이고, 누런 얼룩무늬가 군데군데 나 있다. 앞가슴등판에는 작은 돌기가 우툴두툴 나 있고, 양옆에는 뾰족한 가시처럼 돌기가 있다. 딱지날개에는 넓은 가로 띠무늬가 있다. 어른벌레는 5월부터 8월까지 보이는데, 6월에 가장 많이 보인다. 참나무를 잘라 쌓아 놓은 곳에서 자주 보인다. 몸빛 때문에 나무에 딱 붙어 있으면 눈에 잘 안 띈다. 밤에 불빛으로 날아오기도 한다. 짝짓기를 마친 암컷은 썩은 참나무 둥치에 알을 낳는다. 알에서 나온 애벌레는 나무껍질 밑을 갉아 먹으면서 큰다. 애벌레에서 어른벌레로 날개돋이 하는 데 3~4년쯤 걸린다.

알락하늘소는 온 나라 넓은잎나무 숲에서 산다. 도시에서도 보인다. 딱지날개에는 크고 작은 하얀 무늬가 이리저리 흩어져 있다. 또 더듬이 마디마다 하얀 무늬가 있다. 어른벌레는 6월부터 8월까지 보인다. 낮에 나와 여러 나무를 돌아다니며 가는 가지를 갉아 먹는다. 짝짓기를 마친 암컷은 버드나무나 뽕나무, 복숭아나무, 도시 가로수로 심은 플라타너스에 날아와 큰턱으로 나무에 상처를 낸 뒤 알을 낳는다. 알에서 나온 애벌레는 살아 있는 나무속을 파고들어가 갉아 먹는다. 그래서 애벌레가 낸 구멍으로 톱밥과 나뭇진이 흘러나온다. 애벌레로 겨울을 나고 이듬해 봄에 번데기가 된다. 어른벌레로 날개돋이 해서 나무 밖으로 나온다.

털두꺼비하늘소 *Moechotypa diphysis*

털두꺼비하늘소 ↕19~27mm

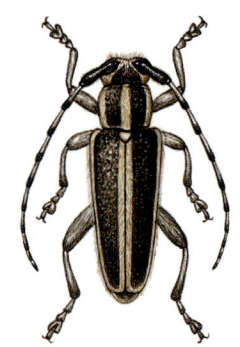

삼하늘소 *Thyestilla gebleri* ↕10~15mm

하늘소과 목하늘소아과

　털두꺼비하늘소는 딱지날개 앞쪽에 까만 털 뭉치가 두 개 있고, 몸은 두꺼비처럼 울퉁불퉁하다. 이른 봄부터 늦가을까지 보이는데 5월 말에서 6월 사이에 가장 많이 보인다. 온 나라 산이 가까운 들판이나 마을에 자주 날아온다. 도시에서도 자주 보인다. 손으로 잡으면 '끼이 끼이' 하고 소리를 낸다. 짝짓기를 마친 암컷은 베어 낸 지 얼마 안 된 상수리나무나 졸참나무, 굴피나무, 밤나무, 가시나무, 개서어나무, 복숭아나무 따위에 알을 낳는다. 표고버섯을 기르려고 베어 둔 참나무에도 낳는다. 나무껍질을 입으로 뜯어 상처를 내고 그 밑에 알을 낳는다. 보통 5월 초부터 알을 낳는다. 마른나무보다는 축축한 나무를 좋아하고 너무 굵은 나무보다 지름이 10cm가 안 되는 나무에 낳기를 좋아한다. 열흘쯤 지나면 알에서 애벌레가 나온다. 애벌레는 나무속을 파먹고 산다. 애벌레가 사는 나무에서는 톱밥 같은 나무 부스러기가 떨어진다. 애벌레는 두 달쯤 뒤에 번데기가 되고, 번데기는 8일쯤 지나면 어른벌레로 날개돋이 한다. 가을에 나온 어른벌레는 나무껍질이나 가랑잎 밑에서 겨울잠을 자고 이듬해 봄에 다시 나와 돌아다닌다.

　삼하늘소는 '삼'이라는 풀에 사는 작은 하늘소다. 삼은 2~3m 높이까지 자라는 키가 큰 풀인데 예전에는 집집마다 삼베를 짜려고 밭에 심어 길렀다. 삼밭에 가면 여러 마리가 이 풀 저 풀에 모여 있다. 삼을 많이 심어 기를 때는 마을 둘레에 삼하늘소가 흔했다. 하지만 지금은 삼을 많이 기르지 않아서 드물다. 어른벌레는 5월부터 7월까지 나타나는데 6월에 가장 많다. 어른벌레는 낮에 나와 삼에 돋은 새순이나 잎을 갉아 먹는다. 짝짓기를 마친 암컷은 삼이나 쑥 줄기를 큰턱으로 물어뜯은 뒤 알을 낳는다. 알에서 나온 애벌레는 줄기 속을 파먹고 자라고, 겨울이 오면 뿌리 쪽으로 내려가 겨울을 난다. 이듬해 봄에 다 자란 애벌레는 번데기방을 만들고, 어른벌레로 날개돋이 하면 밖으로 나온다.

뽕나무하늘소 *Apriona germari*

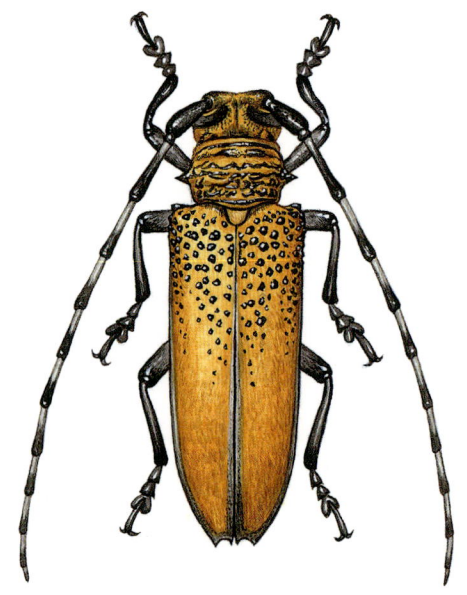

뽕나무하늘소 ↕ 35~45mm

하늘소과 목하늘소아과

뽕나무하늘소는 장수하늘소나 하늘소처럼 눈에 띄게 몸집이 크다. 하늘소와 비슷하게 생겼는데 크기가 더 작고, 빛깔도 다르다. 몸은 잿빛이나 푸른빛이 도는 누런 밤색 털로 덮여 있다. 앞가슴등판 양옆에는 뾰족한 가시가 있다. 딱지날개 앞쪽에는 작은 알갱이들이 우툴두툴 나 있다. 수컷은 더듬이가 몸길이보다 조금 길고 암컷은 조금 짧다.

뽕나무하늘소 어른벌레는 온 나라에서 7월부터 9월까지 보인다. 어른벌레는 뽕나무, 사과나무, 배나무, 버드나무, 귤나무, 무화과나무, 느릅나무, 포플러, 녹나무, 오동나무, 벚나무, 해당화 같은 넓은잎나무를 먹고 산다. 여름에 새로 난 나뭇가지 껍질이나 과일을 물어뜯고 즙을 빨아 먹는다. 밤에는 불빛을 보고 날아오기도 한다. 짝짓기를 마친 암컷은 7월 중순에서 8월 사이에 사과나무나 무화과나무에 알을 많이 낳는다. 한 자리에 하나씩 알을 70개쯤 낳는다. 큰 나무에서 아직 한두 해밖에 자라지 않은 가는 가지를 골라 껍질을 물어뜯고 그 속에 알을 낳는다. 그래서 나무껍질에 자국이 남는다. 열흘쯤 지나면 애벌레가 나와 나무속을 파먹으면서 자란다. 날씨가 추워지면 나무줄기 속에서 애벌레로 겨울을 난다. 두 해 겨울을 나고 이듬해 늦은 봄에 번데기가 된다. 번데기로 두세 주를 보내고 여름에 어른벌레로 날개돋이 한다. 7월 말에 가장 많이 보인다. 어른벌레는 30~40일쯤 산다.

나무속에 뽕나무하늘소 애벌레가 살면 나무가 약해지고 심할 때는 나무가 말라 죽기도 한다. 뽕나무하늘소가 퍼지는 것을 막으려고 알을 깐 나뭇가지를 잘라서 태운다. 천적인 말총벌과 홍고치벌은 나무속에 있는 뽕나무하늘소 애벌레를 귀신같이 찾아내 알을 낳는다. 말총벌과 홍고치벌 애벌레가 깨어나면 하늘소 애벌레를 먹고 자란다.

노랑줄점하늘소 *Epiglenea comes*

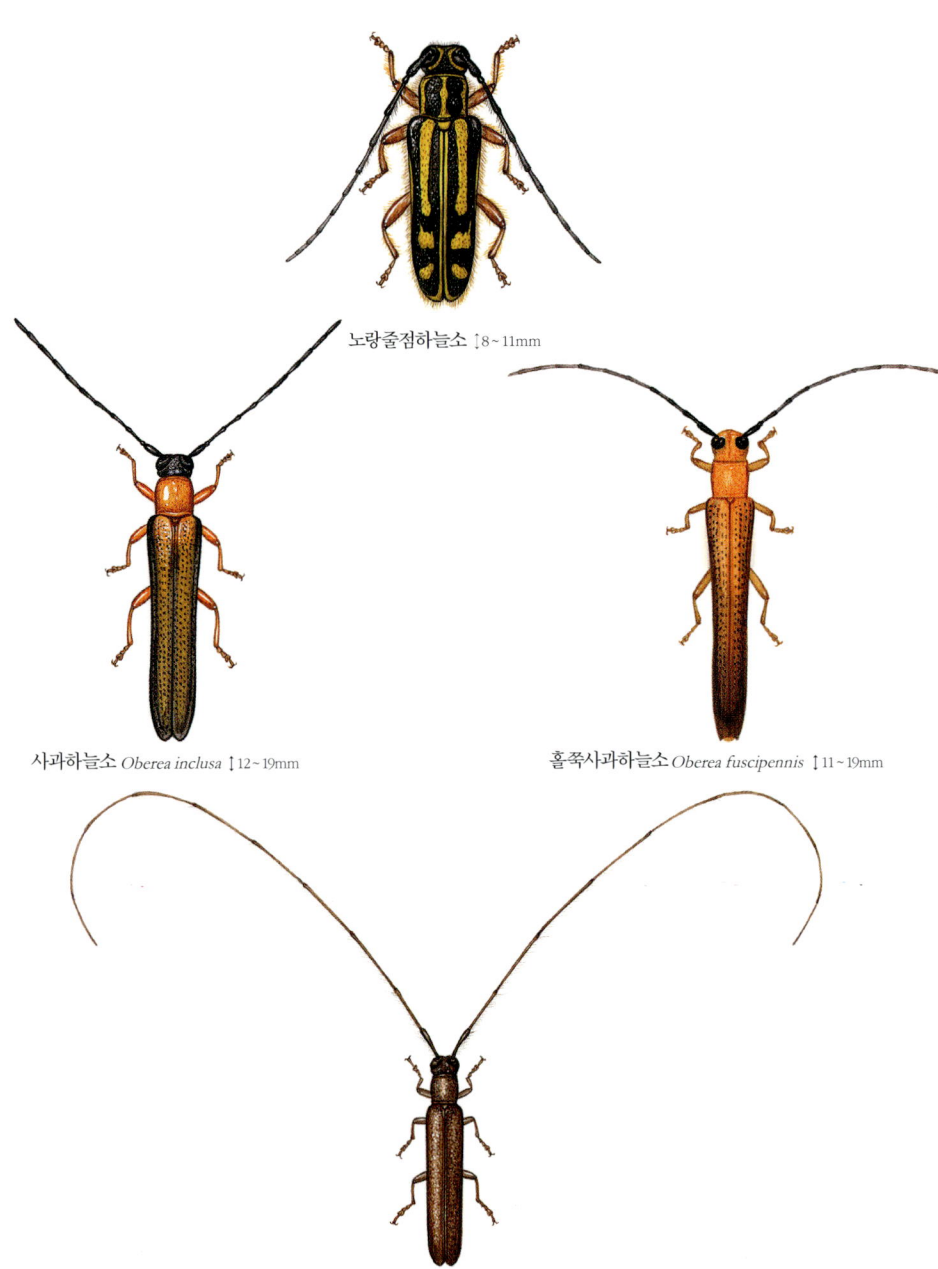

노랑줄점하늘소 ↕8~11mm

사과하늘소 *Oberea inclusa* ↕12~19mm

홀쭉사과하늘소 *Oberea fuscipennis* ↕11~19mm

원통하늘소 *Pseudocalamobius japonicus* ↕7~12mm

하늘소과 목하늘소아과

　노랑줄점하늘소는 이름처럼 몸에 노란 줄이 나 있다. 앞가슴등판과 딱지날개에 노란 세로 줄무늬가 나 있다. 온 나라 낮은 산에서 제법 쉽게 볼 수 있다. 어른벌레는 5월부터 8월까지 보인다. 한낮에 자귀나무나 붉나무, 호두나무 죽은 나무에 잘 날아온다. 애벌레는 썩은 나무껍질 밑을 갉아 먹는다. 다 자란 애벌레는 나무속으로 들어가 겨울을 난 뒤 이듬해 봄에 번데기가 된다.

　사과하늘소는 온 나라 산에서 제법 쉽게 볼 수 있다. 머리와 더듬이는 까맣고 다리와 앞가슴등판은 주황색이다. 딱지날개 가운데는 귤색이고 가장자리는 까맣다. 어른벌레는 5월부터 8월까지 보이는데, 6~7월에 많이 보인다. 벚나무나 사과나무, 싸리나무에 잘 날아온다. 밤에 불빛으로 날아오기도 한다. 짝짓기를 마친 암컷은 사과나무, 배나무, 복숭아나무, 싸리나무 가지에 알을 하나씩 낳는다고 한다. 2년에 1번 어른벌레로 날개돋이 한다. 우리나라에는 사과하늘소 무리가 9종쯤 산다.

　홀쭉사과하늘소는 온 나라 산에서 제법 쉽게 볼 수 있다. 온몸은 누런 밤색이고, 더듬이는 까맣다. 딱지날개 양옆과 뒤쪽은 검다. 어른벌레는 6월부터 8월까지 볼 수 있다. 낮에 산등성이나 산길에서 빠르게 날아다니는 모습을 볼 수 있다. 밤에 불빛으로 날아온다.

　원통하늘소는 온 나라 산에서 볼 수 있다. 어른벌레는 5월부터 7월까지 보인다. 이름처럼 몸은 가늘지만 원통처럼 생겼다. 수컷 더듬이는 몸길이보다 세 배나 더 길다. 맑은 날에 산길을 날아다니고, 뽕나무에 자주 모인다. 짝짓기를 마친 암컷은 노박덩굴이나 멍석딸기 같은 덩굴 식물 얇은 가지에 깔때기처럼 구멍을 뚫고 알을 낳는다. 번데기로 겨울을 난다고 알려졌다.

국화하늘소 *Phytoecia rufiventris*

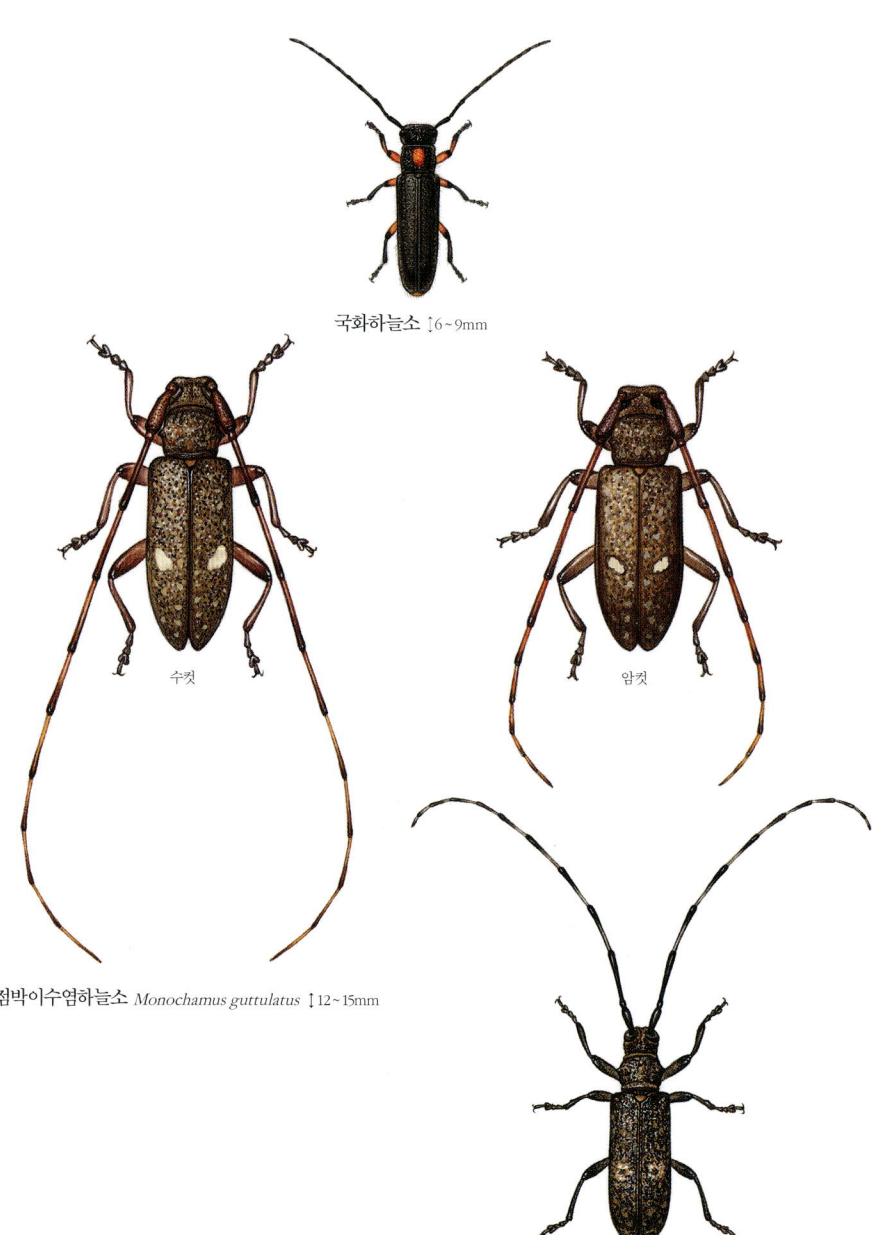

국화하늘소 ↕6~9mm

점박이수염하늘소 *Monochamus guttulatus* ↕12~15mm

긴수염하늘소 *Monochamus subfasciatus* ↕10~18mm

하늘소과 목하늘소아과

　국화하늘소는 온 나라 들판에서 제법 쉽게 볼 수 있다. 몸은 까만데, 앞가슴등판에 빨간 점이 있다. 어른벌레는 4월부터 5월까지 볼 수 있다. 이름처럼 어른벌레는 국화과 식물에 날아와 잎을 갉아 먹고, 짝짓기를 하고 알을 낳는다. 낮에 쑥이나 개망초에서 많이 보인다. 짝짓기를 마친 암컷은 살아 있는 줄기를 큰턱으로 물어뜯은 뒤 그 속에 알을 낳는다. 보름쯤 지나면 알에서 애벌레가 깨어 나온다. 애벌레가 줄기 속을 아래쪽으로 내려가면서 파먹는다. 그래서 위쪽 줄기가 말라 죽는다. 8월쯤 뿌리까지 내려가 번데기방을 만들고 그 속에서 번데기가 된다. 9월쯤 어른벌레로 날개돋이 해서 밖으로 나온다. 밖으로 나온 어른벌레는 먹이를 먹다가 식물 뿌리가 있는 땅속으로 들어가 겨울을 난다. 알에서 늦게 깨어난 애벌레는 그대로 땅속에서 겨울잠을 자기도 한다.

　점박이수염하늘소는 딱지날개 아래쪽에 하얀 점이 한 쌍 있다. 온 나라 낮은 산이나 들판에서 제법 흔하게 볼 수 있다. 어른벌레는 5월부터 8월까지 나온다. 늙어서 썩은 넓은잎나무에 날아와 먹이를 먹고 짝짓기를 한다. 밤에는 불빛으로 날아오기도 한다. 짝짓기를 마친 암컷은 썩은 나무껍질을 물어뜯은 뒤에 알을 낳는다. 알에서 나온 애벌레는 나무속을 파먹고 자란다. 다 자란 애벌레는 나무속 깊이 들어가 번데기방을 만든 뒤 번데기가 된다. 수염하늘소 무리는 모두 더듬이가 몸길이보다 2~3배 긴데, 수염하늘소만 더듬이가 짧아서 몸길이보다 조금 길다.

　긴수염하늘소는 딱지날개 가운데에 허연 무늬가 나 있다. 몸은 가늘고 길쭉한 원통처럼 생겼다. 남부 지방과 제주도에서 산다. 어른벌레는 6월 말부터 8월 초에 보인다. 낮에도 나오고 밤에도 볼 수 있다.

적갈색긴가슴잎벌레 *Lema diversa*

적갈색긴가슴잎벌레 ↕5mm 안팎

배노랑긴가슴잎벌레 *Lema concinnipennis* ↕5mm 안팎

주홍배큰벼잎벌레 *Lema fortune* ↕8mm 안팎

잎벌레과 긴가슴잎벌레아과

　잎벌레과 무리는 무당벌레와 생김새가 닮은 작은 딱정벌레다. 자세히 보면 잎벌레는 더듬이와 다리가 무당벌레[200]보다 훨씬 길다. 무당벌레와 달리 진딧물을 먹지 않고, 잎벌레라는 이름처럼 어른벌레는 모두 다 풀잎이나 나뭇잎을 갉아 먹는다. 줄기만 남기거나 잎맥만 그물처럼 남기고 다 먹어 치우는 잎벌레도 있다. 잎벌레마다 저마다 좋아하는 잎이 따로 있다. 애벌레도 잎을 먹는데 더러는 땅속에서 뿌리를 갉아 먹거나 집을 만들어 살거나 물속 물풀을 먹는 것도 있다.

　적갈색긴가슴잎벌레는 온 나라 들판과 낮은 산 풀밭에서 산다. 어른벌레는 5~6월에 보인다. 어른벌레와 애벌레는 닭의장풀 잎을 갉아 먹는다. 짝짓기를 마친 암컷은 잎 뒤에 알을 몇십 개 낳아 붙인다. 일주일쯤 지나면 알에서 애벌레가 깨어 나온다. 애벌레는 무리 지어 살면서 닭의장풀 잎을 갉아 먹는다. 애벌레는 자기가 싼 똥을 몸에 뒤집어써서 몸을 숨긴다. 열흘쯤 지나면 애벌레는 다 커서 종령 애벌레가 된다. 그러면 뿔뿔이 흩어져 땅속으로 들어가 입에서 실을 토해 번데기방을 만든다. 열흘쯤 지나면 어른벌레로 날개돋이 해서 땅 위로 나온다. 한 해에 두세 번 날개돋이 한다. 날씨가 추워지면 돌 틈이나 땅속에 들어가 어른벌레로 겨울잠을 잔다.

　배노랑긴가슴잎벌레는 배가 노랗다고 붙은 이름이다. 적갈색긴가슴잎벌레와 사는 모습이 거의 똑같다. 어른벌레는 온 나라 산에서 봄부터 9월까지 보인다. 어른벌레와 애벌레는 닭의장풀 잎을 갉아 먹는다. 알에서 번데기가 되는 데 열흘쯤 걸린다. 어른벌레로 겨울을 난다.

　주홍배큰벼잎벌레는 이름처럼 배가 빨갛다. 딱지날개 양쪽에 18개 줄이 나 있다. 어른벌레는 산속 풀밭에서 산다. 봄부터 가을까지 보이는데 6월에 가장 많다. 어른벌레와 애벌레 모두 참마 잎을 갉아 먹는다.

넉점박이큰가슴잎벌레 *Clytra arida*

넉점박이큰가슴잎벌레 ↕8mm 안팎

민가슴잎벌레 *Coptocephala orientalis* ↕5mm 안팎

청줄보라잎벌레 *Chrysolina virgata* ↕11~15mm

청줄보라잎벌레 색변이

잎벌레과 큰가슴잎벌레아과

잎벌레과 무리는 온 세계에 37000종쯤이 산다. 우리나라에는 370종쯤 산다. 잎벌레과 무리는 풍뎅이과, 거저리과, 하늘소과, 바구미과와 더불어 딱정벌레 무리 가운데 수가 많은 무리다. 그런데 잎벌레는 딱정벌레 가운데 몸집이 아주 작은 편이다. 몸길이가 1.5~3mm밖에 안 되는 것이 많다. 우리나라에서 크기가 가장 큰 종은 청줄보라잎벌레다. 몸길이가 11~15mm이다. 그다음으로 중국청람색잎벌레[258], 열점박이별잎벌레[264], 사시나무잎벌레[262]가 크다. 잎벌레는 풀색이나 짙푸른 색이 많고, 더듬이는 끈처럼 길다. 생김새는 저마다 다르다. 몸이 조금 길고, 앞가슴이 좁아서 마치 하늘소처럼 보이는 것도 있다. 금자라잎벌레 무리는 등딱지 속이 훤히 비치면서 금빛으로 반짝이고, 네 귀퉁이에는 검은 무늬가 다리처럼 보여서 자라와 비슷하다. 가시잎벌레 무리는 고슴도치처럼 온몸에 큰 가시가 나 있다. 하지만 무늬가 뚜렷하지 않은 잎벌레는 눈으로 어떤 종인지 알아보기가 어렵기도 하다.

넉점박이큰가슴잎벌레는 이름처럼 딱지날개에 까만 점이 네 개 있다. 온 나라 낮은 산이나 들판에서 볼 수 있다. 어른벌레는 5월부터 8월까지 보이는데, 6월에 가장 많이 보인다. 낮에 나와 돌아다니면서 자작나무나 버드나무, 오리나무, 박달나무, 싸리나무, 참나무 잎을 갉아 먹는다. 짝짓기를 마친 암컷이 알을 땅에 떨어뜨려 낳으면, 알에서 나온 애벌레가 개미집에 들어가 산다. 어른벌레로 겨울을 난다.

민가슴잎벌레는 넉점박이큰가슴잎벌레와 생김새가 아주 닮았다. 하지만 몸이 더 작고, 머리는 아주 넓다. 딱지날개 앞쪽 가장자리와 뒤쪽에 커다란 까만 무늬가 한 쌍 있다.

청줄보라잎벌레는 우리나라에 사는 잎벌레 가운데 몸이 가장 크다. 어른벌레는 봄부터 가을까지 온 나라 논밭이나 냇가, 낮은 산 풀밭에서 보이는데 6월에 가장 많다. 층층이꽃, 들깨, 쉽싸리 같은 꿀풀과에 딸린 풀을 갉아 먹는다.

팔점박이잎벌레 *Cryptocephalus japanus*

팔점박이잎벌레 ↕8mm 안류

팔점박이잎벌레 색변이

팔점박이잎벌레 색변이

콜체잎벌레 *Cryptocephalus koltzei* ↕5mm 안류

팔점박이잎벌레는 온 나라 낮은 산이나 들판에서 볼 수 있다. 이름과 달리 딱지날개에 점이 8개 보이는 좋은 거의 안 보이고, 거의 딱지날개 어깨 양쪽에만 까만 점이 한 쌍 있다. 앞가슴등판에 굵고 까만 세로줄이 두 개 있다. 어른벌레는 4월부터 7월까지 보이는데, 6월에 가장 많다. 떡갈나무나 버드나무, 사시나무, 벗나무, 오리나무 잎을 갉아 먹는다. 짝짓기를 마친 암컷은 알을 땅에 떨어뜨려 낳는다. 알에서 나온 애벌레는 호장근 잎을 갉아 먹는다.

　콜체잎벌레는 온 나라 들판 풀밭에서 볼 수 있다. 어른벌레는 5월부터 7월까지 보인다. 몸은 짧고, 아주 통통하다. 딱지날개에는 노란 점무늬가 세 쌍 있다. 딱지날개 가장자리도 노랗다.

고구마잎벌레 *Colasposoma dauricum*

고구마잎벌레 ↕5~6mm

고구마잎벌레 색변이

고구마잎벌레 색변이

금록색잎벌레 *Basilepta fulvipes* ↕4mm 안팎

금록색잎벌레 색변이

금록색잎벌레 색변이

중국청람색잎벌레 *Chrysochus chinensis* ↕11~23mm

잎벌레과 꼽추잎벌레아과

고구마잎벌레는 들판이나 강가 풀밭에서 산다. 어른벌레는 6월부터 8월까지 보인다. 이름처럼 고구마 잎을 잘 갉아 먹고 메꽃 같은 다른 풀들도 갉아 먹는다. 애벌레는 땅속에서 고구마 뿌리를 갉아 먹어서 피해를 주기도 한다. 금록색잎벌레와 생김새가 닮았는데 머리가 더 크다. 앞가슴등판에 홈이 파인 세로줄이 있다. 딱지날개 가장자리에는 테두리가 둘러져 있다.

금록색잎벌레는 온 나라 논밭이나 낮은 산, 숲 가장자리, 냇가 풀밭에서 볼 수 있다. 딱지날개는 거무스름한 풀색이나 파란색이다. 앞가슴등판은 양옆이 툭 튀어나왔다. 어른벌레는 6월부터 8월까지 보인다. 어른벌레가 쑥이나 국화 같은 식물 잎을 갉아 먹는다. 애벌레는 땅속에서 식물 뿌리를 갉아 먹는다.

중국청람색잎벌레는 온 나라 산과 들에 자라는 박주가리에서 자주 보인다. 어른벌레는 5월부터 9월까지 보이는데 6월에 가장 많다. 잎벌레 가운데 몸집이 제법 크다. 온몸은 까맣고, 딱지날개는 푸르스름한 남색으로 번쩍거린다. 여러 마리가 무리 지어 박주가리 잎을 갉아 먹는다. 고구마나 감자, 쑥 잎을 갉아 먹기도 한다. 애벌레로 겨울을 나고, 이듬해 봄에 번데기가 되어 5월쯤부터 어른벌레로 날개돋이 한다. 가을에 흙과 침을 버무려 고치를 만들고 번데기가 되어 겨울을 나기도 한다. 짝짓기를 마친 암컷은 7~8월에 박주가리 줄기나 뿌리 둘레 땅속에 알을 덩어리로 낳는다. 알에서 나온 애벌레는 땅속에서 박주가리 뿌리를 갉아 먹는다. 중국에서 처음 찾아 중국청람색잎벌레라는 이름이 붙었지만, 오래전부터 우리나라에서 살던 토박이 잎벌레다.

좀남색잎벌레 *Gastrophysa atrocyanea*

수컷

암컷

좀남색잎벌레 ↕5mm 안팎

쑥잎벌레 *Chrysolina aurichalcea* ↕7~10mm

쑥잎벌레 색변이

잎벌레과 잎벌레아과

  좀남색잎벌레는 온 나라 들판이나 논밭에서 산다. 소리쟁이가 자라는 곳이면 도시에서도 보인다. 어른벌레는 3월부터 6월까지 보인다. 몸은 거무스름한 파란색이다. 딱지날개에는 홈이 파여 세로줄이 나 있다. 어른벌레는 소리쟁이나 참소리쟁이 잎에 무리 지어 모여서 갉아 먹는다. 암컷은 수컷과 달리 배가 아주 뚱뚱하게 부풀어 올랐고 노랗다. 짝짓기를 마친 암컷은 잎 뒤에 알을 30~40개 덩어리로 낳는다. 사흘쯤 지나면 알에서 애벌레가 깨어 나온다. 애벌레는 어른벌레처럼 소리쟁이 잎을 갉아 먹는다. 허물을 두 번 벗고 크다가 20일쯤 지나면 흙 속으로 들어가 번데기가 된다. 5~6월에 어른벌레로 날개돋이 한 뒤에 땅속으로 들어가 겨울을 난다.

  쑥잎벌레는 몸빛이 붉은 구릿빛이나 거무스름한 푸른빛을 띠며 번쩍거린다. 딱지날개에 작은 홈이 파여 줄지어 나 있다. 암컷은 수컷보다 배가 훨씬 뚱뚱하다.

  쑥잎벌레는 이름처럼 쑥 잎을 갉아 먹는다. 어른벌레와 애벌레 모두 쑥을 갉아 먹는다. 쑥이 자라는 어느 곳에서나 쉽게 볼 수 있다. 어른벌레는 4월부터 11월까지 볼 수 있다. 10월에 짝짓기를 하고 알을 낳는다. 알로 그대로 겨울을 나고, 이듬해 봄에 애벌레가 나온다. 애벌레는 낮에는 땅속에 숨어 있다가, 밤에 쑥 줄기를 타고 올라와 잎을 갉아 먹는다. 여름 들머리에 땅속에서 번데기가 된다. 일주일쯤 지나면 어른벌레로 날개돋이 해서 흙을 뚫고 나온다. 어른벌레로 겨울을 나기도 한다.

사시나무잎벌레 *Chrysomela populi*

사시나무잎벌레 ▮11mm 안팎

버들잎벌레 *Chrysomela vigintipunctata* ▮6~9mm

버들잎벌레 색변이

잎벌레과 잎벌레아과

　사시나무잎벌레도 잎벌레 가운데 몸집이 큰 편이다. 봄부터 가을까지 보이는데 5~6월에 가장 흔하다. 사시나무, 황철나무, 버드나무 잎을 갉아 먹는다. 어른벌레로 겨울을 나고, 봄에 나뭇잎에 쌀알처럼 길쭉한 알을 무더기로 붙여 낳는다. 알을 낳으면 남생이무당벌레가 날아와 알을 먹어 치우기도 한다. 5일쯤 지나면 알에서 애벌레가 깨어나서 무리 지어 잎을 갉아 먹기 시작한다. 애벌레가 갉아 먹고 난 자리는 잎맥만 남기 때문에 잎이 촘촘한 그물처럼 된다. 어른벌레나 애벌레나 건드리면 모두 고약한 냄새가 나는 희뿌연 물이 나온다. 애벌레는 허물을 세 번 벗고 종령 애벌레가 되어 뿔뿔이 흩어진다. 다 자란 애벌레는 꽁무니를 나무줄기나 잎 뒷면에 붙이고 거꾸로 매달려 번데기가 된다. 알에서 어른벌레가 되는 데 한 달쯤 걸린다. 한 해에 두 번 어른벌레로 날개돋이 한다.

　버들잎벌레는 이름처럼 버드나무 잎을 갉아 먹는다. 딱지날개는 빨갛고, 까만 점무늬가 9~10쌍 나 있다. 온 나라 냇가나 골짜기에 자라는 버드나무에서 흔히 볼 수 있다. 어른벌레는 한 해 내내 볼 수 있는데 5~6월에 가장 많이 보인다. 어른벌레로 겨울을 나고, 이른 봄에 나와 버드나무 싹을 갉아 먹고 짝짓기를 한다. 짝짓기를 마친 암컷은 버드나무 잎 뒤에 알을 수십 개 낳아 붙인다. 알은 쌀알처럼 생겼다. 알에서 나온 애벌레도 버드나무 잎을 갉아 먹는다. 애벌레는 20일쯤 동안 허물을 세 번 벗으면 다 자란다. 그러면 잎 뒤에 거꾸로 붙어 번데기가 되고, 5~6월에 어른벌레로 날개돋이 한다. 알에서 어른벌레가 되는 데 한 달쯤 걸린다.

열점박이별잎벌레 *Oides decempunctatus*

열점박이별잎벌레 ↕10~13mm

노랑가슴녹색잎벌레 *Agelasa nigriceps* ↕4~8mm

상아잎벌레 *Gallerucida bifasciata* ↕7~10mm

잎벌레과 긴더듬이잎벌레아과

　열점박이별잎벌레는 우리나라에서 가장 큰 잎벌레다. 생김새가 무당벌레를 똑 닮았는데, 더듬이가 훨씬 길다. 딱지날개에 까만 점이 10개 있다. 어른벌레는 온 나라 들판에서 8~9월에 보인다. 포도나무나 개머루, 담쟁이덩굴 같은 포도과 식물 잎을 갉아 먹는다. 짝짓기를 마친 암컷은 가을에 땅속에 알을 낳는다. 알로 겨울을 나고, 이듬해 봄에 애벌레가 깨어 땅 위로 나온다. 애벌레는 위험을 느끼면 몸에서 고약한 냄새가 나는 노란 물이 나온다. 다 자란 애벌레는 땅속으로 들어가 번데기방을 만들고 번데기가 된다. 20일쯤 지나면 어른벌레로 날개돋이 해서 밖으로 나온다. 한 해에 한 번 어른벌레로 날개돋이 한다. 어른벌레도 위험을 느끼면 입과 다리마디에서 고약한 냄새가 나는 노란 물이 나오고, 땅으로 툭 떨어져 죽은 척한다.

　노랑가슴녹색잎벌레는 4~5월에 다래나무에서 보인다. 어른벌레나 애벌레 모두 다래나무 잎을 갉아 먹는다. 짝짓기를 마친 암컷은 다래나무 잎 뒤에 알을 무더기로 붙여 낳는다. 알에서 나온 애벌레는 처음에는 무리 지어 잎을 갉아 먹다가, 크면서 뿔뿔이 흩어진다. 어른벌레로 겨울을 난다.

　상아잎벌레는 딱지날개에 난 물결무늬가 상아 빛깔처럼 노랗다. 온 나라 산과 들판에서 3~8월에 보인다. 어른벌레와 애벌레 모두 호장근이나 수영, 소리쟁이, 까치수영, 며느리배꼽 같은 식물 잎을 갉아 먹는다. 낮에는 들판이나 산길 둘레에서 잘 날아다닌다. 어른벌레로 땅속이나 가랑잎 밑에서 겨울을 나고 이듬해 봄에 나와 짝짓기를 한다. 짝짓기를 마친 암컷은 애벌레가 먹는 식물 둘레 땅속에 알을 낳는다. 알에서 나온 애벌레는 밖으로 나와 줄기를 타고 오른다. 허물을 두 번 벗고 다 자란 애벌레는 다시 땅속으로 들어가 번데기가 된다. 알에서 번데기가 되는 데 두 주쯤 걸린다. 땅속에서 번데기로 두 달쯤 있다가 여름과 가을 사이에 어른벌레로 날개돋이 한다.

오리나무잎벌레 *Agelastica coerulea*

오리나무잎벌레 ↕7mm 안팎

뽕나무잎벌레 *Fleutiauxia armata* ↕5~7mm

잎벌레과 긴더듬이잎벌레아과

오리나무잎벌레는 이름처럼 낮은 산이나 들판에 자라는 오리나무나 버드나무에서 산다. 몸은 까맣지만 보는 각도에 따라 보랏빛이나 풀빛을 띤 남색으로 보인다. 앞가슴등판에는 작은 점무늬가 나 있다. 어른벌레는 4월부터 8월까지 볼 수 있다. 어른벌레로 겨울을 나고, 이듬해 4~5월에 나와 오리나무 잎을 갉아 먹고 짝짓기를 한다. 짝짓기를 마친 암컷은 쌀알처럼 생긴 노란 알을 오리나무 잎 뒤에 30~40개 붙여 낳는다. 알에서 나온 애벌레는 잎맥만 남기고 잎을 갉아 먹다가 한 달 동안 허물을 두 번 벗으면 다 자란 종령 애벌레가 된다. 가끔 오리나무 잎을 깡그리 갉아 먹어서 나무를 말라 죽게도 한다. 애벌레가 위험을 느끼면 돌기 속에 감춘 속살을 풍선처럼 밖으로 부풀린다. 그러면 그 속살에서 고약한 냄새가 나는 물이 나온다. 종령 애벌레는 땅속으로 들어가 흙을 빚어 번데기방을 만들고 번데기가 된다. 20일쯤 지나면 번데기에서 어른벌레로 날개돋이 한다. 여름에 나온 어른벌레는 잎을 갉아 먹다가 8월 말쯤 다시 땅속으로 들어가 이듬해 봄까지 잠을 잔다. 알에서 어른벌레까지 한 해에 한 번 날개돋이 한다.

뽕나무잎벌레는 4~5월에 보인다. 어른벌레는 뽕나무나 사과 잎을 갉아 먹는다. 그래서 뽕나무나 사과나무에 피해를 준다. 5월에 짝짓기를 하고 알을 2~3개씩 낳는다. 한 달쯤 지나면 알에서 애벌레가 나와 땅속에 들어가 뿌리를 갉아 먹는다. 애벌레로 겨울을 난다고 한다. 한 해에 한 번 날개돋이 한다.

오이잎벌레 *Aulacophora indica*

오이잎벌레 ↕5~8mm

검정오이잎벌레 *Aulacophora nigripennis* ↕5~7mm

잎벌레과 긴더듬이잎벌레아과

　오이잎벌레는 온 나라 들판, 논밭 둘레, 낮은 산에서 볼 수 있다. 몸은 주황색으로 번쩍거린다. 딱지날개는 아주 얇아서 속이 비친다. 앞가슴등판 가운데가 가로로 홈이 파여 줄을 이룬다. 어른벌레는 온 나라에서 4월부터 6월까지 보인다. 낮에 나와 오이나 참외, 호박, 배추 같은 농작물 잎을 많이 갉아 먹는다. 어른벌레로 가랑잎 밑에서 겨울을 나고 봄에 나와 짝짓기를 한다. 짝짓기를 마친 암컷은 땅속에 알을 낳는다. 알에서 나온 애벌레는 땅속에서 오이나 참외 같은 농작물 뿌리를 갉아 먹는다.

　검정오이잎벌레는 온 나라 들판에서 쉽게 볼 수 있다. 오이잎벌레와 생김새가 닮았는데, 검정오이잎벌레는 딱지날개가 까매서 다르다. 어른벌레는 4월부터 11월까지 보인다. 낮에 나와 콩이나 박, 오이 같은 농작물 잎을 갉아 먹고 팽나무, 등나무, 오리나무 같은 나뭇잎도 갉아 먹는다. 짝짓기를 마친 암컷은 땅속에 알을 낳는다. 알에서 나온 애벌레는 땅속 식물 뿌리를 갉아 먹는다. 어른벌레로 겨울잠을 잔다.

큰남생이잎벌레 *Thlaspida biramosa*

큰남생이잎벌레 ↕7~9mm

남생이잎벌레 *Cassida nebulosa* ↕7mm 안팎

애남생이잎벌레 *Cassida piperata* ↕5~6mm

잎벌레과 남생이잎벌레아과

큰남생이잎벌레는 애남생이잎벌레와 닮았지만, 몸집이 더 크고 앞가슴등판이 붉은 밤색이어서 다르다. 몸 가장자리로 가슴등판과 딱지날개가 옆으로 늘어나 있다. 딱지날개는 투명해서 속이 훤히 비친다. 어른벌레는 온 나라 산속 풀밭에서 5~6월에 보인다. 어른벌레와 애벌레 모두 작살나무나 좀작살나무 잎을 흔히 갉아 먹는다. 다른 남생이잎벌레처럼 짝짓기를 마친 암컷은 잎 뒤쪽에 알을 쌓아 낳는다. 알에서 나온 애벌레는 허물을 세 번 벗고 자란다. 다른 남생이잎벌레 애벌레처럼 애벌레가 허물과 똥을 짊어지고 다니며 몸을 숨긴다. 다 자란 애벌레는 잎 위에서 번데기가 된다.

남생이잎벌레는 생김새가 꼭 남생이를 닮았다고 붙은 이름이다. 남생이처럼 머리와 다리를 가슴등판과 딱지날개 속에 숨기고 더듬이만 내놓은 채 기어 다닌다. 딱지날개가 투명해서 속이 훤히 비친다. 다른 남생이잎벌레보다 몸이 조금 더 길쭉하고 납작하다. 온 나라 낮은 산 풀밭에서 볼 수 있다. 어른벌레는 5~8월에 보이는데, 6월에 가장 많다. 어른벌레와 애벌레 모두 명아주과 식물 잎을 갉아 먹는다. 잎 뒤에 숨어서 단단한 잎맥은 놔두고 잎살만 갉아 먹는다. 어른벌레로 겨울을 나고 이듬해 봄에 나와 짝짓기를 한다. 짝짓기를 마친 암컷은 잎 뒤에 알을 3층으로 차곡차곡 쌓아 낳는다. 알 무더기를 다 낳으면 꽁무니에서 끈끈한 물을 내어 이불처럼 덮는다. 그래서 꼭 지갑처럼 생겼다. 알에서 나온 애벌레는 꼭 짚신처럼 생겼다. 자기가 벗은 허물과 싼 똥을 몸에 짊어지고 다니며 잎을 갉아 먹는다. 다 자란 애벌레는 잎 위에서 번데기가 된다. 번데기도 애벌레처럼 허물과 똥을 그대로 짊어지고 있다.

애남생이잎벌레는 남생이잎벌레와 똑 닮았지만, 딱지날개 가운데에 까만 무늬가 삐뚤빼뚤 나 있어서 다르다. 온 나라 논밭 둘레나 시냇가, 바닷가 풀밭에서 볼 수 있다. 어른벌레로 겨울을 나고, 이듬해 봄에 나와 짝짓기를 하고 알을 낳는다. 여기에서 나온 애벌레가 가을에 어른벌레로 날개돋이 한다.

팥바구미 *Callosobruchus chinensis*

팥바구미 ↕ 2~3mm

알락콩바구미 *Megabruchidius dorsalis* ↕ 5mm 안팎

콩바구미과 콩바구미아과

 콩바구미과 무리는 우리나라에 9종이 알려졌다. 바구미라는 이름이 들어갔지만 사실 바구미과 무리보다는 하늘소과나 잎벌레과와 더 가까운 무리다. 바구미 무리는 입이 코끼리 코처럼 쭉 늘어났지만, 콩바구미 무리 입은 그렇지 않다. 콩을 많이 갉아 먹는다고 콩바구미다.

 팥바구미는 앞가슴등판에 짧고 하얀 점무늬가 두 개 있다. 딱지날개는 누런 밤색이고, 검고 하얀 무늬가 나 있다. 이름처럼 팥을 갉아 먹고 산다. 콩이나 팥을 심은 밭에서 살고, 갈무리해 둔 팥에서도 산다. 짝짓기를 마친 암컷은 잘 여문 팥이나 꼬투리에 알을 붙여 낳는다. 일주일쯤 지나면 알에서 애벌레가 깨어 나온다. 애벌레는 구더기처럼 생겼다. 애벌레는 팥을 주둥이로 갉아 속으로 들어간다. 그 속에서 보름쯤 지내다 어른벌레로 날개돋이 해서 팥 밖으로 나온다. 어른벌레는 열흘쯤 살면서 짝짓기를 하고 알을 낳고 죽는다.

 알락콩바구미는 콩과 식물인 쥐엄나무에 알을 낳는다. 알에서 나온 애벌레는 딱딱한 쥐엄나무 열매를 갉아 먹는다.

도토리거위벌레 *Mecorhis ursulus*

도토리거위벌레 ↕8~10mm

뿔거위벌레 *Byctiscus puberulus puberulus* ↕5~7mm

포도거위벌레 *Byctiscus lacunipennis* ↕4mm 안팎

복숭아거위벌레 *Rhynchites heros* ↕7~10mm

주둥이거위벌레과 주둥이거위벌레아과

주둥이거위벌레과 무리는 우리나라에 6종쯤이 알려졌다. 이름처럼 주둥이가 코끼리 코처럼 가늘고 길게 튀어나왔다. 산에서 많이 산다. 밤에 불빛으로 날아오기도 한다. 생김새가 서로 닮아서 종을 구별하기가 까다롭다.

도토리거위벌레는 이름처럼 도토리가 열리는 참나무에서 산다. 온몸에 잿빛 털이 나 있다. 어른벌레는 6월부터 9월까지 중부와 남부 지방에서 볼 수 있는데, 8월에 가장 많다. 어른벌레는 도토리에 주둥이를 꽂고 물을 빨아 먹는다. 짝짓기를 마친 암컷은 긴 주둥이로 도토리에 구멍을 낸 뒤 그 속에 알을 한두 개씩 낳는다. 그러고는 가지를 잘라 가지째 땅으로 떨어뜨린다. 일주일쯤 지나면 알에서 애벌레가 깨어 나온다. 애벌레는 도토리를 먹고 살다가 20일쯤 지나면 다 자라서 도토리 껍질을 뚫고 밖으로 나온다. 그러고는 땅속으로 들어가 흙집을 짓고 겨울을 난다. 열 달쯤 잠을 자다가 이듬해 5월에 깨어나 번데기가 된다.

뿔거위벌레는 딱지날개에 작은 점무늬가 잔뜩 나 있다. 그리고 세로 줄무늬가 석 줄씩 나 있다. 수컷은 가슴 양쪽에 뾰족한 돌기가 튀어나왔다. 어른벌레는 낮은 산에서 5월부터 7월까지 볼 수 있는데, 신나무에서 자주 보인다. 짝짓기를 마친 암컷은 신나무 잎을 두세 장 둥글게 만 뒤 그 속에 알을 낳는다.

포도거위벌레는 이름처럼 포도에서 많이 보인다. 어른벌레는 5월부터 7월까지 온 나라에서 보인다. 짝짓기를 마친 암컷은 포도 잎을 둥글게 만 뒤 그 속에 알을 14개쯤 낳는다. 애벌레가 포도를 많이 갉아 먹어서 피해를 주기도 한다.

복숭아거위벌레는 4월부터 6월까지 볼 수 있다. 복숭아나무, 자두나무, 살구나무, 매실나무 꽃봉오리나 어린눈, 잎을 갉아 먹는다. 암컷은 짝짓기를 한 뒤 열매에 구멍을 뚫고 알을 20~50개쯤 낳는다. 열흘쯤 지나면 알에서 애벌레가 나와 과일 속을 파먹고 산다. 한 달쯤 지나면 땅으로 내려와 땅속에서 번데기가 된다. 번데기로 겨울을 나고 이듬해 봄에 어른벌레로 날개돋이 한다.

거위벌레 *Apoderus jekelii*

수컷

암컷

거위벌레 ↕6~10mm

거위벌레과 목거위벌레아과

거위벌레과 무리는 딱정벌레 무리 가운데 머리가 가장 길다. 머리 뒤쪽이 길게 늘어나 마치 거위 목처럼 보인다고 '거위벌레'라는 이름이 붙었다. 바구미과 무리는 주둥이가 길게 늘어났고, 거위벌레과 무리는 주둥이는 조금 늘어나고 머리 뒤쪽이 많이 늘어났다. 그렇지만 거위벌레 암컷은 머리가 조금밖에 늘어나지 않았다.

거위벌레는 큰 나무가 자라는 산에 많다. 오리나무나 박달나무, 자작나무, 개암나무 같은 자작나무과 잎을 좋아한다. 온 나라 낮은 산이나 들판에서 볼 수 있다. 어른벌레는 5월부터 9월까지 보인다. 늦봄이나 이른 여름에 산에 가면 거위벌레가 말아 놓은 나뭇잎 뭉치가 가지에 매달려 있거나 길에 떨어져 있는 것을 볼 수 있다. 거위벌레 암컷은 나뭇잎 한 장을 돌돌 말거나 나뭇잎 몇 장을 같이 말고 그 속에 알을 1~3개쯤 낳는다. 걸음걸이로 나뭇잎 길이를 재고 날카로운 큰턱으로 가운데 잎맥만 두고 잎을 가로로 자른다. 잎을 물어서 흠집을 내고, 단단하게 접히도록 다리 여섯 개로 꼭꼭 누르면서 돌돌 말아 올린다. 이렇게 말아 올리는데 두 시간쯤 걸린다. 하루에 한두 개씩 만드는데 7월까지 20~30개쯤 나뭇잎을 말아 알집을 만든다. 알을 낳은 지 네댓새가 지나면 애벌레가 깨어난다. 애벌레가 깨어나면 어미가 말아 놓은 나뭇잎을 갉아 먹고 자란다. 열흘쯤 지나면 번데기가 되고 다시 일주일이 지나면 어른벌레가 된다. 애벌레는 구더기처럼 생겼다. 다리가 없고 머리가 단단하다. 다 자란 애벌레는 나뭇잎 뭉치 속에서 날개돋이 해 뭉치를 뚫고 밖으로 나온다. 몇몇 종은 애벌레가 땅속으로 들어가 번데기가 되기도 한다. 어른벌레로 겨울을 난다.

북방거위벌레 *Apoderus erythropterus*

북방거위벌레 ↕3~5mm

노랑배거위벌레 *Cycnotrachelus coloratus*
↕4mm 안팎

거위벌레과 목거위벌레아과

거위벌레과 무리는 우리나라에 60종쯤 알려졌다. 몸집이 작은 것은 4~5mm쯤 되고, 큰 것은 8~12mm쯤 된다. 거위벌레마다 알을 낳는 나무가 다르고, 잎을 접는 모양이 다르다. 접은 나뭇잎을 땅에 떨어뜨리기도 하고 매달아 놓기도 한다. 나뭇잎이 아니라 열매나 나뭇가지에 알을 낳는 것도 있다.

북방거위벌레는 온 나라 낮은 산에서 볼 수 있다. 노랑배거위벌레와 생김새가 닮았지만, 북방거위벌레는 몸이 까맣고 배가 노랗지가 않다. 수컷 머리가 암컷보다 훨씬 길다. 어른벌레는 4월부터 8월까지 보인다. 짝짓기를 마친 암컷은 장미나 멍석딸기 같은 장미과 식물이나 싸리나무, 참나무 잎을 말아서 알집을 만들고 알을 낳는다. 4~5일쯤 지나면 알에서 애벌레가 깨어 나온다. 애벌레는 알집 속에서 나뭇잎을 갉아 먹고 크다가 보름쯤 지나면 번데기가 된다. 그리고 4~5일 뒤에 어른벌레로 날개돋이 한다. 새로 날개돋이 한 어른벌레는 다시 짝짓기를 해서 여름에 또 알을 낳는다. 이때 알에서 나온 애벌레는 땅속으로 들어가 번데기가 된 뒤 겨울을 난다.

노랑배거위벌레는 이름처럼 배가 노랗다. 온 나라 낮은 산에서 산다. 어른벌레는 4월부터 6월까지 볼 수 있다. 짝짓기를 마친 암컷은 아까시나무나 싸리나무 잎을 말아 올려 그 속에 알을 낳는다. 하나 말아 올리는데 한두 시간쯤 걸린다. 위험을 느끼면 땅으로 뚝 떨어지면서 날개를 펴고 날아간다. 밤에 가끔 불빛으로 날아오기도 한다.

왕거위벌레 *Paracycnotrachelus longiceps*

왕거위벌레 ↕수컷 9~12mm, 암컷 7~8mm

느릅나무혹거위벌레 *Phymatopoderus latipennis*
↕6mm 안팎

등빨간거위벌레 *Tomapoderus ruficollis*
↕7mm 안팎

황철거위벌레 *Byctiscus rugosus* ↕5~8mm

거위벌레과 목거위벌레아과

　왕거위벌레는 거위벌레 무리 가운데 가장 흔하게 볼 수 있다. 또 이름처럼 거위벌레 가운데 몸이 가장 크다. 암컷은 뒷머리 길이가 짧아서 몸길이도 짧다. 둘 다 색깔은 붉은 밤색인데 조금 엷은 것도 있고 아주 짙어서 검붉은 밤색인 것도 있다. 머리나 가슴이나 다리가 붉은 것도 있고 까만 것도 있다.

　왕거위벌레는 온 나라 낮은 산에 살면서 참나무 잎을 많이 갉아 먹는다. 어른벌레는 4월부터 8월까지 보인다. 짝짓기를 마친 암컷은 참나무, 밤나무, 오리나무, 자작나무 잎을 말아 올린다. 하나 말아 올리는데 2시간쯤 걸린다. 애벌레로 겨울을 나고, 이듬해 봄에 날개돋이 한다. 한 해에 한 번 날개돋이 한다. 위험을 느끼면 땅으로 툭 떨어져 죽은 척한다.

　왕거위벌레는 오리나무나 참나무, 개암나무 잎을 좋아한다. 노랑배거위벌레[278]는 싸리나무에 알을 많이 낳는다. 느릅나무혹거위벌레는 거북꼬리나 좀깨잎나무 같은 쐐기풀과 식물 잎에 알을 낳는다. 등빨간거위벌레는 포도과 잎을 좋아하고, 거위벌레[276]는 오리나무나 박달나무 같은 자작나무과 잎에 알을 낳는다. 단풍뿔거위벌레는 단풍나무 잎을 여러 장 말아서 알집을 만든다. 황철거위벌레는 포플러나무나 사과나무 잎을 말아서 그 속에 알을 낳는다.

목창주둥이바구미 *Pseudopiezotrachelus collare*

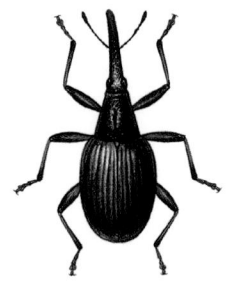

목창주둥이바구미 ↕2mm 안쿄

창주둥이바구미과 창주둥이바구미아과

　창주둥이바구미과 무리는 온 세계에 2000종쯤이 살고, 우리나라에 13종이 알려졌다. 대부분 몸길이가 1~5mm쯤 되는 작은 곤충이다. 몸은 서양배처럼 볼록하고, 대부분 몸빛이 까맣다. 다른 바구미 무리처럼 주둥이는 길고 둥글며, 밑으로 굽어 있다. 하지만 다른 바구미와 달리 더듬이가 꺾어지지 않고 실처럼 길쭉하다. 애벌레는 식물 열매나 줄기를 파먹고 산다. 1970년대까지 거의 연구가 안 되었던 무리다. 사는 모습이 더 밝혀져야 한다.

　목창주둥이바구미는 온몸이 까맣게 반짝거린다. 주둥이 길이가 앞가슴등판 길이와 거의 같다. 콩이나 팥, 녹두에서 많이 볼 수 있다. 중부와 남부, 제주도에서 산다.

왕바구미 *Sipalinus gigas*

왕바구미 ↕15~29mm

흰줄왕바구미 *Cryptoderma fortunei* ↕9~15mm

쌀바구미 *Sitophilus oryzae* ↕2~3mm

왕바구미과 왕바구미아과

　왕바구미과 무리는 우리나라에 9종쯤 산다. 산에서 많이 보이는데, 쌀바구미는 사람이 갈무리해 둔 곡식에 살아서 집 안에서도 보인다. 위험을 느끼면 땅에 떨어져 죽은 척한다.

　왕바구미는 이름처럼 우리나라 바구미 가운데 몸집이 가장 크다. 온몸은 까맣고, 누런 가루가 덮여 있다. 오래되면 가루가 벗겨진다. 앞가슴등판과 딱지날개에 까만 세로 줄무늬가 있다. 어른벌레는 온 나라 낮은 산에서 5~9월에 볼 수 있는데, 6~7월에 가장 많이 보인다. 나무에 흐르는 나뭇진이나 베어 낸 소나무 더미에 잘 모인다. 밤에 불빛으로 날아오기도 한다. 짝짓기를 마친 암컷은 죽은 지 얼마 안 되는 나무껍질 밑을 주둥이로 헤집고 알을 낳는다. 알을 낳은 암컷은 곧 죽는다. 알에서 나온 애벌레는 나무속을 갉아 먹고 큰다. 나무속에서 애벌레로 겨울을 나기도 하고, 어른벌레로 땅속에 들어가 겨울을 나기도 한다.

　흰줄왕바구미는 온 나라 낮은 산이나 들판에서 보인다. 이름처럼 앞가슴등판과 딱지날개에 하얀 줄무늬가 있다. 온몸에 밤색 가루가 덮여 있는데, 오래되면 가루가 벗겨진다. 어른벌레는 5월부터 9월까지 보인다. 참나무에 흐르는 나뭇진에서 볼 수 있다. 밤에 불빛으로 날아오기도 한다.

　쌀바구미는 갈무리해 둔 쌀이나 보리, 밀 같은 곡식에 꼬인다. 쌀 알갱이보다 작다. 쌀통 속에서 낟알을 갉아 먹고, 낟알 속에 알을 낳는다. 어른벌레는 서너 달을 살면서 알을 백 개가 넘게 낳는다. 그대로 두면 쌀통 속에서 어른벌레가 거듭 태어나면서 수가 늘어난다. 쌀바구미가 먹은 쌀은 속이 비어서 잘 부스러진다. 쌀바구미는 어두운 곳을 좋아하고 햇볕을 싫어한다. 쌀바구미가 꼬인 쌀을 햇볕에 널어 두면 어른벌레가 기어 나가고 낟알 속에 있는 애벌레도 죽는다. 또 붉은 고추나 마늘을 쌀통에 넣어 두면 쌀바구미가 덜 생긴다.

소바구미 *Exechesops leucopis*

소바구미 ↕3~7mm쯤

우리흰별소바구미 *Platystomos sellatus longicrus*
↕6~10mm

줄무늬소바구미 *Sintor dorsalis*
↕5mm 안팎

회떡소바구미 *Sphinctotropis laxus* ↕7mm 안팎

소바구미과 소바구미아과

　소바구미과 무리는 우리나라에 39종쯤이 알려졌다. 소바구미는 생김새가 꼭 소를 닮았다고 이런 이름이 붙었다. 산에서 살고, 밤에 불빛으로 날아오기도 한다. 소바구미과 무리는 썩은 나무에서 돋는 버섯이나 식물 열매를 파먹고 산다. 바구미과 무리는 주둥이가 가늘고 길지만, 소바구미과 무리는 주둥이가 넓적하다. 또 바구미과 무리는 더듬이가 ㄴ자처럼 꺾여 있지만, 소바구미과 무리는 채찍처럼 길게 뻗는다.

　소바구미는 5월부터 9월까지 보인다. 몸은 누런 밤색 털로 덮여 있다. 딱지날개에는 까만 점이 흩어져 있다.

　우리흰별소바구미는 온 나라 낮은 산에서 6월부터 8월까지 볼 수 있다. 머리는 하얗고, 몸이 밤색이다. 딱지날개에 하얀 무늬가 있다. 더듬이가 제 몸길이보다도 더 길다. 어른벌레가 죽은 나뭇가지에 붙어 있는 모습을 볼 수 있다. 밤에 불빛으로 날아오기도 한다.

　줄무늬소바구미는 온 나라 낮은 산이나 들판에서 볼 수 있다. 가슴과 딱지날개에 검은 八자 무늬가 있다. 수컷 더듬이가 암컷보다 더 길다. 어른벌레는 5월부터 9월까지 볼 수 있다. 애벌레로 50일쯤 살다가 어른벌레로 날개돋이 한다.

　회떡소바구미는 온 나라 낮은 산이나 들판에서 산다. 딱지날개에 八자처럼 생긴 무늬가 있다. 어른벌레는 5월부터 10월까지 보인다. 죽은 넓은잎나무 둥치에 돋은 버섯에 잘 모인다.

벼물바구미 *Lissorhoptrus oryzophilus*

벼물바구미 ┃3mm 안팎

벼바구미과 벼바구미아과

　벼바구미과 무리는 우리나라에 8종이 알려졌다. 들판에서 많이 보이고, 밤에 불빛으로 날아오기도 한다.

　벼물바구미는 이름처럼 벼를 갉아 먹는다. 한 해에 한 번 날개돋이 한다. 애벌레는 벼 뿌리를 갉아 먹고, 어른벌레는 벼 잎을 갉아 먹는다. 날씨가 추워지면 논둑이나 물둑 풀밭이나 땅속에서 어른벌레로 겨울을 난다. 5월 말쯤에 나와 모내기한 논으로 날아와 물속과 물 위를 오가면서 벼 잎을 갉아 먹는다. 짝짓기를 마친 암컷은 물속에 잠긴 벼 잎집 속에 알을 60~100개쯤 낳는다. 알에서 나온 애벌레는 물속에서 벼 뿌리를 갉아 먹다가 번데기가 된다. 애벌레로 7주, 번데기로 1~2주를 지내고 7~8월에 어른벌레로 날개돋이 한다. 본디 미국에서 살던 벌레인데, 일제 강점기 이후 온 나라에 퍼졌다. 벼 잎을 갉아 먹으면 잎이 하얗게 바뀌다가 온 포기가 말라 죽기도 한다.

도토리밤바구미 *Curculio dentipes*

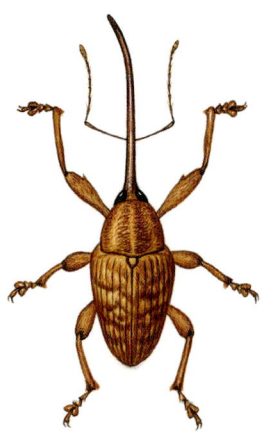

도토리밤바구미 6~15mm

검정밤바구미 *Curculio distinguendus* 5~8mm

닮은밤바구미 *Curculio conjugalis* 7~8mm

알락밤바구미 *Curculio flavidorsum* 3mm 안팎

바구미과 밤바구미아과

바구미과 무리는 온 세계에 5만 종쯤이 살고, 우리나라에는 402종이 알려졌다. 딱정벌레 무리 가운데 종 수가 아주 많은 무리다. 생김새와 몸빛과 사는 곳이 저마다 다르다. 풀밭에서 살기도 하고, 곡식을 갉아 먹기도 하고, 꽃이나 나뭇진이 흐르는 곳에서도 산다.

바구미과 무리는 거의 모두 주둥이가 코끼리 코처럼 아주 길다. 긴 주둥이로 나무 열매나 잎을 파먹는다. 긴 주둥이 가운데쯤에는 더듬이가 ㄴ자처럼 꺾여 있다. 움직임은 굼뜨지만, 몸이 아주 단단해서 제 몸을 지킨다. 또 위험을 느끼거나 누가 건들면 다리를 꼭 오므리고 죽은 척한다.

도토리밤바구미는 온 나라 참나무나 밤나무가 자라는 숲에서 산다. 어른벌레는 4월부터 10월까지 볼 수 있다. 어른벌레는 참나무나 밤나무 새순이나 잎을 갉아 먹는다. 가을에 짝짓기를 마친 암컷은 도토리나 밤에 긴 주둥이로 구멍을 뚫고 알을 낳는다. 알에서 나온 애벌레는 도토리나 밤 속을 파먹고 크다가 겨울을 난다. 다 자란 애벌레는 열매에서 나와 땅속으로 들어간 뒤 번데기가 된다. 어른벌레는 밤바구미와 닮았지만, 도토리밤바구미는 딱지날개에 밤색 점무늬가 나 있고, 뒤쪽에 있는 하얀 무늬가 좁아서 다르다.

검정밤바구미는 온 나라 낮은 산이나 들판에서 산다. 어른벌레는 7~9월에 보인다. 밤나무나 상수리나무에서 산다. 짝짓기를 마친 암컷은 밤이나 도토리, 개암나무 열매나 다릅나무 꼬투리에 긴 주둥이로 구멍을 뚫고 알을 낳는다. 알에서 나온 애벌레는 열매 속을 파먹는다. 애벌레로 겨울을 난다.

닮은밤바구미는 온몸에 누런 비늘조각이 얼룩덜룩 나 있다. 참나무에서 보인다. 중부와 남부, 제주도에서 산다.

알락밤바구미는 딱지날개에 흰색과 누런색 비늘조각이 얼룩덜룩 나 있다. 중부와 남부 지방에서 보인다.

밤바구미 *Curculio sikkimensis*

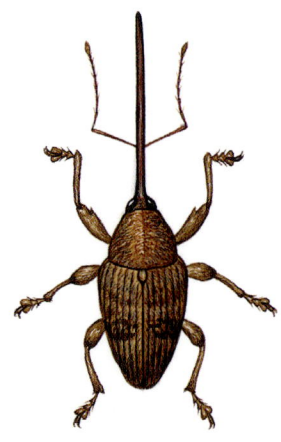

밤바구미 6~10mm

밤바구미는 8월 중순부터 9월 중순 사이에 가장 많이 볼 수 있다. 주둥이는 아주 가늘고 길어서 5mm쯤 된다. 온몸이 비늘처럼 생긴 털로 빽빽하게 덮여 있다. 잿빛이 나는 노란 털인데 짙은 밤색 털이 섞여 있어서 무늬처럼 보인다.

밤바구미 어른벌레는 15~23일쯤 산다. 밤을 거두기 20일쯤 전부터 여물어 가는 밤송이에 알을 깐다. 긴 주둥이로 밤껍질 속까지 구멍을 뚫고 알 낳는 산란관을 꽂아 알을 낳는다. 알에서 깨어난 애벌레는 밤을 파먹으면서 자란다. 애벌레는 밤 속에서 한 달쯤 살고 다 자라면 밤껍질에 둥근 구멍을 뚫고 밖으로 나온다. 밖으로 나온 애벌레는 땅속으로 들어가 흙집을 짓고 그 속에서 겨울을 난다. 땅속에서 두 해 넘게 애벌레로 살기도 한다. 겨울을 난 애벌레는 이듬해 7월에 번데기가 되었다가 여름에서 가을 사이에 어른벌레가 되어 땅 위로 올라온다. 밤바구미는 참나무 열매인 도토리나 붉가시나무 열매에도 알을 낳는다.

밤바구미는 복숭아명나방과 함께 밤나무를 가장 많이 먹는 벌레다. 1960년대부터 밤나무를 많이 심어 기르면서 밤바구미도 부쩍 늘었다. 밤바구미 애벌레가 든 밤은 겉이 멀쩡해서 밤을 쪼개 보거나 애벌레가 구멍을 뚫고 나오기 전에는 밤바구미가 들었는지 알 수 없고, 밤이 상했는지도 알 수가 없다. 밤을 따 두어도 줄곧 파먹는다. 밤을 오래 두고 먹으려면 먼저 밤을 물에 담가서 물에 뜨는 것을 골라낸다. 애벌레가 먹은 밤은 속이 모두 애벌레가 싼 똥으로 차 있어 독한 냄새를 풍긴다.

극동버들바구미 *Eucryptorrhynchus brandti*

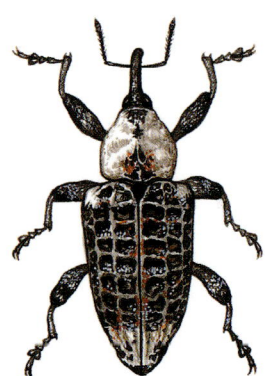

극동버들바구미 ↕11mm 안팎

흰가슴바구미 *Gasterocercus tamanukii* ↕9mm 안팎

극동버들바구미는 배자바구미[296] 처럼 몸에 까만색과 하얀색이 섞여 있다. 꼭 새똥을 닮아서 천적 눈을 속인다. 또 위험을 느끼면 땅으로 뚝 떨어져 죽은 척한다. 배자바구미와 닮았지만 극동버들바구미는 앞가슴등판이 모두 하얘서 다르다. 또 극동버들바구미 몸이 더 날씬하다. 온 나라 낮은 산이나 들판에서 볼 수 있다. 어른벌레는 4월부터 11월까지 보인다. 가죽나무에서 지내며 짝짓기를 한다. 짝짓기를 마친 암컷은 가죽나무 껍질에 알을 낳는다. 알에서 나온 애벌레는 나무속을 파먹고 큰다. 다 자란 애벌레는 나무속에서 번데기가 되었다가 7월쯤 어른벌레로 날개돋이 한다. 어른벌레로 겨울을 난다.

흰가슴바구미는 온 나라 들판에서 5월부터 7월까지 볼 수 있다. 극동버들바구미나 배자바구미처럼 몸에 검고 하얀 무늬가 어우러져 꼭 새똥처럼 보인다. 어른벌레는 팽나무에 수십 마리씩 무리 지어 지낸다. 어른벌레로 겨울을 난다.

배자바구미 *Ornatalcides trifidus*

배자바구미 ♀9~10mm

솔곰보바구미 *Hylobius haroldi*
♀7~13mm

사과곰보바구미 *Pimelocerus exsculptus*
♀13~16mm

바구미과 참바구미아과

　배자바구미는 딱지날개 위쪽에 있는 까만 무늬가 꼭 추울 때 저고리 위에 덧입던 '배자'를 닮았다고 붙은 이름이다. 온몸 여기저기에 하얀 비늘털들이 덮여 있고 울퉁불퉁해서 웅크리고 있으면 꼭 새똥처럼 보인다. 그래서 자기를 잡아먹는 새나 다른 동물 눈을 피할 수 있다. 극동버들바구미[294]와 닮았지만, 배자바구미는 몸이 훨씬 짧고 더 뚱뚱하다. 또 주둥이가 몸에 견주어 길지만 보통 때는 주둥이를 머리 밑으로 바짝 구부리고 있어서 위에서는 보이지 않는다.

　배자바구미는 온 나라에서 자라는 칡넝쿨이나 칡 잎에 잘 앉아 있다. 이른 봄부터 늦가을까지 볼 수 있고 6월에 가장 흔하다. 주둥이로 칡 줄기에 구멍을 내고 그 속에 알을 낳는다. 알을 낳은 암컷은 곧 죽는다. 애벌레는 칡 줄기 속에서 깨어나 줄기 속을 파먹고 산다. 애벌레가 사는 칡 줄기는 혹처럼 불룩하게 부푼다. 애벌레는 그 속에서 번데기가 되고, 9월쯤 어른벌레가 되어 땅속이나 덤불 속, 나무껍질 밑에서 겨울을 난다. 알에서 어른벌레로 날개돋이 하는 데 석 달쯤 걸린다. 봄이 되면 칡 줄기에서 나와 짝짓기를 한다.

　솔곰보바구미는 온 나라 바늘잎나무 숲에서 볼 수 있다. 딱지날개에 노란 줄무늬가 희미하게 나 있다. 어른벌레는 5월부터 7월까지 보인다. 소나무 같은 바늘잎나무 순을 먹는다. 소나무를 잘라 쌓아 놓은 곳에서 많이 보인다. 밤에 불빛으로 날아오기도 한다. 애벌레는 썩은 소나무 속을 파먹고 큰다.

　사과곰보바구미는 온 나라 산에서 산다. 딱지날개는 곰보처럼 움푹움푹 파여서 울퉁불퉁하다. 딱지날개에 누런 털이 나 있다. 어른벌레는 4월부터 8월까지 볼 수 있다. 밤나무나 참나무 나무껍질 틈에서 많이 보인다. 밤에 불빛으로 날아오기도 한다. 5월 중순에 짝짓기를 하고 알을 낳는다. 애벌레가 밤나무 뿌리를 갉아 먹어서 나무를 죽이기도 한다.

주둥이바구미 *Myllocerus fumosus*

주둥이바구미 ↕5~6mm

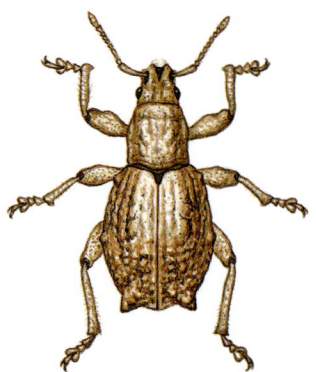

혹바구미 *Episomus turritus* ↕13~17mm

뭉뚝바구미 *Crphicerinus tessellatus* ↕4~6mm

긴더듬이주둥이바구미 *Eumyllocerus gratiosus* ↕4~6mm

바구미과 줄주둥이바구미아과

　주둥이바구미는 4월부터 8월까지 보인다. 낮은 산 숲에 살며 참나무나 밤나무 잎을 갉아 먹는다. 앞가슴등판과 딱지날개에 까만 점무늬가 많이 나 있다.

　혹바구미는 온 나라 낮은 산에서 산다. 딱지날개 끝에 혹처럼 생긴 돌기가 한 쌍 있다. 몸은 잿빛 털로 덮여 있다. 어른벌레는 5월부터 9월까지 보인다. 어른벌레는 칡, 아까시나무, 등나무, 싸리나무 같은 콩과 식물 잎을 갉아 먹는다. 손으로 건드리면 다리를 오므리고 죽은 척한다. 7~8월에 짝짓기를 마친 암컷은 잎을 잘라 봉지처럼 주머니를 만들고, 그 속에 알을 10개쯤 낳는다. 알에서 나온 애벌레는 땅으로 떨어져 땅속으로 들어가 뿌리를 갉아 먹으며 큰다. 애벌레로 겨울을 난다.

　뭉뚝바구미는 중부와 남부 지방과 울릉도에서 산다. 어른벌레는 4월부터 8월까지 보인다. 몸은 밤색이고, 점무늬가 흩어져 있다.

　긴더듬이주둥이바구미는 몸이 까맣지만 풀빛이 도는 둥근 비늘조각으로 덮여 있다. 더듬이가 유난히 길다. 더듬이와 다리는 붉은 밤색이다. 낮은 산 숲속에서 산다. 어른벌레는 5월부터 10월까지 보인다. 떡갈나무나 상수리나무, 졸참나무 같은 참나무 잎을 갉아 먹는다고 한다.

털보바구미 *Enaptorrhinus granulatus*

털보바구미 ↕8·13mm

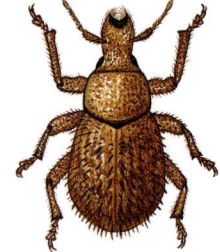

가시털바구미 *Pseudocneorhinus setosus* ↕6mm 안팎

천궁표주박바구미 *Scepticus griseus* ↕6~8mm

땅딸보가시털바구미 *Pseudocneorhinus bifasciatus* ↕5mm 안팎

바구미과 줄주둥이바구미아과

　털보바구미는 이름처럼 수컷 딱지날개 끝과 뒷다리 종아리마디에 누런 털이 길고 수북하게 나 있다. 암컷은 종아리마디가 밋밋하고 털이 적다. 딱지날개에는 하얀 줄무늬가 나 있다. 어른벌레는 4월부터 8월까지 온 나라 낮은 산이나 들판 풀밭에서 볼 수 있다. 5~6월에 가장 많이 보인다. 낮에 나와 여러 가지 참나무 잎을 갉아 먹는다. 애벌레로 겨울을 난다.

　가시털바구미는 이름처럼 온몸에 까만 가시 같은 털이 잔뜩 나 있다. 낮은 산 풀밭에서 산다. 어른벌레는 5~6월에 나와 키가 작은 나무 잎을 갉아 먹는다. 암컷 혼자 짝짓기를 안 하고도 알을 낳는다고 한다. 그래서 수컷은 거의 보이지 않는다.

　천궁표주박바구미는 4월부터 8월까지 팽나무에서 많이 보인다. 사는 모습은 더 밝혀져야 한다. 몸은 까맣고, 잿빛 털이 빽빽이 나 있다.

　땅딸보가시털바구미는 산속 풀밭에서 산다. 6월부터 10월까지 보인다. 도시 생태공원이나 꽃밭에서도 볼 수 있다. 몸은 아주 작지만 뚱뚱하다. 또 가시 같은 털이 잔뜩 나 있다. 수컷과 짝짓기를 하지 않고 암컷 혼자 알을 낳는다고 한다. 사는 모습은 더 밝혀져야 한다.

흰띠길쭉바구미 *Lixus acutipennis*

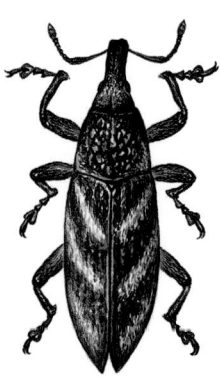

흰띠길쭉바구미 9~14mm

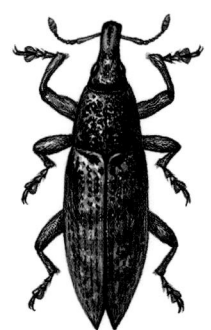

길쭉바구미 *Lixus imperessiventris*
8~12mm

흰점박이꽃바구미 *Anthinobaris dispilota*
5mm 안팎

바구미과 길쭉바구미아과

흰띠길쭉바구미는 온 나라 낮은 산 풀밭이나 논밭 둘레, 냇가, 마을 둘레에서 산다. 온몸은 하얀 털로 덮여 있다. 딱지날개 가운데에 V자처럼 생긴 까만 무늬가 있다. 어른벌레는 5월부터 8월까지 볼 수 있다. 엉겅퀴나 쑥에 잘 모인다. 어른벌레는 쑥을 잘 갉아 먹는다고 한다. 위험을 느끼면 잎 뒤로 숨는다.

길쭉바구미는 온몸이 붉은 밤색 가루로 덮여 있다. 손으로 만지면 벗겨진다. 오래되면 가루가 벗겨져 검은 밤색으로 보인다. 어른벌레는 온 나라 낮은 산이나 들판, 논밭, 냇가, 마을 둘레에서 산다. 5월부터 9월까지 보인다. 낮에 나와 풀잎에 잘 앉아 있다. 어른벌레로 겨울을 난다고 한다.

흰점박이꽃바구미는 온몸이 까맣고 딱지날개에 하얗거나 노란 무늬가 있다. 더듬이 절반은 밤색이다. 주둥이는 갈고리처럼 아래로 심하게 구부러졌다. 어른벌레는 온 나라 낮은 산 풀밭에서 산다. 5월부터 나와 9월까지 보인다. 여러 가지 꽃에 날아와 꽃가루를 먹는다. 애벌레는 죽은 나뭇가지나 살아 있는 나무에서도 산다. 흰점박이꽃바구미는 애바구미아과에 속한다. 애바구미 무리는 우리나라에 5종이 알려졌다. 하지만 생김새가 다 비슷해서 구별하기가 쉽지 않다.

광릉긴나무좀 *Platypus koryoensis*

수컷

암컷

광릉긴나무좀 4~6mm

긴나무좀과 긴나무좀아과

　긴나무좀과 무리는 나무속에 파먹고 산다. 우리나라에 5종이 알려졌다. 나무속에 살면서 바늘처럼 뾰족하고 둥근 구멍을 내며 파먹는다. 그래서 서양 사람들은 '바늘구멍 딱정벌레(Pin-hole Beetle)'라고 한다. 긴나무좀이 판 구멍에서 병균이 자라 나무를 말라 죽게 한다.

　광릉긴나무좀은 광릉에서 처음 찾았다. 딱지날개는 배를 다 덮지 못한다. 딱지날개 끝은 자른 듯 반듯하다. 더듬이는 11마디인데, 끝 세 마디가 부풀었다. 앞가슴등판에는 크고 작은 홈이 파였다.

　광릉긴나무좀 어른벌레는 나무속에서 굴을 파고 산다. 여러 가지 참나무에 사는데 죽은 참나무를 좋아한다. 짝짓기를 마친 암컷은 나무속에 굴을 파면서 알을 하나씩 떨어뜨려 낳는다. 열흘쯤 지나면 알에서 애벌레가 깨어 나온다. 애벌레는 따로 혼자 나무속에 굴을 파고 살면서 암컷과 수컷이 가져와 나무속에 퍼진 곰팡이인 '라펠라'라는 균을 먹고 산다. 다 자란 애벌레로 겨울을 난다. 이듬해 봄에 굴속에서 번데기가 되었다가 6월 중순쯤 어른벌레로 날개돋이 하면 파 놓은 구멍을 따라 밖으로 나온 뒤 다른 나무를 찾아 날아간다. 다른 나무를 찾은 암컷은 나무껍질을 입으로 물어뜯으면서 굴을 파고 들어간다. 이렇게 굴을 뚫고 들어가 나무속에 '라펠라'라는 균을 퍼뜨린다. 그리고 페로몬을 풍겨 수컷을 부른 뒤 짝짓기를 하고 알을 낳는다. 이렇게 광릉긴나무좀은 한 해에 한 번 날개돋이 한다. 애벌레가 나무속을 파고 다니면 물과 영양분이 오르내리는 길이 막혀 참나무가 시든다.

소나무좀 *Tomicus piniperda*

소나무좀 ↕3~6mm

소나무좀 색변이

왕녹나무좀 *Xyleborus mutilatus* ↕4mm 안팎

암브로시아나무좀 *Xyleborinus saxeseni* ↕2mm 안팎

팥배나무좀 *Xylosandrus crasiussculus* ↕2mm 안팎

나무좀과 나무좀아과

나무좀과 무리는 온 세계에 6000종쯤이 산다. 우리나라에는 100종쯤 산다고 한다. 어른벌레와 애벌레 모두 나무속을 파먹는다. 짝짓기를 마친 암컷은 나무에 뚫은 구멍에 알을 낳는다. 알에서 나온 애벌레는 나무속을 파먹고 산다. 몸집이 아주 작고, 몸빛은 거의 검거나 밤색이어서 눈으로 종을 구별하기가 어렵다. 나무속을 갉아 먹어서 나무를 말라 죽게 한다.

소나무좀은 이름처럼 소나무나 해송, 잣나무, 스트로브잣나무 속에 굴을 파고 산다. 한 해에 한 번 날개돋이 한다. 어른벌레는 나무껍질 밑에서 겨울을 난다. 봄에 짝짓기를 한 암컷은 나무껍질에 구멍을 뚫고 들어가 알을 낳는다. 12~20일쯤 지나면 알에서 애벌레가 나온다. 애벌레는 나무속에 굴을 뚫으며 속을 파먹는다. 그러면 나무가 말라죽기도 한다. 다 자란 애벌레는 번데기가 되어 16~20일쯤 지난 6월에 어른벌레로 날개돋이 한다. 어른벌레가 나온 구멍에서는 하얀 송진이 흘러나온다. 밖으로 나온 어른벌레는 다른 나무로 옮겨가 피해를 입힌다.

왕녹나무좀은 몸이 동그랗고 까맣다. 위에서 보면 앞가슴등판이 딱지날개보다 크다. 다른 나무좀처럼 나무속을 파먹고 산다.

암브로시아나무좀은 열대 지방에서 많이 산다. 우리나라에서는 느티나무와 밤나무, 벚나무, 산사나무 같은 여러 가지 넓은잎나무와 바늘잎나무에서 산다. 나무속에 굴을 파며 사는데, 나무에 피는 곰팡이인 암브로시아 균을 먹는다고 한다. 암브로시아 균이 퍼지면 나무가 말라 죽기도 한다.

팥배나무좀은 사과나무나 밤나무 속에서 많이 산다. 나무속에 굴을 파고 살아서 나무가 말라 죽기도 한다. 또 사람이 썩지 않게 방부 처리한 나무 목재 속도 갉아 먹어서 피해를 준다.

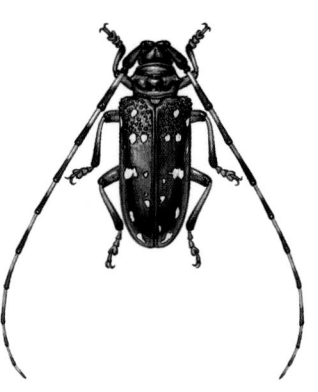

우리 이름 찾아보기

학명 찾아보기

참고한 책

저자 소개

우리 이름 찾아보기

가

가는조롱박먼지벌레 64
가는청동머리먼지벌레 70
가루풍뎅이 ▶ 왕풍뎅이 136
가시수염범하늘소 236
가시털바구미 300
갈색거저리 216
감자풍뎅이 134
강변거저리 214
개미붙이 180
개미사돈 106
거무티티홍반디 168
거위벌레 276
검정꽃무지 156
검정명주딱정벌레 74
검정물방개 88
검정밤바구미 290
검정송장벌레 102
검정오이잎벌레 268
검정테방아벌레 166
검정풍이 150
검정하늘소 226
고구마잎벌레 256
고려홍반디 168
고오람왕버섯벌레 190
곰보송장벌레 98
곳체개미반날개 104
광릉긴나무좀 304
구슬무당거저리 216
국화하늘소 250
굵은뿔홍반디 168
극동물진드기 78
극동버들바구미 294
극동입치레반날개 106
금록색잎벌레 258
금테비단벌레 160
기름도치 ▶ 물방개 86
긴개미붙이 180
긴다리소똥구리 124

긴다색풍뎅이 134
긴더듬이주둥이바구미 298
긴수염하늘소 250
긴알락꽃하늘소 230
긴점무당벌레 196
길앞잡이 60
길쭉바구미 302
깨다시하늘소 238
꼬마검정송장벌레 102
꼬마남생이무당벌레 194
꼬마넓적사슴벌레 118
꼬마목가는먼지벌레 72
꼬마방아벌레 162
꼬마줄물방개 84
꽃무지 150
꽃반딧불이 172
꽃하늘소 230
끝검은방아벌레붙이 186

나

날개끝가시먼지벌레 68
남가뢰 210
남방폭탄먼지벌레 72
남색초원하늘소 240
남생이무당벌레 194
남생이잎벌레 270
넉점각시하늘소 228
넉점박이큰가슴잎벌레 254
넓적사슴벌레 118
넓적송장벌레 100
네눈박이밑빠진벌레 184
네눈박이송장벌레 98
네무늬밑빠진벌레 184
네점가슴무당벌레 196
노랑가슴녹색잎벌레 264
노랑각시하늘소 228
노랑띠물방개 80
노랑무늬의병벌레 182
노랑무당벌레 196

노랑배거위벌레 278
노랑썩덩벌레 220
노랑육점박이무당벌레 198
노랑줄어리병대벌레 174
노랑줄왕버섯벌레 190
노랑줄점하늘소 248
노랑하늘소붙이 204
녹색콩풍뎅이 144
녹색하늘소붙이 204
녹슨은방아벌레 164
느릅나무혹거위벌레 280
늦반딧불이 172

다

다우리아사슴벌레 110
달무리무당벌레 196
닮은밤바구미 290
대마도방아벌레붙이 186
대마도줄풍뎅이 148
대모송장벌레 102
대유동방아벌레 164
도토리거위벌레 274
도토리밤바구미 290
동쪽애물방개 88
두점박이사슴벌레 112
등빨간거위벌레 280
등빨간먼지벌레 68
등얼룩풍뎅이 146
등점목가는병대벌레 174
딱정벌레붙이 66
땅딸보가시털바구미 300
똥방개 ▶ 물땡땡이 92
똥풍뎅이 130

라

렌지소똥풍뎅이 128
루이스방아벌레 164

마
맴돌이거저리 218
맵시방아벌레 164
머리먼지벌레 70
먹가뢰 210
먼지벌레 70
멋쟁이딱정벌레 74
모가슴소똥풍뎅이 128
모라윗왕버섯벌레 190
모래거저리 214
목가는먼지벌레 72
목창주둥이바구미 282
무늬금풍뎅이 120
무늬뿔벌레 208
무당벌레 200
무당벌레붙이 182
물땡땡이 92
물맴이 90
물방개 86
물진드기 78
뭉뚝바구미 298
민가슴잎벌레 254

바
바닷거저리 214
밤바구미 292
방귀벌레 ▶ 폭탄먼지벌레 72
배노랑긴가슴잎벌레 252
배자바구미 296
버들잎벌레 262
버들하늘소 222
벌호랑하늘소 234
벚나무사향하늘소 234
벼물바구미 288
별거저리 218
별줄풍뎅이 146
보라금풍뎅이 120
보리방개 ▶ 물땡땡이 92
복숭아거위벌레 274
북방거위벌레 278
북방물땡땡이 94
불개미붙이 180

붉은가슴방아벌레붙이 186
붉은가슴병대벌레 176
붉은산꽃하늘소 230
붉은칠납작먼지벌레 68
비단길앞잡이 ▶ 길앞잡이 60
비단벌레 158
빗살방아벌레 166
빨간색우단풍뎅이 138
뽕나무잎벌레 266
뽕나무하늘소 246
뿔거위벌레 274
뿔벌레 208
뿔소똥구리 122

사
사과곰보바구미 296
사과하늘소 248
사마귀수시렁이 178
사슴벌레 110
사슴풍뎅이 152
사시나무잎벌레 262
산길앞잡이 58
산맴돌이거저리 218
삼하늘소 244
상아잎벌레 264
서울병대벌레 176
석점박이방아벌레붙이 186
소나무비단벌레 160
소나무좀 306
소나무하늘소 228
소똥구리 124
소바구미 286
소범하늘소 234
소요산소똥풍뎅이 128
솔곰보바구미 296
송장벌레 98
쇠털차색풍뎅이 142
수염머리먼지벌레 70
수염풍뎅이 136
수염홍반디 168
수중다리송장벌레 100
십이흰점무당벌레 196

십일점박이무당벌레 198
쌀바구미 284
쌀방개 ▶ 물방개 86
쌍색풍뎅이 134
쑥잎벌레 260

아
아담스물방개 86
아무르납작풍뎅이붙이 96
아무르점박이꽃무지 154
아무르하늘소붙이 204
아이누길앞잡이 58
알꽃벼룩 108
알락밤바구미 290
알락콩바구미 272
알락하늘소 242
알모양우단풍뎅이 138
암브로시아나무좀 306
애기물방개 82
애기뿔소똥구리 126
애남가뢰 210
애남생이잎벌레 270
애등줄물방개 84
애딱정벌레 76
애물땡땡이 94
애반딧불이 170
애사슴벌레 114
애알락수시렁이 178
애조롱박먼지벌레 64
애홍날개 206
얼룩방아벌레 166
연노랑풍뎅이 146
열점박이별잎벌레 264
오리나무잎벌레 266
오이잎벌레 268
왕거위벌레 280
왕녹나무좀 306
왕물맴이 90
왕바구미 284
왕빗살방아벌레 162
왕사슴벌레 116
왕소똥구리 124

311

왕풍뎅이 136
외뿔애기꼬마소똥구리 126
외뿔장수풍뎅이 140
우리딱정벌레 76
우리목하늘소 242
우리흰별소바구미 286
우묵거저리 216
운문산반딧불이 170
울도하늘소 240
원통하늘소 248
원표애보라사슴벌레 110
육점박이범하늘소 236

자
자색물방개 80
작은모래거저리 214
잔물땡땡이 94
장수풍뎅이 140
장수하늘소 232
잿빛물방개 88
잿빛하늘소붙이 204
적갈색간가슴잎벌레 252
점박이긴다리풍뎅이 132
점박이꽃무지 154
점박이먼지벌레 70
점박이수염하늘소 250
조롱박먼지벌레 64
좀남색잎벌레 260
주둥무늬차색풍뎅이 142
주둥이바구미 298
주홍배큰벼잎벌레 252
주황긴다리풍뎅이 132
줄무늬물방개 84
줄무늬소바구미 286
줄우단풍뎅이 138
중국물진드기 78
중국청람색잎벌레 258
진홍색방아벌레 166

차
참검정풍뎅이 134
참금풍뎅이 120

참나무하늘소 ▶ 하늘소 232
참넓적사슴벌레 118
참뜰길앞잡이 62
참물맴이 90
참콩풍뎅이 144
창뿔소똥구리 126
천궁표주박바구미 300
청가뢰 210
청단딱정벌레
▶ 홍단딱정벌레 76
청딱지개미반날개 104
청줄보라잎벌레 254
초원하늘소 240
측범하늘소 236
칠성무당벌레 198
칠점박이무당벌레
▶ 칠성무당벌레 198

카
카메레온줄풍뎅이 148
콜체잎벌레 256
콩풍뎅이 144
크라아츠방아벌레 166
큰꼬마남생이무당벌레 194
큰남색잎벌레붙이 212
큰남생이잎벌레 270
큰납작밑빠진벌레 184
큰넓적송장벌레 100
큰무늬길앞잡이 58
큰수중다리송장벌레 100
큰이십팔점박이무당벌레 202
큰점박이똥풍뎅이 130
큰조롱박먼지벌레 64
큰홍반디 168

타
털두꺼비하늘소 244
털보바구미 300
털보왕버섯벌레 188
톱니무늬버섯벌레 188
톱사슴벌레 112
톱하늘소 224

투구반날개 106

파
팔점박이잎벌레 256
팥바구미 272
팥배나무좀 306
포도거위벌레 274
폭탄먼지벌레 72
풀색꽃무지 156
풀색명주딱정벌레 74
풍뎅이 146
풍뎅이붙이 96
풍이 150

하
하늘소 232
한국길쭉먼지벌레 68
해변반날개 106
호랑꽃무지 150
호랑하늘소 234
흑바구미 298
홀쭉사과하늘소 248
홍날개 206
홍날개썩덩벌레 220
홍다리붙이홍날개 206
홍다리사슴벌레 114
홍단딱정벌레 76
홍띠수시렁이 178
홍점박이무당벌레 196
황갈색풍뎅이 134
황녹색호리비단벌레 160
황소뿔소똥풍뎅이 128
황철거위벌레 280
회떡소바구미 286
회황색병대벌레 176
흰가슴바구미 294
흰깨다시하늘소 238
흰띠길쭉바구미 302
흰점박이꽃무지 154
흰점박이꽃바구미 302
흰줄왕바구미 284

학명 찾아보기

A

Actenicerus pruinosus 얼룩방아벌레 166
Adoretus hirsutus 쇠털차색풍뎅이 142
Adoretus tenuimaculatus 주둥무늬차색풍뎅이 142
Aegus laevicollis 꼬마넓적사슴벌레 118
Aeoloderma agnata 꼬마방아벌레 162
Agapanthia pilicornis 남색초원하늘소 240
Agapanthia villosoviridescens 초원하늘소 240
Agelasa nigriceps 노랑가슴녹색잎벌레 264
Agelastica coerulea 오리나무잎벌레 266
Agrilus chujoi 황녹색호리비단벌레 160
Agrypnus argillaceus 대유동방아벌레 164
Agrypnus binodulus coreanus
녹슬은방아벌레 164
Aiolocaria hexaspilota 남생이무당벌레 194
Allomyrina dichotoma 장수풍뎅이 140
Ampedus puniceus 진홍색방아벌레 166
Anadastus atriceps 붉은가슴방아벌레붙이 186
Anadastus praeustus 끝검은방아벌레붙이 186
Anatis halonis 달무리무당벌레 196
Ancylopus pictus asiaticus 무당벌레붙이 182
Anisodactylus punctatipennis 점박이먼지벌레 70
Anisodactylus signatus 먼지벌레 70
Anomala chamaeleon 카메레온줄풍뎅이 148
Anomala sieversi 대마도줄풍뎅이 148
Anoplophora malasiaca 알락하늘소 242
Anthinobaris dispilota 흰점박이꽃바구미 302
Anthrenus nipponensis 사마귀수시렁이 178
Anthrenus verbasci 애알락수시렁이 178
Aphodius elegans 큰점박이똥풍뎅이 130
Aphodius rectus 똥풍뎅이 130
Apoderus erythropterus 북방거위벌레 278
Apoderus jekelii 거위벌레 276
Apogonia cupreoviridis 감자풍뎅이 134
Apriona germari 뽕나무하늘소 246
Aromia bungii 벚나무사향하늘소 234
Athemus vitellinus 회황색병대벌레 176
Aulacochilus decoratus 톱니무늬버섯벌레 188
Aulacophora indica 오이잎벌레 268
Aulacophora nigripennis 검정오이잎벌레 268

B

Basilepta fulvipes 금록색잎벌레 258
Benibotarus spinicoxis 거무티티홍반디 168
Blitopertha orientalis 등얼룩풍뎅이 146
Blitopertha pallidipennis 연노랑풍뎅이 146
Bolbelasmus coreanus 참금풍뎅이 120
Bolbocerosoma zonatum 무늬금풍뎅이 120
Brachinus scotomedes 꼬마목가는먼지벌레 72
Byctiscus lacunipennis 포도거위벌레 274
Byctiscus puberulus puberulus 뿔거위벌레 274
Byctiscus rugosus 황철거위벌레 280

C

Caccobius unicornis 외뿔애기꼬마소똥구리 126
Callipogon relictus 장수하늘소 232
Callosobruchus chinensis 팥바구미 272
Calosoma inquisitor cyanescens
풀색명주딱정벌레 74
Calosoma maximowiczi 검정명주딱정벌레 74
Calvia muiri 네점가슴무당벌레 196
Cantharis soeulensis 서울병대벌레 176
Canthydrus politus 노랑띠물방개 80
Carabus sternbergi sternbergi 우리딱정벌레 76
Cassida nebulosa 남생이잎벌레 270
Cassida piperata 애남생이잎벌레 270
Cerogria janthinipennis 큰남색잎벌레붙이 212
Ceropia inducta 구슬무당거저리 216
Chalcophora japonica 소나무비단벌레 160
Chiagosinus vittiger 검정테방아벌레 166
Chilocorus rubidus 홍점박이무당벌레 196
Chlorophorus simillimus 육점박이범하늘소 236
Chromogeotrupes auratus 보라금풍뎅이 120
Chrysanthia integricollis 녹색하늘소붙이 204
Chrysochroa fulgidissima 비단벌레 158
Chrysochus chinensis 중국청람색잎벌레 258
Chrysolina aurichalcea 쑥잎벌레 260
Chrysolina virgata 청줄보라잎벌레 254
Chrysomela populi 사시나무잎벌레 262
Chrysomela vigintipunctata 버들잎벌레 262
Cicindela chinensis 길앞잡이 60

Cicindela gemmata 아이누길앞잡이 58
Cicindela lewisi 큰무늬길앞잡이 58
Cicindela sachalinensis raddei 산길앞잡이 58
Cicindela transbaicalica 참뜰길앞잡이 62
Clivina castanea 애조롱박먼지벌레 64
Clytra arida 넉점박이큰가슴잎벌레 254
Coccinella ainu 십일점박이무당벌레 198
Coccinella septempunctat 칠성무당벌레 198
Colasposoma dauricum 고구마잎벌레 256
Colpodes buchanani 날개끝가시먼지벌레 68
Copelatus weymarni 애등줄물방개 84
Copris ochus 뿔소똥구리 122
Copris tripartitus 애기뿔소똥구리 126
Coptocephala orientalis 민가슴잎벌레 254
Coptolabrus smaragdinus 홍단딱정벌레 76
Corymbia rubra 붉은산꽃하늘소 230
Craspedonotus tibialis 딱정벌레붙이 66
Crphicerinus tessellatus 뭉뚝바구미 298
Cryptocephalus japanus 팔점박이잎벌레 256
Cryptocephalus koltzei 콜체잎벌레 256
Cryptoderma fortunei 흰줄왕바구미 284
Crytoclytus capra 벌호랑하늘소 234
Cteniopinus hypocrita 노랑썩덩벌레 220
Curculio conjugalis 닮은밤바구미 290
Curculio dentipes 도토리밤바구미 290
Curculio distinguendus 검정밤바구미 290
Curculio flavidorsum 알락밤바구미 290
Curculio sikkimensis 밤바구미 292
Cybister brevis 검정물방개 88
Cybister japonicus 물방개 86
Cybister lewisianus 동쪽애물방개 88
Cycnotrachelus coloratus 노랑배거위벌레 278

D

Damaster jankowskii jankowskii 멋쟁이딱정벌레 74
Demonax transilis 가시수염범하늘소 236
Dendroxena sexcarinata 네눈박이송장벌레 98
Dermestes vorax 홍띠수시렁이 178
Dicranocephalus adamsi 사슴풍뎅이 152
Dineutus orientalis 왕물맴이 90
Dolichus halensis halensis 등빨간먼지벌레 68

Dorcus hopei 왕사슴벌레 116

E

Ectinohoplia rufipes 주황긴다리풍뎅이 132
Enaptorrhinus granulatus 털보바구미 300
Eobia cinereipennis cinereipennis 잿빛하늘소붙이 204
Eophileurus chinensis 외뿔장수풍뎅이 140
Epicauta chinensis taishoensis 먹가뢰 210
Epiglenea comes 노랑줄점하늘소 248
Episcapha flavofasciata 노랑줄왕버섯벌레 190
Episcapha fortunii 털보왕버섯벌레 188
Episcapha gorhami 고오람왕버섯벌레 190
Episcapha morawitzi 모라윗왕버섯벌레 190
Episomus turritus 혹바구미 298
Eretes sticticus 잿빛물방개 88
Eucetonia pilifera 꽃무지 150
Eucryptorrhynchus brandti 극동버들바구미 294
Eumyllocerus gratiosus 긴더듬이주둥이바구미 298
Eusilpha brunneicollis 대모송장벌레 102
Eusilpha jakowlewi 큰넓적송장벌레 100
Exechesops leucopis 소바구미 286

F

Fleutiauxia armata 뽕나무잎벌레 266

G

Galerita orientalis 목가는먼지벌레 72
Gallerucida bifasciata 상아잎벌레 264
Gambrinus kraatzi 크라아츠방아벌레 166
Gametis jucunda 풀색꽃무지 156
Gasterocercus tamanukii 흰가슴바구미 294
Gastrophysa atrocyanea 좀남색잎벌레 260
Gastroserica herzi 줄우단풍뎅이 138
Glischrochilus ipsoides 네무늬밑빠진벌레 184
Glischrochilus japonicus 네눈박이밑빠진벌레 184
Glycyphana fulvistemma 검정꽃무지 156
Gonocephalum pubens 모래거저리 214
Graphoderus adamsi 아담스물방개 86
Gymnopleurus mopsus 소똥구리 124
Gyrinus gestroi 참물맴이 90
Gyrinus japonicus francki 물맴이 90

H

Haliplus basinotatus 극동물진드기 78
Harmonia axyridis 무당벌레 200
Harpalus capito 머리먼지벌레 70
Harpalus chalcentus 가는청동머리먼지벌레 70
Harpalus jureceki 수염머리먼지벌레 70
Hatchiana glochidatus 등점목가는병대벌레 174
Hayashiclytus acutivittis 측범하늘소 236
Hemicarabus tuberculosus 애딱정벌레 76
Henosepilachna vigintioctomaculata
　큰이십팔점박이무당벌레 202
Heptophylla picea 긴다색풍뎅이 134
Heterotarsus carinula 강변거저리 214
Hilyotrogus bicoloreus 쌍색풍뎅이 134
Hololepta amurensis 아무르납작풍뎅이붙이 96
Holotrichia diomphalia 참검정풍뎅이 134
Hoplia aureola 점박이긴다리풍뎅이 132
Hotaria papariensis 운문산반딧불이 170
Hydaticus bowringi 줄무늬물방개 84
Hydaticus grammicus 꼬마줄물방개 84
Hydrochara affinis 잔물땡땡이 94
Hydrochara libera 북방물땡땡이 94
Hydrophilus accuminatus 물땡땡이 92
Hylobius haroldi 솔곰보바구미 296
Hymenalia rufipennis 홍날개썩덩벌레 220

I

Idisia ornata 바닷가거저리 214
Illeis koebelei 노랑무당벌레 196

L

Lamiomimus gottschei 우리목하늘소 242
Lema concinnipennis 배노랑긴가슴잎벌레 252
Lema diversa 적갈색긴가슴잎벌레 252
Lema fortune 주홍배큰벼잎벌레 252
Leptura aethiops 꽃하늘소 230
Leptura arcuata 긴알락꽃하늘소 230
Liatongus phanaeoides 창뿔소똥구리 126
Lissorhoptrus oryzophilus 벼물바구미 288
Lixus acutipennis 흰띠길쭉바구미 302
Lixus imperessiventris 길쭉바구미 302
Lucanus maculifemoratus dybowskyi 사슴벌레 110

Luciola kotbandia 꽃반딧불이 172
Luciola lateralis 애반딧불이 170
Lycocerus nigrimembris 노랑줄어리병대벌레 174
Lycostomus porphyrophorus 큰홍반디 168
Lyponia quadricollis 굵은뿔홍반디 168
Lytta caraganae 청가뢰 210

M

Macrodorcas rectus rectus 애사슴벌레 114
Macrolycus aemulus 수염홍반디 168
Malachius prolongatus 노랑무늬의병벌레 182
Maladera cariniceps 알모양우단풍뎅이 138
Maladera verticalis 빨간색우단풍뎅이 138
Mecorhis ursulus 도토리거위벌레 274
Megabruchidius dorsalis 알락콩바구미 272
Megalopaederus gottschei 곳체개미반날개 104
Megopis sinica 버들하늘소 222
Melanotus legatus 빗살방아벌레 166
Meloe auriculatus 애남가뢰 210
Meloe proscarabaeus 남가뢰 210
Melolontha incana 왕풍뎅이 136
Merohister jekeli 풍뎅이붙이 96
Mesosa hirsuta 흰깨다시하늘소 238
Mesosa myops 깨다시하늘소 238
Metopodontus blanchardi 두점박이사슴벌레 112
Mimela splendens 풍뎅이 146
Mimela testaceipes 별줄풍뎅이 146
Moechotypa diphysis 털두꺼비하늘소 244
Monochamus guttulatus 점박이수염하늘소 250
Monochamus subfasciatus 긴수염하늘소 250
Myllocerus fumosus 주둥이바구미 298

N

Necrodes littoralis 큰수중다리송장벌레 100
Necrodes nigricornis 수중다리송장벌레 100
Neocerambyx raddei 하늘소 232
Nicrophorus concolor 검정송장벌레 102
Nicrophorus japonicus 송장벌레 98
Nipponodorcus rubrofemoratus
　홍다리사슴벌레 114
Noterus japonicus 자색물방개 80
Notoxus monoceros trinotatus 뿔벌레 208

O

Oberea fuscipennis 홀쭉사과하늘소 248
Oberea inclusa 사과하늘소 248
Oedemera amurensis 아무르하늘소붙이 204
Oenopia bissexnotata 노랑육점박이무당벌레 198
Oides decempunctatus 열점박이별잎벌레 264
Onthophagus bivertex 황소뿔소똥풍뎅이 128
Onthophagus fodiens 모가슴소똥풍뎅이 128
Onthophagus japonicus 소요산소똥풍뎅이 128
Onthophagus lenzii 렌지소똥풍뎅이 128
Opatrum subaratum 작은모래거저리 214
Opilo mollis 긴개미붙이 180
Ornatalcides trifidus 배자바구미 296
Osorius taurus 투구반날개 106
Oxyporus germanus 극동입치레반날개 106

P

Paederus fuscipes 청딱지개미반날개 104
Paracalais berus berus 맵시방아벌레 164
Paracycnotrachelus longiceps 왕거위벌레 280
Pectocera fortunei 왕빗살방아벌레 162
Peltodytes intermedius 물진드기 78
Peltodytes sinensis 중국물진드기 78
Pheropsophus javanus 남방폭탄먼지벌레 72
Pheropsophus jessoensis 폭탄먼지벌레 72
Phucobius simulator 해변반날개 106
Phymatopoderus latipennis
느릅나무혹거위벌레 280
Phytoecia rufiventris 국화하늘소 250
Pidonia debilis 노랑각시하늘소 228
Pidonia puziloi 넉점각시하늘소 228
Pimelocerus exsculptus 사과곰보바구미 296
Plagionotus christophi 소범하늘소 234
Plateros koreanus 고려홍반디 168
Platycerus hongwonpyoi 원표애보라사슴벌레 110
Platypus koryoensis 광릉긴나무좀 304
Platystomos sellatus longicrus
우리흰별소바구미 286
Plesiophthalmus davidis 산맴돌이거저리 218
Plesiophthalmus nigrocyaneus 맴돌이거저리 218
Polyphylla laticollis manchurica 수염풍뎅이 136
Popillia flavosellata 참콩풍뎅이 144

Popillia mutans 콩풍뎅이 144
Popillia quadriguttata 녹색콩풍뎅이 144
Poroderus armatus 개미사돈 106
Prionus insularis 톱하늘소 224
Prismognathus dauricus 다우리아사슴벌레 110
Propylea japonica 꼬마남생이무당벌레 194
Propylea quatuordecimpunctata
큰꼬마남생이무당벌레 194
Prosopocoilus inclinatus inclinatus
톱사슴벌레 112
Protaetia brevitarsis seulensis 흰점박이꽃무지 154
Protaetia famelica scheini
아무르점박이꽃무지 154
Protaetia orientalis submarmorea
점박이꽃무지 154
Psacothea hilaris 울도하늘소 240
Pseudocalamobius japonicus 원통하늘소 248
Pseudocneorhinus bifasciatus
땅딸보가시털바구미 300
Pseudocneorhinus setosus 가시털바구미 300
Pseudopiezotrachelus collare
목창주둥이바구미 282
Pseudopyrochroa lateraria 홍다리붙이홍날개 206
Pseudopyrochroa rubricollis 애홍날개 206
Pseudotorynorrhina japonica 풍이 150
Pseudoyrochroa rufula 홍날개 206
Ptomascopus morio 꼬마검정송장벌레 102
Pyrocoelia rufa 늦반딧불이 172

R

Rhagium inquisitor 소나무하늘소 228
Rhantus pulverosus 애기물방개 82
Rhomborrhina polita 검정풍이 150
Rhynchites heros 복숭아거위벌레 274

S

Scarabaeus typhon 왕소똥구리 124
Scarites acutidens 가는조롱박먼지벌레 64
Scarites aterrimus 조롱박먼지벌레 64
Scarites sulcatus 큰조롱박먼지벌레 64
Scepticus griseus 천궁표주박바구미 300
Scintillatrix pretiosa 금테비단벌레 160

Scirtes japonicus 알꽃벼룩 108
Serrognathus consentaneus 참넓적사슴벌레 118
Serrognathus platymelus castanicolor
넓적사슴벌레 118
Silpha perforata perforata 넓적송장벌레 100
Sintor dorsalis 줄무늬소바구미 286
Sipalinus gigas 왕바구미 284
Sisyphus schaefferi 긴다리소똥구리 124
Sitophilus oryzae 쌀바구미 284
Sophrops striata 황갈색줄풍뎅이 134
Soronia fracta 큰납작밑빠진벌레 184
Sospita oblongoguttata nipponica 긴점무당벌레 196
Sphinctotropis laxus 회떡소바구미 286
Spondylis buprestoides 검정하늘소 226
Sternolophus rufipes 애물땡땡이 94
Stricticomus valgipes 무늬뿔벌레 208
Strongylium cultellatum 별거저리 218
Synuchus cycloderus 붉은칠납작먼지벌레 68

T

Tenebrio molitor 갈색거저리 216
Tetralanguria collaris 석점박이방아벌레붙이 186
Tetralanguria fryi 대마도방아벌레붙이 186
Tetrigus lewisi 루이스방아벌레 164
Thanassimus lewisi 개미붙이 180
Thanatophilus rugosus 곰보송장벌레 98
Thlaspida biramosa 큰남생이잎벌레 270
Thyestilla gebleri 삼하늘소 244
Tomapoderus ruficollis 등빨간거위벌레 280
Tomicus piniperda 소나무좀 306
Trichius succinctus 호랑꽃무지 150
Trichodes sinae 불개미붙이 180
Trigonognatha coreana 한국길쭉먼지벌레 68

U

Uloma latimanus 우묵거저리 216

V

Vibidia duodecimguttata 십이흰점무당벌레 196

W

Wittmercantharis vulcana 붉은가슴병대벌레 176

X

Xanthochroa luteipennis 노랑하늘소붙이 204
Xyleborinus saxeseni 암브로시아나무좀 306
Xyleborus mutilatus 왕녹나무좀 306
Xylosandrus crasiussculus 팥배나무좀 306
Xylotrechus chinensis 호랑하늘소 234

참고한 책

단행본

《갈참나무의 죽음과 곤충 왕국》 정부희, 상상의숲, 2016
《곤충 개념 도감》 필통 속 자연과 생태, 2013
《곤충 검색 도감》 한영식, 진선북스, 2013
《곤충 도감 - 세밀화로 그린 보리 큰도감》 김진일 외, 보리, 2019
《곤충 마음 야생화 마음》 정부희, 상상의숲, 2012
《곤충 쉽게 찾기》 김정환, 진선북스, 2012
《곤충, 크게 보고 색다르게 찾자》 김태우, 필통 속 자연과 생태, 2010
《곤충들의 수다》 정부희, 상상의숲, 2015
《곤충분류학》 우건석, 집현사, 2014
《곤충은 대단해》 마루야마 무네토시, 까치, 2015
《곤충의 밥상》 정부희, 상상의숲, 2013
《곤충의 비밀》 이수영, 예림당, 2000
《곤충의 빨간 옷》 정부희, 상상의숲, 2014
《곤충의 유토피아》 정부희, 상상의숲, 2011
《나무와 곤충의 오랜 동행》 정부희, 상상의숲, 2013
《내가 좋아하는 곤충》 김태우, 호박꽃, 2010
《논 생태계 수서무척추동물 도감(증보판)》 농촌진흥청, 2008
《딱정벌레 왕국의 여행자》 한영식, 이승일, 사이언스북스, 2004
《딱정벌레》 박해철, 다른세상, 2006
《딱정벌레의 세계》 아서 브이 에번스, 찰스 엘 벨러미, 까치, 2004
《물속 생물 도감》 권순직, 전영철, 박재흥, 자연과생태, 2013
《미니 가이드 8. 딱정벌레》 박해철 외, 교학사, 2006
《봄, 여름, 가을, 겨울 곤충일기》 이마모리 미스히코, 진선출판사, 1999
《버섯살이 곤충의 사생활》 정부희, 지성사, 2012
《사계절 우리 숲에서 만나는 곤충》 정부희, 지성사, 2015
《쉽게 찾는 우리 곤충》 김진일, 현암사, 2010
《우리가 정말 알아야 할 우리 곤충 백가지》 김진일, 현암사, 2009
《우리 곤충 200가지》 국립수목원, 지오북, 2010
《우리 곤충 도감》 이수영, 예림당, 2004
《우리 땅 곤충 관찰기 1~4》 정부희, 길벗스쿨, 2015
《우리 산에서 만나는 곤충 200가지》 국립수목원, 지오북, 2013
《우리 주변에서 쉽게 찾아보는 한국의 곤충》 박성준 외, 국립환경과학원, 2012
《이름으로 풀어보는 우리나라 곤충 이야기》 박해철, 북피아주니어, 2007

《잎벌레 세계》안승락, 자연과 생태, 2013
《조영권이 들려주는 참 쉬운 곤충 이야기》조영권, 철수와영희, 2016
《종의 기원》다윈, 동서문화사, 2009
《주머니 속 곤충 도감》손상봉, 황소걸음, 2013
《주머니 속 딱정벌레 도감》손상봉, 황소걸음, 2009
《하늘소 생태 도감》장현규 외, 지오북, 2015
《하천 생태계와 담수무척추동물》김명철, 천승필, 이존국, 지오북, 2013
《한국 곤충 생태 도감Ⅲ - 딱정벌레목》김진일, 1999
《한국 밤 곤충 도감》백문기, 자연과 생태, 2016
《한국동식물도감 제10권 동물편(곤충류 Ⅱ)》조복성, 문교부, 1969
《한국동식물도감 제30권 동물편(수서곤충류)》윤일병 외, 문교부, 1988
《한국의 곤충 제12권 1호 상기문류》김진일, 환경부 국립생물자원관, 2011
《한국의 곤충 제12권 3호 측기문류》김진일, 환경부 국립생물자원관, 2012
《한국의 곤충 제12권 4호 병대벌레류Ⅰ》강태화, 환경부 국립생물자원관, 2012
《한국의 곤충 제12권 5호 거저리류》정부희, 환경부 국립생물자원관, 2012
《한국의 곤충 제12권 6호 잎벌레류(유충)》이종은, 환경부 국립생물자원관, 2012
《한국의 곤충 제12권 7호 바구미류Ⅱ》홍기정 외, 환경부 국립생물자원관, 2012
《한국의 곤충 제12권 8호 바구미류Ⅳ》박상욱 외, 환경부 국립생물자원관, 2012
《한국의 곤충 제12권 9호 거저리류》정부희, 환경부 국립생물자원관, 2012
《한국의 곤충 제12권 10호 비단벌레류》이준구, 안기정, 환경부 국립생물자원관, 2012
《한국의 곤충 제12권 11호 바구미류Ⅴ》한경덕 외, 환경부 국립생물자원관, 2013
《한국의 곤충 제12권 12호 거저리류》정부희, 환경부 국립생물자원관, 2013
《한국의 곤충 제12권 13호 딱정벌레류》박종균, 박진영, 환경부 국립생물자원관, 2013
《한국의 곤충 제12권 14호 송장벌레》조영복, 환경부 국립생물자원관, 2013
《한국의 곤충 제12권 21호 네눈반날개아과》김태규, 안기정, 환경부 국립생물자원관, 2015
《한국의 딱정벌레》김정환, 교학사, 2001
《화살표 곤충 도감》백문기, 자연과 생태, 2016
《日本産コガネムシ上科標準図鑑》荒谷邦雄, 岡島秀治, 学研
《原色日本甲虫図鑑Ⅰ~Ⅳ》保育社, 1985
《原色日本昆虫図鑑 上, 下》保育社, 2008
《日本産カミキリムシ検索図説》大林延夫, 東海大学出版会, 1992

저자 소개

그림 | 옥영관
서울에서 태어났습니다. 어릴 때 살던 동네는 아직 개발이 되지 않아 둘레에 산과 들판이 많았답니다. 그 속에서 마음껏 뛰어놀면서 늘 여러 가지 생물에 호기심을 가지고 자랐습니다. 홍익대학교 미술대학과 대학원에서 회화를 공부하고 작품 활동과 전시회를 여러 번 열었습니다. 또 8년 동안 방송국 애니메이션 동화를 그리기도 했습니다. 2012년부터 딱정벌레, 나비, 잠자리 도감에 들어갈 그림을 그리고 있습니다. 《세밀화로 그린 보리 어린이 잠자리 도감》, 《잠자리 나들이 도감》, 《세밀화로 그린 보리 어린이 나비 도감》, 《나비 나들이도감》, 《나비도감-세밀화로 그린 보리 큰도감》, 〈세밀화로 보는 정부희 선생님 곤충 교실〉(전 5권) 시리즈에 그림을 그렸습니다.

감수 | 김진일
1942년 서울에서 태어나 고려대학교 생물학과와 동 대학원을 거쳐 파브르가 학위를 받은 프랑스 몽펠리에 2대학에서 곤충학 박사 학위를 받았습니다. 오랫동안 성신여자대학교 교수로 일하시고, 학교를 나오신 뒤에도 딱정벌레를 끊임없이 연구를 하시다 2015년에 돌아가셨습니다. 《한국곤충명집》, 《한국곤충생태도감-딱정벌레목》, 《쉽게 찾는 우리 곤충》, 《우리가 정말 알아야 할 우리 곤충 백가지》, 〈파브르 곤충기〉(전 10권) 같은 책을 쓰셨습니다.

감수, 글 | 강태화
한서대학교 생물학과를 졸업하고, 성신여자대학교 생물학과 대학원에서 〈한국산 병대벌레과(딱정벌레목)에 대한 계통분류학적 연구〉로 박사 학위를 받았습니다. 지금은 전남생물산업진흥원 친환경농생명연구센터에서 곤충을 연구하고 있습니다.

글 | 김종현
오랫동안 출판사에서 편집자로 일하다 지금은 여러 가지 도감과 그림책, 옛이야기 글을 쓰고 있습니다. 《세밀화로 그린 보리 어린이 바닷물고기 도감》, 《세밀화로 그린 보리 어린이 잠자리 도감》, 《세밀화로 그린 보리 어린이 약초 도감》 같은 책을 편집했고, 《곡식 채소 나들이도감》, 《약초도감-세밀화로 그린 보리 큰도감》에 글을 썼습니다. 또 만화책 《바다 아이 창대》, 옛이야기 책 《무서운 옛이야기》, 《꾀보 바보 옛이야기》, 《꿀단지 복단지 옛이야기》에 글을 썼습니다.